Conhecereis a verdade, e a verdade vos libertará.

(Jesus)

PORTUGUÊS
PARA CONCURSOS

TEORIA E 900 QUESTÕES

PORTUGUÊS
PARA CONCURSOS

TEORIA E 900 QUESTÕES

30ª edição
2ª tiragem

RENATO AQUINO

Niterói, RJ
2022

 © 2022, Editora Impetus Ltda.

Editora Impetus Ltda.
Av. Ernani do Amaral Peixoto, 507 - Loja 05 – Centro – Niterói – RJ
CEP: 24020-072 – Telefax: (21) 2621-7007

Conselho Editorial
Ana Paula Caldeira • Benjamin Cesar de Azevedo Costa
Ed Luiz Ferrari • Eugênio Rosa de Araújo
Fábio Zambitte Ibrahim • Fernanda Pontes Pimentel
Izequias Estevam dos Santos • Marcelo Leonardo Tavares
Renato Monteiro de Aquino • Rogério Greco
Vitor Marcelo Aranha Afonso Rodrigues • William Douglas

Projeto e Editoração Eletrônica: Editora Impetus Ltda.
Capa: Editora Impetus Ltda.
Impressão e encadernação: Editora e Gráfica Vozes Ltda.

2ª tiragem

A657p

Aquino, Renato.
Português para concursos: teoria e 900 questões / Renato Aquino. – 30. ed. rev. – Niterói: Impetus, 2022.
388 p.; 17x24 cm

ISBN: 978-85-7626-958-8

1. Língua portuguesa – Problemas, questões, exercícios. 2. Serviço público – Brasil – Concursos. I. Título.

CDD 469.5

O autor é seu professor; respeite-o: não faça cópia ilegal.
TODOS OS DIREITOS RESERVADOS – É proibida a reprodução, salvo pequenos trechos, mencionando-se a fonte. A violação dos direitos autorais (Lei nº 9.610/98) é crime (art. 184 do Código Penal). Depósito legal na Biblioteca Nacional, conforme Decreto nº 1.825, de 20/12/1907.

A **Editora Impetus** informa que se responsabiliza pelos defeitos gráficos da obra. Quaisquer vícios do produto concernentes aos conceitos doutrinários, às concepções ideológicas, às referências, à originalidade e à atualização da obra são de total responsabilidade do autor/atualizador.

www.impetus.com.br

Agradecimentos

A meus pais, que me ensinaram, com seus exemplos, o caminho do bem; à Sonia, esposa, amiga, irmã, companheira de todas as horas, sem cujo apoio seria impossível chegar até aqui; aos filhos amados, Marina, Renato e Marcelo, tesouro maior que a Sabedoria Divina pôs em meu caminho.

Renato Aquino

O Autor

RENATO MONTEIRO DE AQUINO

- Mestre em Letras (Filologia Românica) pela UFRJ
- Membro da Academia de Ciências e Letras de Maricá
- Ex-professor de Língua Portuguesa e Literatura Brasileira do Colégio Militar do Rio de Janeiro
- Ex-professor de Língua Portuguesa da Secretaria de Estado de Educação do Rio de Janeiro
- Ex-professor de Língua Portuguesa da Secretaria Municipal de Educação do Rio de Janeiro
- Fiscal de atividades econômicas aposentado do município do Rio de Janeiro
- Professor de cursos preparatórios para concursos públicos

Outras obras do autor

- *Interpretação de Textos*. 16ª ed. Editora Impetus
- *Redação para Concursos*. 15ª ed. Editora Impetus
- *Manual de Português e Redação Jurídica*. 6ª ed. Editora Impetus
- *Português – Questões Comentadas*. 2ª ed. Editora Impetus
- *Dicionário de Gramática*. 3ª ed. Editora Impetus
- *Gramática Objetiva da Língua Portuguesa*. 5ª ed. Editora Campus/Elsevier
- *Português para Concursos em vídeo* (8 fitas). Telejur
- *Amor e Luz* (poesias). Editora Pongetti
- *Espelho da Alma* (sonetos, trovas e outros poemas). Editora Impetus

Apresentação

Este livro mostra, de forma simples e objetiva, os fatos gramaticais cobrados em diferentes concursos. A teoria é apresentada sem o rebuscamento das gramáticas, que, por isso mesmo, desestimulam o estudo do candidato. Baseado rigorosamente no que se convencionou chamar de norma culta, ele é um manual de português bastante útil para todos que, por um motivo ou outro, precisam desenvolver seus conhecimentos da língua pátria. Completa o material uma bateria de 900 testes, grande parte dos quais extraída de variados concursos públicos e vestibulares, num grau crescente de dificuldade que visa a levar o leitor à segura e agradável assimilação do conteúdo.

O Autor

"A natureza está pronta a nos ajudar
desde que façamos a nossa parte."
Max Freedom Long

Fale com o autor
renatoaquino@uol.com.br

Sumário

Capítulo 1 - NOÇÕES DE FONÉTICA 2
Fonemas 2
Letra 2
Sílaba 2
Número de sílabas..3
Tonicidade 3
Posição da sílaba tônica..3
Dígrafos 3
Encontros consonantais..3
Encontros vocálicos..4
Observações finais..4
Exercícios..5

Capítulo 2 - ACENTUAÇÃO GRÁFICA 10
Regras gerais 10
Casos especiais 10
Prosódia 12
Exercícios..14

Capítulo 3 - SEPARAÇÃO DE SÍLABAS 20
Regras gerais 20
Exercícios..22

Capítulo 4 - ORTOGRAFIA..26
Emprego de certas letras 26
Formas Variantes..28
Exercícios..29

Capítulo 5 - SEMÂNTICA 36
Sinonímia..36
Antonímia..36
Homonímia..36
Paronímia..36
Polissemia 37
Conotação e denotação 37

	Principais homônimos e parônimos	37
	Exercícios	39

Capítulo 6 -	CLASSES DE PALAVRAS	**46**
	Substantivo	47
	Flexão do substantivo	48
	Grau do substantivo	51
	Adjetivo	52
	Flexão do adjetivo	52
	Grau do adjetivo	52
	Artigo	52
	Numeral	53
	Pronome	53
	Classificação dos pronomes	53
	Advérbio	55
	Advérbios interrogativos	56
	Locuções adverbiais	56
	Verbo	56
	Flexão dos verbos	57
	Formação do imperativo	58
	Formas nominais	59
	Classificação dos verbos	59
	Formas rizotônica e arrizotônica	60
	Conjugações	60
	Tempos primitivos e derivados	61
	Tempos compostos	61
	Conjugação dos verbos PÔR, TER, VER e VIR	62
	Alguns verbos problemáticos	65
	Preposição	67
	Conjunção	68
	Interjeição	68
	Palavras denotativas	68
	Exercícios	69

Capítulo 7 -	CONCORDÂNCIA NOMINAL	**86**
	Principais casos	86
	Exercícios	91

Capítulo 8 -	CONCORDÂNCIA VERBAL	**96**
	Principais casos	96
	Exercícios	100

Capítulo 9 -	REGÊNCIA VERBAL	**110**
	Predicação verbal	110
	Verbo transitivo direto	110
	Verbo transitivo indireto	110
	Verbo transitivo direto e indireto	111
	Verbo intransitivo	111

Verbo de ligação 111
Regência de alguns verbos 112
Casos particulares 116
Observação final 117
Exercícios 118

Capítulo 10 - CRASE **126**
Casos obrigatórios 126
Casos facultativos 127
Casos proibitivos 128
Exercícios 130

Capítulo 11 - ANÁLISE SINTÁTICA **136**
Termos da oração 136
Modelo de análise sintática 136
Termos essenciais 137
Sujeito 137
Predicado 138
Predicativo 139
Termos integrantes 139
Objeto direto 139
Objeto indireto 140
Complemento nominal 140
Agente da passiva 140
Termos acessórios 140
Adjunto adnominal 140
Adjunto adverbial 142
Aposto 143
Vocativo 143
Classificação das orações 144
Absoluta 144
Coordenada 144
Classificação das sindéticas 144
Subordinada 145
Classificação das subordinadas 145
Observações finais 148
Exercícios 150

Capítulo 12 - COLOCAÇÃO PRONOMINAL **170**
Na forma verbal simples 170
Emprego da próclise 170
Emprego da ênclise 170
Emprego da mesóclise 171
Próclise facultativa 171
Colocação nas locuções verbais 171
Observações finais 172
Exercícios 173

Capítulo 13 - PONTUAÇÃO **178**
Emprego da vírgula 178
Principais situações de uso da vírgula.......................................178
Observação 179
Emprego do ponto e vírgula 180
Emprego de dois-pontos 180
Emprego de reticências 181
Emprego de aspas 181
Emprego do ponto 181
Emprego do ponto de exclamação...182
Emprego do ponto de interrogação 182
Emprego do travessão 182
Emprego de parênteses 182
Exercícios..183

APÊNDICE

I – EMPREGO DE CERTAS PALAVRAS **191**
Por que, por quê, porque, porquê 191
Mau, mal...191
Mais, mas..192
Acerca de, a cerca de, há cerca de...192
Este, esse, aquele..192
Se não, senão 193
Exercícios..194

II – EMPREGO DAS INICIAIS **196**
Emprego das iniciais maiúsculas 196
Emprego das iniciais minúsculas..197
Exercícios..198

III – PLURAL DOS COMPOSTOS **200**
Os dois elementos variam 200
Só o primeiro varia...200
Somente o último varia 201
Nenhum elemento varia..201
Observações...202
Plural das cores 202
Exercícios..204

IV – PLURAL COM METAFONIA.. **207**

V – EMPREGO DO HÍFEN.. **209**
Casos especiais 210
Observação final 211
Exercícios..212

VI – Vícios de linguagem 215
    Barbarismo 215
    Solecismo 215
    Ambiguidade ou anfibologia 216
    Cacofonia 216
    Pleonasmo vicioso ou redundância 216
    Neologismo 216
    Estrangeirismo 216
    Exercícios 217

VII – Estrutura das palavras 219
    Radical 219
    Afixos 220
    Vogal temática 220
    Importante 221
    Desinências 221
    Vogal e consoante de ligação 223
    Principais sufixos 224
    Exercícios 225

VIII – Formação das palavras 229
    Derivação 229
    Composição 230
    Outros processos 230
    Exercícios 231

IX – A palavra SE 235
    Partícula apassivadora ou pronome apassivador 235
    Símbolo ou índice de indeterminação do sujeito 235
    Pronome reflexivo 235
    Conjunção subordinativa condicional 236
    Conjunção subordinativa integrante 236
    Parte integrante do verbo 236
    Partícula expletiva ou de realce 236
    Substantivo 236
    Exercícios 237

X – A palavra QUE 240
    Pronome relativo 240
    Pronome interrogativo 240
    Pronome indefinido 240
    Advérbio de intensidade 240
    Conjunção subordinativa consecutiva 241
    Conjunção subordinativa integrante 241
    Conjunção subordinativa causal 241
    Conjunção subordinativa comparativa 241
    Conjunção subordinativa concessiva 241

Conjunção subordinativa final 241
Conjunção coordenativa explicativa 241
Conjunção coordenativa adversativa 242
Interjeição.. 242
Preposição acidental... 242
Partícula expletiva ou de realce 242
Substantivo 242
Exercícios... 243

XI – Estilística **247**
Figuras de linguagem 247
Figuras de sintaxe ou construção 247
Figuras de palavras (ou tropos) 249
Figuras de pensamento 250
Exercícios... 252

XII – tipologia textual.. **256**
Descrição 256
Narração 257
Tipos de discurso 259
Discurso direto 259
Discurso Indireto 259
Relação entre os tempos verbais.. 260
Discurso indireto livre.. 260
Dissertação 261
Observações finais... 263
Coesão textual... 264
Anáfora 264
Catáfora 265
Exercícios... 266

XIII – Outros exercícios... **269**

Gabarito.. **322**

Comentários **328**

Índice Remissivo.. **360**

Bibliografia **366**

Capítulo 1

NOÇÕES DE FONÉTICA

Capítulo 1

NOÇÕES DE FONÉTICA

Fonética é a parte da gramática que estuda os fonemas, em sua natureza física e fisiológica.

■ Fonemas

São as unidades sonoras mais simples da língua, ou seja, os sons distintivos que entram na formação do vocábulo.

Pia e **lia** são diferentes por começarem por fonemas distintos, que se opõem (fonemas **Pê** e **Lê**, representados pelas letras p e l).

Exemplos

- Casa possui quatro sons (fonemas), que são kê, a, zê, a. A junção desses sons constitui uma palavra, escrita casa.

- Chá possui dois fonemas, isto é, xê e a. Observe que o ch representa um único som, um único fonema.

- Santo tem quatro fonemas: sê, ã, tê e u. A letra n, nesse caso, não representa fonema algum, apenas está nasalando a vogal colocada antes dela.

- Fixo tem cinco fonemas, apesar de ter apenas quatro letras. São eles: fê, i, kê, sê e u. Note que a letra x representa, aqui, dois fonemas.

■ Letra

Representação gráfica do fonema.

■ Sílaba

Fonema ou fonemas pronunciados numa única emissão de ar.
Ex.: mo-nu-men-tal.

■ Número de sílabas

1) *Monossílabos*: vocábulos de uma sílaba (pé, vi, já).

2) *Dissílabos*: vocábulos de duas sílabas (cedo, aqui).

3) *Trissílabos*: vocábulos de três sílabas (beleza, saudade).

4) *Polissílabos*: vocábulos com mais de três sílabas (colocação, pacificador).

■ Tonicidade

1) *Sílaba tônica*: aquela pronunciada com mais intensidade.

Ex.: comida (mi).

2) *Sílaba átona*: a que se pronuncia de maneira menos intensa.

Ex.: beleza (be e za).

Obs.: Antes da tônica: átona pretônica (be);
Depois da tônica: átona postônica (za).

3) *Sílaba subtônica*: em palavra derivada, em cuja primitiva era tônica.

Ex.: cafezinho (fe).

■ Posição da sílaba tônica

1) *Oxítonas*: sílaba tônica é a última (ma**ré**).

2) *Paroxítonas*: sílaba tônica é a penúltima (**do**ce).

3) *Proparoxítonas*: sílaba tônica é a antepenúltima (**ár**vore).

■ Dígrafos

Duas letras representando um único fonema. São dígrafos: rr, ss, sc, sç, xc, ch, nh, lh, gu e qu (quando o **u** não é pronunciado), an, em, in etc. Estes últimos, formados por uma vogal e as letras **m** e **n**, são os dígrafos nasais.

Ex.: ca**rr**o, ex**c**eto, ni**nh**o, a**qu**ilo, c**an**to.

■ Encontros consonantais

Encontros de consoantes (duas ou mais), na mesma sílaba ou não.

Ex.: a**pl**auso, ri**tm**o, **pn**eu, su**bst**ância.

■ Encontros vocálicos

Encontros de vogais (vogais ou semivogais), na mesma sílaba ou não.

Podem ser:

1) *Ditongos:*

    a) crescentes: semivogal mais vogal.
       Ex.: colég**io**, tranq**ui**lo.

    b) decrescentes: vogal mais semivogal.
       Ex.: p**ai**, lev**ou**

    c) orais: sem sinal de nasalidade (m, n ou til).
       Ex.: lír**io**, l**ei**.

    d) nasais: com sinal de nasalidade.
       Ex.: órg**ão**, q**uan**do.

2) *Tritongos:* uma vogal entre duas semivogais.

    a) orais: Urug**uai**.

    b) nasais: sag**uão**.

Obs.: Chamam-se semivogais as vogais **i** e **u**, quando se apoiam na pronúncia de uma vogal, formando com ela ditongo ou tritongo.

    Ex.: p**ai**, mã**e** (i), vo**u**, pã**o** (u).

3) *Hiatos:* encontros de vogais em sílabas separadas.

    Ex.: s**aí**da. (a-í)

■ Observações finais

    ➪ M e N, em alguns casos, são sinais de nasalização: m**in**to (vogal nasal).

    ➪ A letra H nunca representa fonema.

    ➪ X pode representar encontro consonantal (ks): táxi, saxão.

    ➪ M e N podem representar uma semivogal, formando com a vogal precedente um ditongo decrescente nasal: também, amam, hífen.

Exercícios

1) Assinale a palavra com maior número de fonemas.
a) flexão
b) leite
c) queria
d) corrida
e) passo

2) Assinale a palavra que não possui dígrafo.
a) filho
b) chave
c) escada
d) descer
e) queijo

3) Aponte o vocábulo com encontro consonantal.
a) excesso
b) mãezinha
c) digno
d) manto
e) chuveiro

4) Qual palavra possui dois dígrafos?
a) fechar
b) sombra
c) ninharia
d) correndo
e) pêssego

5) Indique a palavra com sinal de nasalização.
a) quanto
b) hoje
c) folgado
d) joia
e) noiva

6) Só não há hiato em:
a) graúdo
b) moinho
c) lua
d) dia
e) jóquei

7) A palavra com tritongo oral:
a) iguais
b) ideia
c) enxáguem
d) comboio
e) quão

6 ■ Série Impetus Concursos — *Português para Concursos*

8) **Classifique o encontro da palavra COORDENAR.**
   a) ditongo crescente
   b) hiato
   c) tritongo oral
   d) tritongo nasal
   e) ditongo decrescente

9) **Só não há semivogal em:**
   a) alguém
   b) muito
   c) não
   d) amam
   e) quilo

10) **Assinale o item em que encontramos três ditongos orais decrescentes.**
   a) caí, sério, língua
   b) vou, rei, mau
   c) Paraguai, dói, óleo
   d) estou, pátria, voltam
   e) lei, tranquilo, foice

11) **Classifique o encontro vocálico de TAMBÉM.**
   a) hiato
   b) ditongo decrescente nasal
   c) tritongo
   d) ditongo crescente nasal
   e) ditongo decrescente oral

12) **(UNB-DF) Marque a opção em que todas as palavras apresentam um dígrafo.**
   a) fixo, auxílio, tóxico, exame
   b) enxergar, luxo, bucho, olho
   c) bicho, passo, carro, banho
   d) choque, sintaxe, unha, coxa

13) **(TRE-MG) Ambas as palavras contêm exemplo de hiato em:**
   a) árduo/mãe
   b) área/chapéu
   c) diário/quota
   d) pavio/moer
   e) luar/anzóis

14) **(PUC-SP) Indique a alternativa em que todas as palavras têm, em sua sílaba tônica, uma vogal nasal.**
   a) cartomante, diferença, rindo, algum
   b) consulta, andado, continuou, interrompeu
   c) criança, andar, andado, antes
   d) mesma, moço, como, medo
   e) tinha, motivo, rindo, acreditam

15) (T.JUST.-RJ) "Nas noites de Nova Lima, *quando* buscava repouso...". Quantos fonemas e letras existem na palavra destacada?

a) 4 fonemas / 5 letras / 1 dígrafo

b) 6 fonemas / 4 letras / um dígrafo

c) 5 fonemas / 6 letras

d) 6 fonemas / 6 letras

e) 4 fonemas / 6 letras / 1 dígrafo

16) (FASP) Indique a alternativa cuja sequência de vocábulos apresenta, na mesma ordem, o seguinte: ditongo, hiato, hiato, ditongo:

a) jamais / Deus / luar / daí

b) joias / fluir / jesuíta / fogaréu

c) ódio / saguão / leal / poeira

d) quais / fugiu / caiu / história

17) (PUC-PR) Assinale a alternativa em que o x nunca é pronunciado como /ks/:

a) tóxico – máximo – prolixo

b) êxtase – exímio – léxico

c) exportar – nexo – tóxico

d) máximo – êxodo – exportar

e) exímio – prolixo – êxodo

18) (FIOCRUZ) "... uma vacina experimental atingiu as condições exigidas..."

A letra em destaque no trecho acima transcrito representa o mesmo som da letra destacada em:

a) tóxico

b) enxame

c) máximo

d) inoxidável

e) inexorável

CAPÍTULO 2

ACENTUAÇÃO GRÁFICA

CAPÍTULO 2

ACENTUAÇÃO GRÁFICA

■ Regras gerais

1) Acentuam-se as oxítonas terminadas em A, E, O, EM, ENS.
   Ex.: cajá, você, vovô, alguém, vinténs.

2) Acentuam-se as paroxítonas terminadas em L, N, R, X, I, U , UM, UNS, PS, Ã, OM, ONS, DITONGOS (todos os tipos).
   Ex.: hífen, clímax, álbum, órfã, rádom, colégio.

3) Acentuam-se todas as proparoxítonas.
   Ex.: lâmpada.

4) Acentuam-se os monossílabos tônicos terminados em A, E, O.
   Ex.: pá, pé, pó.

Obs.: Nas formas verbais com pronome enclítico ou mesoclítico, não se leva em conta o pronome átono, considerando-se o tema e as terminações como palavras autônomas.

   Ex.: vendê-lo (vendê é oxítono).
   pô-lo (pô é monossílabo tônico).
   parti-la (parti é oxítono, mas termina em i).
   escrevê-la-ás (a terminação ás é um monossílabo tônico).

Obs.: A letra S, unida a uma vogal, não altera a acentuação da palavra.

   Ex.: você – vocês; bônus (é a letra U que pede acento).

■ Casos especiais

1) Acentuam-se os ditongos abertos éi(s), éu(s), ói(s), <u>somente</u> em final de palavra.
   Ex.: papéis, céu, troféu, herói
   Mas: ideia, assembleia, heroico (palavras paroxítonas)

2) Acentuam-se as letras I e U, tônicas, quando são a segunda vogal de um hiato, estando sozinhas ou formando sílaba com S.
Ex.: saída, faísca, graúdo, balaústre
Mas: cairmos, Raul, ainda, juiz

Observações:

a) Mesmo sozinha na sílaba, a letra I não será acentuada quando seguida de NH.
Ex.: moinho

b) Se for vogal repetida (II ou UU), não haverá acento.
Ex.: vadiice, urucuuba

c) Também não são acentuadas quando, em palavras paroxítonas, são antecedidas por ditongo.
Ex.: cauila, feiura (c**au**-i-la, **fei**-u-ra)
Mas: Piauí (palavra oxítona)

3) Leva acento circunflexo a terceira pessoa do plural do presente do indicativo dos verbos TER e VIR e seus derivados. O singular segue as regras gerais.
Ex.: eles têm, eles vêm, eles detêm, eles convêm
Mas: ele tem, ele detém, ele vem, ele convém

4) Usa-se trema <u>apenas</u> em raríssimas palavras estrangeiras ou delas derivadas.
Ex.: Müller – mülleriano

Observações:

a) Não há trema nos grupos gue, gui, que e qui, mesmo se o **u** é pronunciado e átono (aguentar, pinguim, cinquenta, tranquilo).

b) Também não se usa acento agudo em tais grupos quando o **u** é pronunciado e tônico (averigue, obliques, apaziguem).

5) Acento diferencial

a) De intensidade (obrigatório) em **pôr** (verbo), para diferençar da preposição **por**.
Ex.: Precisas pôr o casaco. Vamos por ali.

b) De timbre (obrigatório), em **pôde** (pretérito perfeito de **poder**), para diferençar de **pode** (presente do indicativo).
Ex.: Ontem você não pôde falar. Agora você já pode falar.

12 ■ Série Impetus Concursos — *Português para Concursos*

c) De timbre (facultativo) no substantivo **fôrma**, para diferençar de **forma**, também substantivo.
   Ex.: Traga a fôrma (ou forma) do bolo. Não há outra forma de explicar.

■ Prosódia

É a parte da gramática que estuda a correta pronúncia dos vocábulos, levando em conta sua sílaba tônica.
   Ex.: **ín**terim, e não inte**rim**

Há palavras de pronúncia duvidosa, muitas vezes por se tratar de vocábulos pouco usados. Você precisa aprender a lista seguinte.

São oxítonas:

ureter	novel	Nobel	recém
refém	ruim	condor	hangar
mister	obus		

São paroxítonas:

avaro	aziago	algaravia	arcediago
azimute	barbaria	batavo	caracteres
látex	índex	dúplex	ônix
decano	erudito	estalido	filantropo
misantropo	fluido (s.)	fortuito	gratuito
ibero	celtibero	maquinaria	necropsia
nenúfar	Normandia	Lombardia	opimo
pegada	pudico	quiromancia	rubrica

São proparoxítonas:

aeródromo	aerólito	ágape	álcali
alcíone	álibi	amálgama	anátema
éolo	crisântemo	cáfila	bólido
bímano	quadrúmano	bávaro	azêmola
azáfama	arquétipo	protótipo	aríete
ômega	monólito	lêvedo	ínterim
ímprobo	zênite	réquiem	plêiade
périplo	páramo	álacre	biótipo

Obs.: Alguns autores incluem nessa lista palavras paroxítonas terminadas em ditongo crescente (barbárie, boêmia, estratégia, homonímia, sinonímia, paronímia, ambrósia etc.).

Palavras com dupla prosódia:

acrobata ou acróbata	ortoepia ou ortoépia
alopata ou alópata	projétil ou projetil
anidrido ou anídrido	réptil ou reptil
autópsia ou autopsia	sóror ou soror
hieroglifo ou hieróglifo	xérox ou xerox
nefelibata ou nefelíbata	zangão ou zângão
Oceania ou Oceânia	

Exercícios

19) **Aponte o erro de acentuação.**
a) leem
b) parabéns
c) enjoo
d) látex
e) édens

20) **O erro de acentuação está na opção:**
a) eu apoio
b) o apôio
c) flores
d) medo
e) pera

21) **Qual o erro de acentuação?**
a) cipó
b) Grajaú
c) Andaraí
d) bambú
e) prótons

22) **Aponte o erro de acentuação.**
a) índex
b) paranoia
c) surprêsa
d) pôr (verbo)
e) possível

23) **Aponte a palavra correta quanto à acentuação.**
a) môça
b) vêzes
c) insigne
d) hebréia
e) mes

24) **Só não há erro de acentuação em:**
a) eles vem
b) ele detêm
c) raíz
d) bau
e) sairmos

25) **Assinale a alternativa em que não se errou quanto à acentuação.**
a) Lisbôa
b) vatapa
c) Bangú
d) moínho
e) ilhéu

26) Estão erradas quanto à acentuação as palavras seguintes. Exceto:

a) biceps

b) lê

c) pôde (pres.)

d) trá-lo-a

e) sanduiche

27) Qual palavra se acentua pelo mesmo motivo de CÉU?

a) já

b) história

c) herói

d) caía

e) fé

28) Assinale a opção em que todas as palavras se acentuam pela mesma regra.

a) ananás, pajé, pôr

b) fórceps, árvore, péssimo

c) toró, Piauí, café

d) balaústre, caí, substituíste

e) réu, pó, má

29) Assinale a alternativa em que todas as palavras estão corretas quanto à acentuação.

a) música, lápis, corôo

b) fêz, ânsia, jacaré

c) tatu, açúcar, ítem

d) órfão, gráu, César

e) fôrma, traqueia, colmeia

30) Assinale a palavra com acento diferencial.

a) sóis

b) pôr

c) fêmur

d) balé

e) aí

31) Assinale a frase que apresenta palavra com acento facultativo.

a) Marcos come vatapá.

b) Ontem o aluno não pôde falar.

c) Carla fitava o céu estrelado.

d) Pedimos a fôrma do bolo.

e) Ele nasceu na Bolívia.

32) Têm erro de acentuação gráfica as palavras seguintes, EXCETO:

a) perdôo

b) sirí

c) patio

d) descrêem

e) plateia

33) Aponte a palavra paroxítona (os acentos foram retirados)

a) prototipo

b) quadrumano

c) ibero

d) ureter

e) arquetipo

SÉRIE IMPETUS CONCURSOS — *Português para Concursos*

34) Indique a palavra proparoxítona.
a) aziago
b) filantropo
c) aerodromo
d) arcediago
e) rubrica

35) Qual a palavra oxítona?
a) latex
b) condor
c) ambar
d) agape
e) interim

36) Em qual palavra se sublinhou erradamente a sílaba tônica?
a) ze<u>ni</u>te
b) <u>o</u>mega
c) Norman<u>di</u>a
d) <u>ba</u>varo
e) al<u>ci</u>one

37) Qual palavra não possui dupla prosódia?
a) projétil
b) réptil
c) zangão
d) funil
e) sóror

38) Qual palavra não possui dupla prosódia?
a) hieróglifo
b) nefelibata
c) acrobata
d) autópsia
e) batavo

39) (A.CART.-C.JUST.) No texto aparecem várias palavras acentuadas graficamente: "imperturbável, funcionário, paciência, fubá" etc.
Das palavras abaixo, a que _não_ deve levar acento gráfico é:
a) túnel
b) camelô
c) malígno
d) horário
e) líquido

40) (AG.ADM.-MARINHA) Assinale a alternativa em que _nenhuma_ palavra deve ser acentuada graficamente.
a) orgão, seres, preto
b) governo, odio, juri
c) polen, garoa, cairdes
d) gratuito, atras, amendoim
e) melancia, tatu, cores

41) (UEPG-PR) O item em que necessariamente o vocábulo deve receber acento gráfico é:
a) historia
b) ciume
c) amem
d) numero
e) ate

Renato Aquino ■ 17

42) (T.JUST.-RJ) Qual a justificativa do uso do acento gráfico na forma verbal "*afastá-las*"?
a) marcar a queda da letra **r** antes do pronome pessoal oblíquo;
b) por ser uma palavra oxítona terminada em **a**;
c) por ser proparoxítona;
d) acento diferencial entre o infinitivo e o presente do indicativo;
e) indicar a mudança de uma sílaba átona para tônica.

43) (Câm. Mun. Guarulhos) A palavra *equívoco* obedece à mesma regra de acentuação das seguintes palavras:
a) júpiter, espírito, gramática
b) retórica, farmácia, saída
c) cardíaco, túnel, frívolo
d) obséquio, hepático, língua
e) fonética, caráter, frívolo

44) (TALCRIM) A palavra *países* leva acento porque:
a) é proparoxítona;
b) é paroxítona com hiato;
c) o **i** é tônico como segunda vogal de hiato;
d) apresenta ditongo aberto;
e) é paroxítona terminada em – **s**.

45) (T.JUST.-RJ) O vocábulo "*pôs*" leva acento gráfico pelo mesmo motivo de uma das palavras a seguir. Qual?
a) pôr
b) está
c) três
d) compôs
e) têm

46) (TALCRIM) A alternativa em que duas palavras destacadas do texto recebem acento gráfico pelo mesmo motivo é:
a) inevitável – políticas
b) é – porquê
c) vários – história
d) contrário – países
e) três – têm

47) (A.Adm.-BRD) Todas as formas verbais em destaque devem ser acentuadas, EXCETO a da frase:
a) Você pode traçar uma meta e perségui-la ao longo da carreira.
b) É tanta a competitividade que poucos tem a chance de ser vitoriosos.
c) Convem analisar outras oportunidades antes de aceitar qualquer emprego.
d) Embora estivessemos melhor preparados, não fomos selecionados na primeira chamada do concurso.
e) Agora que já alcançaste a merecida aposentadoria, podes usufrui-la com serenidade.

18 ■ Série Impetus Concursos — *Português para Concursos*

48) (I.N.CÂNCER) <u>Grécia</u> é palavra que leva acento ortográfico pelo mesmo motivo de uma outra palavra a seguir; qual?

a) oráculo

b) morrerás

c) ambíguas

d) intérpretes

e) português

49) (UFRJ) Qual das palavras a seguir apresenta erro de acento?

a) história

b) lápis

c) bôa

d) pé

e) proprietário

50) (Papiloscopista-MT) Indique a única alternativa onde todas as palavras estão acentuadas corretamente.

a) órgão – júri – baía

b) ítem – revólver – parabéns

c) anzóis – moínho – govêrno

d) acôrdo – rúbrica – régua

e) raíz – troféu – juíz

51) (IBGE) Palavras que se acentuam em função da mesma regra de acentuação são:

a) dólar / dívida

b) líquida / superávit

c) mês / será

d) pagá-la / exigirá

e) país / monetário

52) (FAEPOL) O item em que aparece um par de vocábulos acentuados graficamente por motivos distintos é:

a) há – pôr

b) universitários – raciocínio

c) cocaína – heroína

d) lógica – hábito

e) demonstrá-la – aliás

CAPÍTULO 3

SEPARAÇÃO DE SÍLABAS

Capítulo 3

SEPARAÇÃO DE SÍLABAS

■ Regras gerais

1) Separam-se os dígrafos RR, SS, SC, SÇ e XC.
   Ex.: car-ro, pas-so, cres-cer, des-ça, ex-ce-to

2) Não se separam os dígrafos LH, NH e CH
   Ex.: ra-i-nha

3) Separam-se os hiatos
   Ex.: gra-ú-do, ca-a-tin-ga

4) Não se separam os ditongos e tritongos
   Ex.: rei-zi-nho, Pa-ra-guai

5) Separam-se os grupos consonantais impróprios (aqueles cuja última consoante não é L nem R).
   Ex.: rit-mo, ad-vo-ga-do, su-pers-ti-ção, felds-pa-to

Obs.: Como se vê pelos exemplos, a última consoante fica na sílaba seguinte.

6) Quando um prefixo termina por S ou R, essas letras formam sílaba com a vogal seguinte, quando houver.
   Ex.: bi-sa-vô, tran-sa-tlân-ti-co, su-pe-ra-bun-dan-te

7) O prefixo SUB mantém-se integral quando se une a palavra começada por consoante, inclusive L. Vindo antes de vogal, o B se une a ela.
   Ex.: sub-te-nen-te, sub-li-nhar, sub-lin-gual
   Mas: su-bo-fi-ci-al, su-bi-tem, su-ba-é-reo

Obs.: Com **sublime** (e derivados), temos: su-bli-me, su-bli-mar etc. Aqui **sub** não é prefixo.

8) Quando a palavra termina por elementos vocálicos, há vários casos a considerar. Assim temos:

a) se-cre-ta-ri-a (**i** tônico: existe um hiato)

b) se-cre-tá-ria (**ria** é sílaba átona: existe um ditongo crescente)

c) i-dei-a (ditongo mais vogal)

d) cons-tru-í-a (dois hiatos)

e) U-ru-guai (tritongo)

9) ABRUPTO (e derivados) deveria ter hífen. Na divisão silábica, o prefixo fica destacado (ab-rup-to).

Obs.: Na mudança de linha, repete-se o hífen na linha seguinte, quando a palavra o possui.

    Ex.: guarda-
        -chuva

Exercícios

53) Aponte a separação errada.
a) sub-i-tem
b) de-sas-sos-se-ga-do
c) joi-a
d) co-or-de-nás-se-mos
e) pneu-mo-ni-a

54) Há erro de separação silábica em:
a) sub-lin-gual
b) cer-tei-ro
c) só-brio
d) fel-ds-pa-to
e) ru-im

55) Não há erro de separação em:
a) trans-an-di-no
b) sub-li-me
c) oc-ci-pi-tal
d) a-dvo-ca-ci-a
e) per-no-i-tás-se-mos

56) Está correta a separação em:
a) a-mné-sia
b) p-neu
c) que-ria
d) bis-a-vô
e) su-ba-é-reo

57) Qual a palavra com erro de divisão silábica?
a) fric-ci-o-nar
b) sub-lu-nar
c) pers-pi-caz
d) trans-o-ce-â-ni-co
e) di-ar-rei-a

58) Está errada a separação silábica em:
a) tun-gs-tê-nio
b) mo-i-nho
c) in-fân-cia
d) de-so-nes-to
e) lu-a

59) Há erro de separação silábica em:
a) a-rac-ní-deo
b) as-ses-so-ri-a
c) cei-fas-sem
d) sub-li-nhar
e) disp-ne-ia

60) **Assinale o erro na separação de SUB.**
a) su-bor-di-nar
b) sub-cu-tâ-neo
c) su-bo-fi-ci-al
d) su-bli-te-ra-tu-ra
e) su-ba-li-men-ta-do

61) **(S.M.ADM.-RIO) Na apresentação de uma carta somos obrigados, muitas vezes, a separar sílabas ao final de linha: qual das separações silábicas a seguir está correta?**
a) trans-a-tlân-ti-co
b) sub-li-nhar
c) pra-ia
d) as-sem-bleia
e) p-si-co-lo-gi-a

62) **(TALCRIM) A alternativa que apresenta uma palavra do texto com separação de sílabas _incorreta_ é:**
a) pro-pri-e-tá-rios
b) es-pe-ci-a-li-da-de
c) vê-nia
d) con-se-quên-cia
e) ce-re-bra-is

63) **(CÂM.MUN.-RIO) Muitas vezes no texto aparecem palavras com separação ao final da linha; assinale a relação a seguir que apresenta erro na separação silábica.**
a) tran-sa-tlân-ti-co, abs-cis-sa, ba-í-a
b) p-neu, ab-so-lu-to, ru-im
c) fric-ci-o-nar, ab-rup-to, i-guais
d) subs-cre-ver, flui-do, ob-tu-sân-gu-lo
e) in-ter-cep-tar, cir-cuns-cri-tí-vel, prai-a

64) **(I.N.CÂNCER) Em que item a seguir a separação silábica da palavra destacada está correta?**
a) Grécia: Gré-cia
b) cultuava: cul-tua-va
c) enigmáticas: e-ni-gmá-ti-cas
d) entoação: en-toa-ção
e) errada: e-rra-da

65) **(UFRJ) Indique o item em que a separação silábica está correta.**
a) impossível: im-po-ssí-vel
b) galinha: ga-lin-ha
c) dia: di-a
d) transação: trans-a-ção
e) cooperar: coo-pe-rar

66) **(COR.GERAL-RJ) Indique o vocábulo cuja separação silábica está incorreta.**
a) associação – as/so/ci/a/ção
b) desassistido – des/as/sis/ti/do
c) diáspora – di/ás/po/ra
d) pecuniária – pe/cu/ni/á/ria
e) milhares – mi/lha/res

67) **(UCS-RS) A alternativa em que todas as palavras apresentam separação correta de sílabas é:**
a) ex-ce-ção, cre-sci-men-to, pro-fes-sor
b) ins-tru-ção, ex-ci-tar, eu-ro-pe-u
c) ex-ce-len-te, a-vi-ão, me-io
d) pers-pe-cti-va, am-bí-guo, trans-por-te
e) rit-mo, dig-no, ap-to

CAPÍTULO 4

ORTOGRAFIA

CAPÍTULO 4

ORTOGRAFIA

Parte da gramática que ensina a escrever corretamente as palavras.
Ex.: excessão (errado) – exceção (correto)

■ Emprego de certas letras

1) Usa-se EZA ou EZ em substantivos abstratos derivados de adjetivos.
   Ex.: grande – grandeza; belo – beleza; pálido – palidez

2) Usa-se ESA ou ISA na formação de feminino.
   Ex.: duque – duquesa; barão – baronesa; poeta – poetisa
   Obs.: Não se enquadrando num desses dois casos, a terminação deve ser grafada com S.

   Ex.: surpresa, empresa, mesa

3) Usa-se o sufixo IZAR em verbos derivados de nomes.
   Ex.: cristal – cristalizar; ameno – amenizar; útil – utilizar
   Obs.: Escrevem-se com ISAR os verbos que já possuem S no radical.

   Ex.: análise – analisar (ISAR, portanto, não é sufixo)

4) Conservam-se nas derivadas as letras S, J e Z que aparecem nas primitivas.
   Ex.: atrás – atraso; loja – lojista; cruz – cruzeiro

5) Depois de ditongo não se usa CH, Z e SS.
   Ex.: faixa, lousa, eleição
   Exceções: caucho e derivados (recauchutar, recauchutagem etc.); diminutivos com a consoante de ligação Z (papeizinhos, aneizinhos etc.)

6) Depois de EN usa-se X, e não CH.
   Ex.:   enxuto, enxame, enxaqueca
Exceções:
   a) O verbo ENCHER e seus derivados
   b) Enchova
   c) Palavras derivadas de outras que comecem por CH: enchumbar, encharcar etc.

7) Sufixos OSO e OSE escrevem-se com S.
   Ex.:   dengoso, formoso, hematose, neurose

8) Depois de ME usa-se X, e não CH.
   Ex.:   mexer, mexilhão, México
Exceções: mecha (de cabelo), mechar e mechoação

9) Palavra derivada de outra que possui T no radical escreve-se com Ç.
   Ex.:   optar – opção; exceto – exceção; cantar – canção

10) Palavra derivada do verbo TER escreve-se com Ç.
   Ex.:   conter – contenção; deter – detenção

11) Palavra derivada de verbo cujo radical termine por ND, RG ou RT escreve-se com S.
   Ex.:   pretender – pretensão; divertir – diversão; aspergir – aspersão

12) Palavra derivada de verbo cujo radical termine por CED, MET, GRED ou PRIM escreve-se com SS.
   Ex.:   conceder – concessão; remeter – remessa; agredir – agressor; imprimir – impressão

13) Palavra derivada de verbo que termine por TIR escreve-se com SS, quando essa terminação desaparece.
   Ex.:   discutir – discussão; emitir – emissão

14) Depois de A inicial usa-se G, e não J.
   Ex.:   agente, ágil, agir

Exceções:
   a) ajedra, ajenil, ajimez
   b) palavras derivadas de outras com J inicial (ajeitar, ajesuitar)

15) Nomes de alimentos, de um modo geral, escrevem-se com J.
   Ex.:   jenipapo, jiló, canjica, jerimum

■ Formas Variantes

São corretas todas as palavras da relação abaixo. É importante sabê-las.

aluguel	ou	aluguer
anchova	ou	enchova
assobiar	ou	assoviar
bêbado	ou	bêbedo
cãibra	ou	câimbra
caminhão	ou	camião
caminhonete	ou	camionete
champanha	ou	champanhe
chimpanzé	ou	chipanzé
cociente	ou	quociente
coisa	ou	cousa
dois	ou	dous
flecha	ou	frecha
germe	ou	gérmen
louro	ou	loiro
marimbondo	ou	maribondo
neblina	ou	nebrina
percentagem	ou	porcentagem
quatorze	ou	catorze
quota	ou	cota
quotidiano	ou	cotidiano
rastro	ou	rasto
registrar	ou	registar
taberna	ou	taverna
terraplenagem	ou	terraplanagem
tesouro	ou	tesoiro

Exercícios

68) **Qual a palavra correta?**
a) expontâneo
b) mixto
c) esterior
d) esplendor
e) esplodir

69) **Assinale o erro no emprego de S ou Z.**
a) diaconisa
b) limpesa
c) pequenez
d) prezado
e) usina

70) **Aponte o vocábulo que se escreve com Ç.**
a) so_obrar
b) compreen_ão
c) man_ão
d) inso_o
e) can_ado

71) **Aponte a alternativa em que todas as palavras se completam com a letra dos parênteses.**
a) catequi_ar, reve_ar, ba_ar (z)
b) e_tourar, e_tranho, e_plicar (x)
c) discu_ão, omi_ão, suspen_ão (ss)
d) ga_olina, desli_ar, fri_o (z)
e) pa_oca, a_ude, gan_o (ç)

72) **Escreve-se com CH a palavra:**
a) __ingar
b) pu__ar
c) en__oval
d) me__er
e) en__ente

73) **Escreve-se com G a palavra:**
a) tra_eto
b) o_eriza
c) man_edoura
d) me_era
e) can_ica

74) **Só não se escreve com S a palavra:**
a) empre_a
b) lapi_eira
c) cortê_
d) me_ada
e) reale_a

30 ■ Série Impetus Concursos — *Português para Concursos*

75) Apenas numa das séries abaixo não há erro de ortografia. Indique-a.

a) estupidez, giló, jerimum

b) jenipapo, torção, diversão

c) cangica, insosso, catequeze

d) polonez, canalizar, bruxa

e) enxaqueca, lage, pintassilgo

76) Assinale o erro de ortografia.

a) giz

b) foz

c) ância

d) rejeição

e) cessão

77) Assinale a palavra grafada incorretamente.

a) roxo

b) lixar

c) cachimbo

d) explanar

e) consuleza

78) Assinale a palavra que não se completa com I, e sim com E.

a) pr_vilégio

b) _mpecilho

c) pát_o

d) dent_frício

e) pont_agudo

79) Aponte a palavra que se completa com E, e não com I.

a) mim_ógrafo

b) fem_nino

c) d_gladiar

d) gaúd_o

e) cas_mira

80) Aponte a palavra que se completa com I, e não com E.

a) arr_piar

b) _ncarnar

c) quas_

d) mer_tíssimo

e) d_stilar

81) Qual a palavra que se escreve com U, e não com O?

a) g_ela

b) ób_lo

c) c_rtume

d) p_lir

e) ch_vediço

82) Qual palavra se escreve com O, e não com U?

a) b_eiro

b) jab_ti

c) búss_la

d) ent_pir

e) jab_ticaba

Renato Aquino ■ 31

83) **Qual palavra destoa das demais quanto ao emprego de O ou U?**
a) cam_ndongo
b) ab_lir
c) p_leiro
d) eng_lir
e) fem_ral

84) **(TTN) Assinale a alternativa em que todas as palavras estão corretamente grafadas.**
a) quiseram, essência, impecílio
b) pretencioso, aspectos, sossego
c) assessores, exceção, incansável
d) excessivo, expontâneo, obseção
e) obsecado, reinvindicação, repercussão

85) **(I.N.CÂNCER) _Descendentes_ é palavra grafada com _sc_; qual das palavras a seguir está erradamente escrita?**
a) nascimento
b) suscinta
c) crescimento
d) adolescência
e) florescer

86) **(FUVEST-SP) Preencha os espaços com as palavras grafadas corretamente.**
"A ___ de uma guerra nuclear provoca uma grande ___ na humanidade e a deixa ___ quanto ao futuro."
a) espectativa – tensão – exitante
b) espetativa – tenção – hesitante
c) expectativa – tensão – hesitante
d) expectativa – tenção – hezitante
e) espectativa – tenção – exitante

87) **(S.MARCOS-SP) Assinale a alternativa cujas palavras estão todas corretamente grafadas.**
a) pajé, xadrês, flecha, mixto, aconchego
b) abolição, tribo, pretensão, obsecado, cansaço
c) gorjeta, sargeta, picina, florecer, consiliar
d) xadrez, ficha, mexerico, enxame, enxurrada
e) pagé, xadrês, flexa, mecherico, enxame

88) **(UFV-MG) Observando a grafia das palavras destacadas nas frases abaixo, assinale a alternativa que apresenta ERRO.**
a) Aquele **hereje** sempre põe **empecilho** porque é muito **pretencioso**.
b) Uma falsa meiguice encobria-lhe a **rigidez** e a falta de **compreensão**.
c) A **obsessão** é prejudicial ao **discernimento**.
d) A **hombridade** de caráter eleva o homem.
e) Eles **quiseram** fazer **concessão** para não **ridicularizar** o estrangeiro.

32 ■ Série Impetus Concursos — *Português para Concursos*

89) **(S.T.J.) Assinale a opção em que todas as palavras estão grafadas corretamente.**
   a) aluzivo / felizardo / cerimonioza
   b) nominalisação / celebrisado / invejoso
   c) honorabilidade / notoridade / espiritualidade
   d) demênsia / imensidão / esponsal
   e) luxuosíssimo / seriíssimo / memorabilíssimo

90) **(CÂM.DEP.) ___iste, ar___ote, mai___ena, bra___iliense.**
   a) x – ch – z – s
   b) x – ch – s – s
   c) x – x – z – z
   d) ch – x – z – z
   e) ch – ch – s – s

91) **(A. Chanc.) Indique a opção em que todas as expressões estão corretas quanto à ortografia.**
   a) engajamento no Exército – aterrisagem do jato presidencial
   b) inserir cabeçário ou rodapé no documento – cabeleireiro de madame
   c) festa beneficiente – impecilho ao crescimento do país
   d) previsão da metereologia – heterogeineidade de propósitos
   e) reivindicar melhoria de salário – exerce cargo elevado: é um dignitário

92) **(T.JUST.-RJ) Qual a relação em que a correspondência entre verbo e substantivo está incorreta em função da grafia equivocada do substantivo?**
   a) obter – obtenção
   b) obcecar – obcessão
   c) excetuar – exceção
   d) estender – extensão
   e) ceder – cessão

93) **(T.JUST.-RJ) O sufixo – izar do verbo "*ritualizar*" escreve-se com a letra z, como se vê. Que item a seguir só tem grafias corretas?**
   a) analizar – visualisar – capitalizar
   b) pesquizar – realizar – universalizar
   c) catequizar – deslizar – instrumentalizar
   d) paralizar – centralizar – urbanizar
   e) catalizar – batizar – animalizar

94) **(TFC-RJ) Identifique o segmento inteiramente correto quanto à grafia.**
   a) Há intensão de se alcançar um consenso para evitar as divergências entre os parlamentares.
   b) É preciso cessarem as disensões para se obter a aprovação da Lei de Diretrizes e Bases da Educação.
   c) Um aquário pode ser tido como um ecossistema, no qual os escrementos dos peixes, depois de decompostos, fornecerão elementos essenciais à vida das plantas.
   d) O Sol é o responsável pela emissão de luz, indispensável para a fotossíntese, processo pelo qual as plantas produzem o alimento orgânico primário assim como praticamente todo o oxigênio disponível na atmosfera.
   e) Pesquizas recentes têm atribuído a choques meteóricos a súbita extinção dos dinossauros da face da Terra.

95) **(T.JUST.-RJ)** "_regime_" é um vocábulo escrito corretamente com g; em que item abaixo todas as palavras apontadas estão corretamente grafadas com essa mesma letra?
a) giló – pagem – vagem
b) gorgeta – magestade – viagem
c) estrangeiro – gengiva – geringonça
d) pedágio – genipapo – vertigem
e) cafageste – tigela – alforge

96) **(CÂM.MUN.-RIO)** As palavras _discussão_ e _articulação_ são grafadas com letras distintas para representação dos mesmos fonemas (ssão-ção).
Assinale o item em que houve erro numa das palavras grafadas.
a) dimensão – discussão
b) excessão – extensão
c) contenção – remissão
d) pretensão – abstração
e) sedução – intenção

97) **(TALCRIM)** ... e cônscio de que a Câmara e o Senado...
A palavra _cônscio_ se grafa com _SC_; a alternativa que tem a palavra com sua grafia _incorreta_ porque não deveria ser grafada com essas duas consoantes é:
a) suscinta
b) piscina
c) fascismo
d) incandescente
e) florescer

98) **(S.E.POL.CIVIL)** _Pesquisa_ é palavra escrita com _s_; qual dos itens a seguir apresenta erro ortográfico devido à confusão entre _s_ e _z_?
a) análise
b) princeza
c) empresa
d) paralisia
e) catequizar

Capítulo 5

SEMÂNTICA

CAPÍTULO 5

SEMÂNTICA

Parte da gramática que estuda a significação das palavras.

■ Sinonímia

Característica de determinadas palavras assumirem, num dado contexto, significação semelhante. Emprego de sinônimos.

Ex.: branco – alvo; forte – robusto; longo – comprido

■ Antonímia

Palavras com sentido oposto. Emprego de antônimos.

Ex.: alto – baixo; cedo – tarde; gordo – magro

■ Homonímia

Propriedade do que é homônimo, ou seja, que possui a mesma grafia ou a mesma pronúncia, ou mesmo as duas coisas a um só tempo.

Os homônimos podem ser:

1) *Homófonos:* mesma pronúncia, grafia diferente.
   Ex.: seção – sessão; cela – sela

2) *Homógrafos:* mesma grafia, pronúncia diferente.
   Ex.: acordo (s.) – acordo (verbo); reis – réis

3) *Perfeitos (ou homófonos e homógrafos).*
   Ex.: são (verbo) – são (adjetivo)

■ Paronímia

Propriedade do que é parônimo, isto é, muito parecido.

Os parônimos não possuem nem a pronúncia nem a grafia iguais.

Ex.: eminente – iminente; descrição – discrição

■ Polissemia

Característica de certas palavras assumirem significações diferentes.

Ex.: paixão: sofrimento; sentimento imoderado; amor violento etc.

Obs.: Não confundir com os homônimos. **Paixão** é uma única palavra, proveniente de um mesmo termo da língua de origem (latim PASSIONE). **São** e **são** provêm de termos diferentes (latim **sunt** e latim **sanu**). Portanto, são palavras diferentes.

■ Conotação e denotação

1) *Denotação:* sentido primitivo, dicionarizado.
   Ex.: A **flor** é perfumada.

2) *Conotação:* sentido especial que adquire um termo; sentido figurado.
   Ex.: Esta menina é uma **flor**.

Obs.: A conotação é a base da linguagem figurada. No exemplo acima, temos um caso de **metáfora**. Outros exemplos:

> Teus olhos são duas **pérolas**.
> Iracema, a virgem dos lábios de **mel**.
> A **doçura** de suas palavras me encanta.
> A vida só lhe atirava **pedras**.

■ Principais homônimos e parônimos

cozer (cozinhar)	coser (costurar)
eminente (ilustre)	iminente (prestes a acontecer)
flagrante (no ato)	fragrante (aromático)
discrição (relativo a discreto)	descrição (ato de descrever)
fluir (correr em estado líquido)	fruir (desfrutar)
emergir (vir à tona, aparecer)	imergir (mergulhar)
lustre (luminária)	lustro (cinco anos)
proscrito (desterrado)	prescrito (ordenado, vencido)
despercebido (não notado)	desapercebido (desprevenido)
infringir (transgredir)	infligir (aplicar pena, castigo)
mandado (ordem)	mandato (gestão, procuração)
ratificar (confirmar)	retificar (corrigir)
tráfego (trânsito)	tráfico (comércio ilícito)

sessão (reunião)	seção (departamento)
insipiente (ignorante)	incipiente (principiante)
conserto (reparo)	concerto (audição musical)
cela (cubículo)	sela (arreio)
xá (soberano do Irã)	chá (bebida)
preito (homenagem)	pleito (disputa, eleição)
acender (iluminar)	ascender (subir)
intemerato (puro)	intimorato (corajoso)
cervo (veado, gamo)	servo (escravo)
broxa (pincel)	brocha (prego)
taxa (imposto)	tacha (prego)
buxo (árvore)	bucho (estômago)
incerto (duvidoso)	inserto (inserido)
cavaleiro (que monta cavalo)	cavalheiro (cortês)
comprimento (medida)	cumprimento (saudação, ato de cumprir)
prover (abastecer)	provir (vir de)
soar (ecoar)	suar (transpirar)
assoar (limpar o nariz)	assuar (vaiar)
cegar (tirar a visão de)	segar (cortar o milho, o trigo)
descriminar (absolver)	discriminar (separar)
arrochar (apertar)	arroxar (tornar roxo)
extrato (que se extraiu)	estrato (camada)
peão (operário de obras)	pião (brinquedo)
chácara (habitação campestre)	xácara (narrativa popular em verso)
estada (permanência de alguém)	estadia (tempo de um navio no porto)

Exercícios

99) Assinale os parônimos.
a) sela – sela
b) taxa – tacha
c) ratificar – retificar
d) curto – longo
e) ceda – seda

100) Assinale os homônimos homógrafos.
a) história – historia
b) extrato – estrato
c) área – ária
d) cessão – sessão
e) manga – manga

101) Paisagem onírica quer dizer:
a) paisagem real
b) paisagem de sonhos
c) paisagem alegre
d) paisagem distante
e) paisagem confusa

102) A comida está _insossa_, _inodora_ e _insípida_. Respectivamente, ela está:
a) sem sabor, sem sal, sem cheiro
b) sem sal, sem sabor, sem cheiro
c) sem sal, sem cheiro, sem sabor
d) sem cheiro, sem sal, sem sabor
e) sem sabor, sem cheiro, sem sal

103) Relacione as duas colunas e depois escolha a opção adequada.
a) arte venatória   ( ) **de andorinha**
b) atitude equina   ( ) **de caça**
c) nariz aquilino   ( ) **de cavalo**
d) fezes columbinas   ( ) **de pomba**
e) aspecto hirundino   ( ) **de águia**

a) e, a, b, d, c
b) e, a, d, b, c
c) d, a, b, e, c
d) e, a, b, c, d
e) e, b, c, d, a

104) Assinale a frase que se completa com a segunda palavra dos parênteses.
a) Já pus a .... no cavalo. (sela/cela)
b) Ele foi preso em .... (flagrante/fragrante)
c) A água .... abundantemente. (fluía/fruía)
d) Você errou. Precisa .... suas palavras. (ratificar/retificar)
e) Estou com uma gripe .... (incipiente/insipiente)

40 ■ Série Impetus Concursos — *Português para Concursos*

105) **Relacione as duas colunas e assinale a opção adequada.**
   1) cara <u>de gato</u>   ( ) vulpina
   2) atitude <u>de raposa</u>   ( ) lupina
   3) pele <u>de lebre</u>   ( ) leporina
   4) reação <u>de abutre</u>   ( ) vulturina
   5) lamentação <u>de lobo</u>   ( ) felina
   a) 2, 3, 5, 4, 1   d) 2, 5, 3, 4, 1
   b) 3, 5, 4, 1, 2   e) 2, 3, 4, 5, 1
   c) 2, 1, 4, 5, 3

106) **(CÂM.DEP.) "A emenda *alvitrada* não poderá ser acolhida."**
   a) encaminhada   c) prejudicada
   b) aviltada   d) sugerida

107) **(FUVEST-SP) "Podem acusar-me: estou com a consciência tranquila."**
   Os dois pontos (:) do período acima poderiam ser substituídos por vírgula, explicitando-se o nexo entre as duas orações pela conjunção:
   a) portanto   d) pois
   b) e   e) embora
   c) como

108) **(AFC) Se substituirmos a palavra sublinhada pela palavra entre parênteses não alteramos o sentido dos enunciados, *exceto* em:**
   a) Há nisso um equívoco, a que me empenho em pôr termo, **peremptoriamente**. (preliminarmente)
   b) Não quero concorrer para a agravação desta **contenda**. (controvérsia)
   c) **Reputo** insustentável a situação de anarquia financeira, política e moral. (Considero)
   d) **O pleito** entre os interesses deve seguir sem estorvo. (A disputa)
   e) O pleito entre os elementos interessados seguirá sem estorvo na hipótese **importuna** de meu nome. (incômoda)

109) **(TRT-ES) Marque a opção em que a expressão substitui o elemento em realce sem alterar o sentido do texto.**
   "Trabalho subordinado é aquele no qual o trabalhador *volitivamente* transfere a terceiro o poder de direção sobre seu trabalho, sujeitando-se como consequência ao poder de organização, ao poder de controle e ao poder disciplinar deste." (Amauri Mascaro Nascimento)
   a) por imposição superior   d) independentemente de sua vontade
   b) por vontade própria   e) oficiosamente
   c) involuntariamente

Renato Aquino ■ 41

110) (P.G.JUSTIÇA) A palavra _tráfico_, presente no texto (1.16), não deve ser confundida com _tráfego_, seu parônimo. Em que item a seguir o par de vocábulos é exemplo de homonímia e não de paronímia?
a) estrato / extrato
b) flagrante / fragrante
c) eminente / iminente
d) inflação / infração
e) cavaleiro / cavalheiro

111) (AFTN) Escolha o conjunto de palavras que pode substituir, na ordem apresentada, as palavras sublinhadas, sem alteração do sentido dos enunciados.

Ao otimismo _infrene_ daqueles que, sob o regime de crédito, alcançavam riquezas rápidas, correspondia a perplexidade e o descontentamento dos outros, mais duramente atingidos pelas consequências da cessação do tráfico. Num depoimento citado por Nabuco, lê-se este expressivo desabafo do espírito conservador diante dos costumes novos, acarretados pela febre das especulações: "Antes bons negros da costa da África para felicidade nossa, a despeito de toda a mórbida filantropia britânica, que esquecida de sua própria casa, deixa morrer de fome o pobre irmão branco, escravo sem senhor que dele se compadeça, e hipócrita ou _estólida_ chora, exposta ao ridículo da verdadeira filantropia, o _fado_ de nosso escravo." (Sérgio Buarque de Holanda)
a) néscio; estática; ritmo
b) descomedido; parva; destino
c) desenfreado; estoica; sofrimento
d) infringível; estulta; vaticínio
e) insaciável; estável; sorte

112) (T.CONTAS-ES) "É nula toda lei que o povo diretamente não ratificar...". _Ratificar_ e _retificar_ são parônimos; em que item a seguir a frase apresenta erro de seleção vocabular, exatamente pela confusão entre parônimos?
a) Segundo os deputados, os perigos eram iminentes.
b) As leis pretendem combater a descriminação racial.
c) Pretendiam que o Governo fizesse a cessão do terreno.
d) Os deputados pretendem dilatar o prazo dos mandatos.
e) As leis não regulamentavam os comprimentos dos cômodos.

113) (T.JUST.-RJ) "_O fato, que antigamente poderia passar despercebido_..." (1.9). O vocábulo "_despercebido_" é algumas vezes confundido com seu parônimo "_desapercebido_". Em que item a seguir os vocábulos destacados são somente variantes de forma gráfica, sem qualquer diferença de significação?
a) deferir / diferir
b) amoral / imoral
c) eminente / iminente
d) flecha / frecha
e) vultoso / vultuoso

42 ■ Série Impetus Concursos — *Português para Concursos*

114) **(TALCRIM) No inciso I do Art. 1260, ocorre o verbo "*ratificar*", que é frequentemente confundido com "*retificar*". Este par de vocábulos integra o inventário de palavras que são semelhantes, mas que possuem significados distintos (ex. "descrição" e "discrição", "comprimento" e "cumprimento", "mandato" e "mandado" etc.). Assinale o item em que há equívoco na definição dos parônimos:**

a) retificar – alinhar, corrigir
ratificar – confirmar, validar

b) iminente – pendente, próximo para acontecer
eminente – elevado, ilustre

c) infringir – transgredir, violentar
infligir – aplicar pena, castigo

d) intimorato – íntegro, puro
intemerato – sem temor, destemido

e) proscrever – desterrar, expulsar, abolir
prescrever – determinar, preceituar, cair em desuso

115) **(AFC) Marque o item que substitui a palavra sublinhada por um sinônimo, sem prejuízo do sentido do enunciado.**
No mesmo momento em que a lavoura cafeeira alcança o *zênite* da sua prosperidade (primeiro decênio do século), uma outra atividade vem quase emparelhar-se a ela no balanço da produção brasileira: a extração da borracha. (Caio Prado Júnior)

a) declínio
b) aclive
c) ápice
d) índice
e) ocaso

116) **(CÂM.DEP.) Assinale a alternativa em que as palavras referem-se, respectivamente, a *marfim*, *moeda* e *norte*.**

a) pecuniário – palustre – somático
b) ebúrneo – numismático – boreal
c) mnemônico – rupestre – estival
d) ígneo – vascular – sulfúreo

117) **(T.JUST.-RJ) Que segmento do texto destacado abaixo não apresenta um correspondente semântico corretamente indicado?**

a) "vendido **a preço módico**" – barato
b) "refrigerantes **não encontrados** no país" – desencontrados
c) "xarope **contra tosse**" – antitussígeno
d) "patologia **que a antecede**" – anterior
e) "trabalhava **em silêncio**" – silenciosamente

118) **(CESCEM-SP) Indique, entre as alternativas abaixo, a que poderia substituir a palavra destacada, sem alteração do sentido da frase.**
Não há crime onde não houve *aquiescência*.

a) arrependimento
b) conhecimento
c) consentimento
d) intenção
e) premeditação

119) **(TFC-RJ) Indique a letra na qual as palavras completam, corretamente, os espaços das frases abaixo.**

1- Quem possui deficiência auditiva não consegue _____ os sons com nitidez.

2- Hoje são muitos os governos que passaram a combater o _____ de entorpecentes com rigor.

3- O diretor do presídio _____ pesado castigo aos prisioneiros revoltosos.

	1		2		3
a)	discriminar	-	tráfico	-	infligiu
b)	discriminar	-	tráfico	-	infringiu
c)	descriminar	-	tráfego	-	infringiu
d)	descriminar	-	tráfego	-	infligiu
e)	descriminar	-	tráfico	-	infringiu

120) **(ITA-SP) Os adjetivos _lígneo_, _gípseo_, _níveo_, _braquial_ significam, respectivamente:**
   a) lenhoso, feito de gesso, alvo, relativo ao braço
   b) lenhoso, feito de gesso, nivelado, relativo ao crânio
   c) lenhoso, rotativo, abalizado, relativo ao crânio
   d) associado, rotativo, nivelado, relativo ao braço
   e) associado, feito de gesso, abalizado, relativo ao crânio

121) **(TTN) O Purus e o Juruá abriram-se há muito à entrada dos mais _díspares_ forasteiros do sírio, que chega de Beirute, e vai pouco a pouco suplantando o português no comércio do "regatão"; ao italiano aventuroso e artista que lhes bate às margens, longos meses, com a sua máquina fotográfica a colecionar os mais típicos rostos de silvícolas e aspectos bravios de paisagens; ao saxônio _fleumático_, trocando as suas brumas pelos esplendores dos ares equatoriais. E, na grande maioria, lá vivem todos; agitam-se, prosperam e acabam _longevos_. (Euclides da Cunha)**
   a) disparatados – empertigado – enemerentes
   b) longínquos – calmo -opulentos
   c) análogos – fagueiro – ilustres
   d) dessemelhantes – sereno – macróbios
   e) diferentes – solerte – envelhecidos

122) **(CÂM.DEP.) Os adjetivos eruditos "resistência HIALINA", "relógio ARGENTINO" e "ponto AUSTRAL" referem-se, respectivamente, a:**
   a) vento – Argentina – sul
   b) vidro – prata – Argentina
   c) vidro – Argentina – sul
   d) vidro – prata – sul
   e) vento – prata – sul

44 ■ Série Impetus Concursos — *Português para Concursos*

123) **(UNB-DF) Relacione a primeira coluna à segunda:**
   (1) água   ( ) pluvial
   (2) chuva   ( ) ebúrneo
   (3) gato   ( ) felino
   (4) marfim   ( ) aquilino
   (5) prata   ( ) argênteo
   (6) rio
   (7) não consta da lista
   A sequência correta é:
   a) 7, 7, 3, 1, 7   c) 2, 4, 3, 7, 5
   b) 6, 3, 7, 1, 4   d) 2, 4, 7, 1, 7

124) **(FUVEST-SP) Espanta-me e intriga-me ver a grande_____existente entre pessoas de temperamentos tão_____**
   a) afinidade – similares   d) afinidade – díspares
   b) distância – díspares   e) animosidade – irascíveis
   c) compreensão – afins

125) **(UM-SP) Aponte a alternativa incorreta quanto à correspondência entre a locução e o adjetivo.**
   a) glacial (de gelo); ósseo (de osso)
   b) fraternal (de irmão); argênteo (de prata)
   c) farináceo (de farinha); pétreo (de pedra)
   d) viperino (de vespa); ocular (de olho)
   e) ebúrneo (de marfim); insípida (sem sabor)

126) **(FUEL-PR) "Dentre os jagunços, era ele sem dúvida o mais *solerte*."**
   Assinale a alternativa que poderia substituir o termo destacado, sem alterar o sentido da frase.
   a) irascível   d) sábio
   b) valente   e) rude
   c) sagaz

127) **(TCE) "... permitia a substituição e a *inserção* de letras e palavras..."**
   Assinale a opção cuja palavra substitui corretamente, sem alteração do sentido, a sublinhada na frase acima.
   a) Adesão   d) Inclusão
   b) Formação   e) Produção
   c) Imposição

CAPÍTULO 6

CLASSES
DE
PALAVRAS

CAPÍTULO 6

CLASSES DE PALAVRAS

Há dez classes gramaticais em português: substantivo, adjetivo, pronome, artigo, numeral, verbo, advérbio, conjunção, preposição e interjeição. As seis primeiras são variáveis; as quatro últimas, invariáveis.

Uma palavra é variável quando sofre, por meio de desinências, modificação de gênero, número, pessoa ou modo.

Ex.: livro – livros; alto – alta; andamos – andais; cantava – cantasse

Observando-se o relacionamento das palavras na frase, podemos dizer que existem classes:

a) BÁSICAS: substantivo e verbo.
b) DEPENDENTES:
  – do substantivo: artigo, adjetivo, numeral adjetivo, pronome adjetivo.
  – do verbo: advérbio.
c) DE LIGAÇÃO: preposição e conjunção.

Ex.: Os meus dois bons alunos saíram cedo.

Observe-se que o substantivo **aluno** (núcleo do sujeito) tem quatro palavras ligando-se a ele: o artigo **os**, o pronome adjetivo **meus**, o numeral adjetivo **dois** e o adjetivo **bons**. Por outro lado, o verbo **saíram** (núcleo do predicado) tem na sua dependência o advérbio **cedo**.

Dessa forma, numa frase do tipo **Tenho muito dinheiro**, a palavra **muito** não é advérbio de intensidade, como possa parecer. Se ela se liga a **dinheiro** (substantivo), só pode ser uma das classes dependentes do substantivo; nesse caso, trata-se de um pronome adjetivo indefinido. Veremos adiante a diferença entre pronome adjetivo e pronome substantivo. Vejamos, então, o que há de mais importante em cada uma das dez classes gramaticais.

Substantivo

Palavra com que nomeamos os seres de um modo geral.
Ex.: cão, livro, árvore, menino

O substantivo pode ser:

1) *Comum:* refere-se a toda uma espécie, sem individualizar. Escreve-se com inicial minúscula.
Ex.: cidade, homem, país

2) *Próprio:* refere-se a um único ser em especial. Escreve-se com inicial maiúscula.
Ex.: Salvador, Antônio, França

3) *Concreto:* possui existência independente dos outros seres. Pode ser real ou fictício.
Ex.: flor, pedra, saci, Pato Donald, fada

4) *Abstrato:* depende de outros seres para existir. São as qualidades, características, sentimentos.
Ex.: amor, saudade, simplicidade, ilusão

5) *Coletivo:* refere-se a uma pluralidade de indivíduos da mesma espécie. Eis os mais importantes:

alcateia	–	de lobos
armada	–	de navios de guerra
arquipélago	–	de ilhas
cabido	–	de cônegos
cáfila	–	de camelos
concílio	–	de bispos convocados pelo Papa
conclave	–	de cardeais, reunidos para eleger o Papa
constelação	–	de estrelas, de astros
enxame	–	de abelhas
esquadra	–	o mesmo que armada
esquadrilha	–	de aviões ou aeroplanos
fato	–	de cabras

feixe	–	de lenha, de raios luminosos
flotilha	–	o mesmo que esquadrilha
girândola	–	de foguetes de artifício
junta	–	de dois bois emparelhados, de médicos, de examinadores, de militares
malta	–	de gente ordinária em geral (o mesmo que caterva, corja, matula e súcia)
manada	–	de gado grosso (bois, cavalos, búfalos, elefantes etc.)
matilha	–	de cães de caça
nuvem	–	de fumaça; de gafanhotos, mosquitos, insetos
penca	–	de frutos ou flores
pinacoteca	–	de quadros
plêiade	–	de pessoas ilustres
rebanho	–	de gado lanígero ou para corte (carneiro, ovelhas, cabras etc)
récua	–	de animais de carga (burro, cavalo etc.)
réstia	–	de cebolas, de alhos
tertúlia	–	de pessoas íntimas reunidas
vara	–	de porcos

■ Flexão do substantivo

1) *Número:* singular ou plural. Casos mais importantes:

    a) Acrescenta-se S, na maioria dos casos.
      Ex.: livro – livros, lei – leis

    b) Acrescenta-se ES após S em sílaba tônica e depois de Z ou R.
      Ex.: burguês – burgueses, cruz – cruzes, éter – éteres

    c) Palavras terminadas em AL, OL, UL: trocam o L por IS.
      Ex.: farol – faróis

    d) Palavras terminadas em IL átono: trocam IL por EIS.
      Ex.: fóssil – fósseis

e) Palavras terminadas em IL tônico: trocam o L por S.
   Ex.: barril – barris

f) Palavras terminadas em EL átono: plural em EIS.
   Ex.: nível – níveis

g) Palavras terminadas em EL tônico: plural em ÉIS.
   Ex.: papel – papéis

h) Não variam as palavras terminadas em X ou S; no caso do S, apenas as paroxítonas e as proparoxítonas.
   Ex.: o tórax – os tórax; o lápis – os lápis; o ônibus – os ônibus

i) Em algumas palavras a sílaba tônica avança.
   Ex.: júnior – juniores; caráter – caracteres

j) Casos especiais:
   mal e cônsul – males e cônsules
   gol – goles e gois
   mel – meles e méis
   cal – cales e cais
   aval – avales e avais
   cós – coses e cós
   fel – feles e féis

Obs.: Os substantivos terminados em ÃO merecem atenção especial.

Eis alguns importantes:

tubarão – tubarões	escrivão – escrivães	bênção – bênçãos
formão – formões	tabelião – tabeliães	órgão – órgãos
grilhão – grilhões	capelão – capelães	cidadão – cidadãos
balão – balões	capitão – capitães	cristão – cristãos
botão – botões	alemão – alemães	pagão – pagãos
gavião – gaviões	pão – pães	irmão – irmãos

Alguns admitem mais de um plural. Grave os exemplos abaixo.

corrimão	–	corrimões ou corrimãos
anão	–	anões ou anãos
vulcão	–	vulcões ou vulcãos

verão	–	verões ou verãos
charlatão	–	charlatões ou charlatães
guardião	–	guardiões ou guardiães
cirurgião	–	cirurgiões ou cirurgiães
refrão	–	refrãos ou refrães
aldeão	–	aldeões, aldeãos ou aldeães
ancião	–	anciões, anciãos ou anciães
ermitão	–	ermitões, ermitãos ou ermitães

Há controvérsias entre os principais autores, o que torna difícil este estudo. Por isso, apresentamos uma lista pequena, de fácil assimilação.

Obs.: Veja, no Apêndice, o plural dos compostos.

2) *Gênero:* masculino ou feminino.
   Ex.:   gato – gata

Eis uma pequena lista de femininos que poderiam causar problemas:

hortelão	–	horteloa	sandeu	–	sandia
bispo	–	episcopisa	píton	–	pintonisa
cônego	–	canonisa	monge	–	monja
prior	–	priora ou prioresa	frade	–	freira
ateu	–	ateia	frei	–	sóror
felá	–	felaína	pigmeu	–	pigmeia
grou	–	grua	sultão	–	sultana
ilhéu	–	ilhoa	tabaréu	–	tabaroa
judeu	–	judia	druida	–	druidesa
marajá	–	marani	pierrô	–	pierrete

Alguns substantivos são uniformes quanto ao gênero. Nesse caso, referindo-se a pessoas ou animais, temos:
   a) *Comum de dois gêneros:* distingue-se o masculino do feminino por meio de um artigo.
      Ex.:   o artista – a artista; o colega – a colega

b) *Sobrecomum*: um só gênero para pessoas de sexos diferentes. Só admite um artigo.

   Ex.:   a criança; a pessoa; a testemunha; o cônjuge

c) *Epiceno*: só um gênero para animais de sexos diferentes. Só admite um artigo.

   Ex.:   o jacaré (macho ou fêmea); a cobra (macho ou fêmea)

Há substantivos de gênero duvidoso. Quando usar **o** ou **a**? Eis os mais importantes:

Femininos	**Masculinos**
cal	telefonema
cataplasma	champanha
faringe	eclipse
libido	lança-perfume
omoplata	plasma
alface	apêndice
dinamite	clã
comichão	suéter
radiovitrola	grama (peso)
aguardente	soprano
preá	dó
grafite	formicida
musse	milhar

Observações:

a) Alguns, sem mudar de sentido, podem ser masculinos ou femininos. É o caso de diabetes, laringe, personagem, usucapião etc.

b) Alguns outros, mudando de gênero, mudam de sentido. É o caso de cabeça, capital, lente, rádio, moral, lotação etc.

■ Grau do substantivo

1) Normal ou positivo: livro

2) Aumentativo:
   ⇨ sintético (por meio de sufixo): livrão
   ⇨ analítico (por meio de outra palavra): livro grande, enorme etc.

3) Diminutivo:
   ⇨ sintético: livrinho
   ⇨ analítico: livro pequeno, diminuto etc.

■ Adjetivo

Palavra que confere ao substantivo ou pronome substantivo uma qualidade, um estado, uma característica, um aspecto.

Ex.:   aluno **inteligente**; céu **azul**; menina **doente**

■ Flexão do adjetivo

1) *Número:* singular ou plural.

Ex.:   muro **alto** – muros **altos**

2) Gênero: masculino ou feminino.

Ex.:   livro **caro** – casa **cara**

Alguns adjetivos são invariáveis em gênero: inteligente, grande, feliz, veloz etc.

■ Grau do adjetivo

1) *Normal ou positivo:* Paulo é **alto**.

2) *Comparativo:*

a) *de superioridade:* Paulo é **mais alto que** Antônio. (ou do que)

b) *de inferioridade:* Paulo é **menos alto que** Antônio. (ou do que)

c) *de igualdade:* Paulo é **tão alto quanto** Antônio. (ou como)

3) *Superlativo:*

a) *absoluto:*

⇨   *sintético:* Paulo é **altíssimo**.

⇨   *analítico:* Paulo é **muito alto**. (bastante alto, alto demais etc.)

b) *relativo:*

⇨   *de superioridade:* Paulo é **o mais alto** da sala.

⇨   *de inferioridade:* Paulo é **o menos alto** da sala.

Obs.: **Maior**, **menor**, **melhor** e **pior** formam sempre graus de superioridade.
Ex.:   O cão é **menor que** o cavalo: comparativo de superioridade (mais pequeno).

■ Artigo

Palavra que define ou indefine um substantivo.

1) *Definidos:* o, a, os, as.

2) *Indefinidos:* um, uma, uns, umas.
   Ex.: **O** trem chegou.
   Um aluno te chamou.

Obs.: Se não acompanhar substantivo, a palavra não é artigo.

■ Numeral
Palavra que indica os números.
1) *Cardinal:* o número certo de seres.
   Ex.: um, dois, dez, mil

2) *Ordinal:* palavra que estabelece uma ordem.
   Ex.: segundo, terceiro, milésimo

3) *Multiplicativo:* palavra que indica uma multiplicação.
   Ex.: duplo, tríplice

4) *Fracionário:* palavra que indica uma fração.
   Ex.: meio, terço, quarto

■ Pronome
Palavra que substitui ou acompanha um substantivo, tomado como pessoa do discurso.
1) *Pronome substantivo:* aparece sozinho, tomado como pessoa do discurso.
   Ex.: **Todos** saíram cedo. (As crianças saíram cedo).

2) *Pronome adjetivo:* acompanha um substantivo. Tem função de adjetivo.
   Ex.: **Aquela** criança chorou. (A bela criança chorou.)

■ Classificação dos pronomes
1) *Pessoais:*
   a) *Retos:* funcionam como sujeito ou predicativo (eu, tu, ele, ela nós, vós, eles, elas).

   b) *Oblíquos:* funcionam como objetos ou adjuntos. Podem ser:

   ⇨ Átonos: aqueles que não são precedidos de preposição (me, te, o, a, lhe, nos vos).

   ⇨ Tônicos: precedidos de uma preposição (mim, comigo, ti, contigo, ele, ela, nós, conosco, vós, convosco).

54 ■ Série Impetus Concursos — *Português para Concursos*

⇨ Reflexivos: quando indicam que o sujeito pratica e sofre a ação verbal (me, te, se, si, consigo, nos, vos). Destes, **se**, **si** e **consigo** são sempre reflexivos.

Ex.: **Ele** fez o trabalho. (pronome pessoal reto)
Deu-**me** o livro. (pronome pessoal oblíquo átono)
Referiram-se a **ela**. (pronome pessoal oblíquo tônico)
Eu **me** feri muito. (pronome pessoal oblíquo reflexivo)

Obs.: Às vezes o pronome reflexivo indica que a ação verbal é recíproca. Recebe, então, o nome de **pronome recíproco**.
Ex.: Eles **se** abraçaram.

c) *Pronomes de tratamento:* são usados no relacionamento social, de acordo com as circunstâncias. Eis alguns:

Você (V.)	– para um seu igual.
Vossa Alteza (V. A.)	– para príncipes, duques, arquiduques.
Vossa Eminência (V. Emª)	– para cardeais
Vossa Excelência (V. Exª)	– para altas patentes militares e autoridades do governo; bispos e arcebispos.
Vossa Majestade (V. M.)	– para reis.
Vossa Santidade (V. S.)	– para o papa.
Vossa Senhoria (V. Sª)	– para oficiais até coronel, funcionários graduados e na linguagem comercial.
Vossa Magnificência (V. Magª)	– para reitores de universidades.

Obs.: Pode trocar o Vossa por Sua. Nesse caso, o pronome se refere à pessoa de quem falamos.
Ex.: Carlos, Sua Alteza te aguarda.

2) *Possessivos:* meu, teu, seu, nosso, vosso, minha, tua etc. São sempre possessivos.

3) *Demonstrativos:* este, esse, aquele (e flexões); isto, isso, aquilo. Podem ser demonstrativos ou não: o, a, tal, semelhante, mesmo, próprio.
Ex.: **Tal** ideia me espanta. (Essa ideia)
A que comprei é inferior. (Aquela que comprei)
Quero **o** de cima. (aquele de cima)
Pediram-me que voltasse, mas não **o** farei. (não farei isso).

4) *Indefinidos:*

⇨ *Variáveis:* algum, nenhum, muito, pouco, bastante, todo, certo etc.

⇨ *Invariáveis:* tudo, nada, alguém, ninguém, outrem, cada etc.

Obs.: Encontrei **certas** pessoas. (pronome adjetivo indefinido)
Encontrei pessoas **certas**. (adjetivo)
Recebi **muito** apoio. (pronome adjetivo indefinido)
Chorei **muito**. (advérbio de intensidade)

5) *Relativos:*

⇨ São sempre relativos: o qual (e flexões) e cujo (e flexões).

⇨ Podem ser ou não relativos: que, quem, onde, como, quanto e quando.

Obs.: Estes últimos serão pronomes relativos quando puderem ser substituídos por **o qual** (e flexões).

Ex.: O livro **que** comprei é bom. (o qual comprei)
A casa **onde** morei desabou. (na qual morei)
A pessoa de **quem** lhe falei é aquela. (da qual lhe falei)
O aluno **cujo** pai é médico chegou.

Como se nota pelos exemplos, o pronome relativo substitui um substantivo ou pronome colocado antes dele, na oração principal. É o antecedente do pronome relativo.

6) *Interrogativos:* que?, quem?, qual?, quanto?

⇨ Na interrogação direta: **Quem** fez isso?

⇨ Na interrogação indireta: Não me disseram **quem** fez isso.

Na interrogação indireta não há ponto de interrogação. A frase provém de outra, em que a pergunta é feita diretamente.

■ Advérbio

Palavra que modifica um verbo, um adjetivo ou outro advérbio, atribuindo a eles uma circunstância qualquer. Pode ser:

1) *de tempo:* agora, ontem, já, cedo, tarde, nunca, jamais etc.

2) *de lugar:* lá, aí, além, acolá, aqui etc.

3) *de modo:* assim, bem, depressa, alto, tranquilamente etc.

4) *de intensidade:* muito, pouco, demais, bastante, bem etc.

5) *de afirmação:* certamente, realmente, mesmo etc.

6) *de negação:* não.

7) *de dúvida:* talvez, possivelmente, provavelmente etc.

56 ■ SÉRIE IMPETUS CONCURSOS — *Português para Concursos*

■ Advérbios interrogativos

1) *de causa:* por que?.

2) *de lugar:* onde?

3) *de modo:* como?

4) *de tempo:* quando?

5) *de preço ou valor:* quanto?

> **Ex.:** **Por que** ele chorou? (interrogação direta)
> Não sei **por que** ele chorou. (interrogação indireta)

■ Locuções adverbiais

Duas ou mais palavras com valor de advérbio. Eis as mais importantes:

1) *de causa:* Morreu **de frio**.

2) *de meio:* Viajou **de avião**.

3) *de instrumento:* Cortou-se **com a faca**.

4) *de finalidade ou fim:* Vivia **para o trabalho**.

5) *de concessão:* Saiu **apesar da chuva**.

6) *de companhia:* Foi ao cinema **com o irmão**.

7) *de condição:* **Sem estudo**, não passarás.

8) *de conformidade:* Agiu **conforme a situação.**

Obs.: Também as circunstâncias de lugar, tempo, modo etc., representadas muitas vezes por uma única palavra, podem aparecer sob a forma de locuções.

> **Ex.:** Ele saiu **às pressas**. (locução adverbial de modo).

■ Verbo

Palavra que exprime estado, ação ou fenômeno e admite variação de tempo, modo, número, pessoa e voz.

> **Ex.:** andar: ando, andei, andarás, andavam

Renato Aquino ■ **57**

■ Flexão dos verbos

1) *Número:* singular ou plural.
   Ex.:   falo, falas, fala (singular)
             falamos, falais, falam (plural)

2) *Pessoas:* são três.
   a) A primeira é aquela que fala; corresponde aos pronomes **eu** (singular) e **nós** (plural).

   b) A segunda é aquela com quem se fala; corresponde aos pronomes **tu** (singular) e **vós** (plural).

   c) A terceira é aquela de quem se fala; corresponde aos pronomes **ele** (singular) e **eles** (plural).

3) *Modos:* são três.

   a) *Indicativo:* apresenta o fato de maneira positiva, real.
      Ex.:   ando, falei, irás

   b) *Subjuntivo:* apresenta o fato de maneira duvidosa.
      Ex.:   Que eu estude, se eu corresse, quando nós sairmos

   c) *Imperativo:* apresenta o fato como objeto de uma ordem, um pedido.
      Ex.:   saia, espere, voltemos

4) *Tempos:* são três.

   a) *Presente:* espero

   b) *Pretérito:*
      ➪ perfeito: esperei
      ➪ imperfeito: esperava
      ➪ mais-que-perfeito: esperara

   c) *Futuro:*
      ➪ do presente: esperarei

      ➪ do pretérito: esperaria

   Obs.: A divisão do pretérito e do futuro só ocorre no modo indicativo. Perfeito e mais-que-perfeito do subjuntivo só existem nas formas compostas.

5) *Vozes:* são três.

   a) *Ativa:* O sujeito pratica a ação.
      Ex.:   Mário pintou a varanda.

58 ■ Série Impetus Concursos — *Português para Concursos*

b) *Passiva:* O sujeito sofre a ação. Pode ser:

➪ *verbal ou analítica:* com um verbo auxiliar (ser, estar, ficar) mais o particípio.
Ex.: A varanda foi pintada por Mário.

➪ *pronominal ou sintética:* com a partícula apassivadora SE.
Ex.: Pintou-se a varanda.

c) *Reflexiva:* o sujeito pratica e sofre a ação.
Ex.: Lúcia pintou-se.

Obs.: Muito importante para conjugar um verbo é o conhecimento das desinências verbais. Veja, no Apêndice, o ponto Estrutura das Palavras.

■ Formação do imperativo

1) *Afirmativo:* TU e VÓS saem do presente do indicativo menos o S; VOCÊ, NÓS e VOCÊS, do presente do subjuntivo.
Ex.: Imperativo afirmativo do verbo VENDER

vendo		venda	
vendes ➜ vende (tu)		vendas	
vende		venda ➜ venda (você)	
vendemos		vendamos ➜ vendamos (nós)	
vendeis ➜ vendei (vós)		vendais	
vendem		vendam ➜ vendam (vocês)	

Assim, reunindo, temos: vende (tu), venda (você), vendamos (nós), vendei (vós), vendam (vocês).

Obs.: O verbo SER foge, na segunda pessoa (tu e vós), a essa regra. Seu imperativo afirmativo é: sê (tu), seja (você), sejamos (nós), sede (vós), sejam (vocês).

2) *Negativo:* todas as pessoas saem do presente do subjuntivo mais a palavra NÃO.
Ex.: Imperativo negativo do verbo VENDER
venda
vendas ➜ não vendas (tu)
venda ➜ não venda (você)
vendamos ➜ não vendamos (nós)
vendais ➜ não vendais (vós)
vendam ➜ não vendam (vocês)

Obs.: A primeira pessoa do singular do imperativo é, hoje em dia, desusada.

■ Formas nominais

1) *Infinito:* amar

2) *Gerúndio:* amando

3) *Particípio:* amado

Obs.: O infinitivo pode ser pessoal ou impessoal. O pessoal ganha as mesmas terminações do futuro do subjuntivo (eu amar, tu amares etc.). Quando o verbo é regular, são idênticos o futuro do subjuntivo e o infinitivo pessoal.

■ Classificação dos verbos

1) *Regular:* é o verbo cujo radical não sofre alteração fonética durante a conjugação. Também as desinências ficam inalteradas.
   Ex.:   amar, amo, amava, amará

2) *Irregular:* é o verbo que sofre alterações no radical ou desinências ao ser conjugado
   Ex.:   fazer, faço, fez, fiz.

3) *Defectivo:* é o verbo que não se conjuga em todas as pessoas, tempos ou modos. Os mais importantes são:
   a) abolir, colorir, banir, ruir, extorquir, feder: não possuem a 1ª pessoa do singular (eu) do presente do indicativo e não se conjugam no presente do subjuntivo; nos outros tempos são completos.

   b) reaver, precaver-se, falir, remir, adequar: no presente do indicativo, só se conjugam na 1ª e na 2ª pessoas do plural (nós e vós) e não se conjugam no presente do subjuntivo; nos outros tempos, são completos.

   c) doer, acontecer, ocorrer: conjugam-se em todos os tempos, mas somente nas terceiras pessoas (ele e eles).

Alguns autores consideram defectivos os que indicam fenômenos da natureza (ventar, chover etc.) e vozes de animais (miar, latir etc.).

4) *Abundante:* é o verbo que possui duas ou mais formas equivalentes, geralmente no particípio.
   Ex.:   acender: acendido e aceso; fritar: fritado e frito; aceitar: aceitado, aceito e aceite; expulsar: expulsado e expulso; morrer: morrido e morto etc.

Haver, construir, reconstruir, destruir, entupir, desentupir são abundantes no presente do indicativo.

Ex.: haver: nós havemos ou nós hemos
construir: tu constróis ou tu construis

5) *Anômalo:* é o verbo formado por mais de um radical. Só existem dois verbos anômalos: ser e ir.

6) *Auxiliar:* é o primeiro verbo de uma locução verbal, aquele que se flexiona.
Ex.: **Estava** lendo.

7) *Principal:* é o segundo verbo de uma locução, o que encerra o sentido básico do grupo. Está sempre numa forma nominal.
Ex.: Quero **sair**.

■ Formas rizotônica e arrizotônica

1) *Rizotônica:* quando a vogal tônica recai no radical.
Ex.: **a**ndo, l**u**to, fa**ço**

2) *Arrizotônica:* quando a vogal tônica está fora do radical.
Ex.: esper**a**mos, quer**i**am, voltar**ei**

■ Conjugações

1) *Primeira:* quando a vogal temática é A.
Ex.: and**a**r

2) *Segunda:* quando a vogal temática é E.
Ex.: vend**e**r

3) *Terceira:* quando a vogal temática é I.
Ex.: part**i**r

Obs.: O verbo pôr e seus derivados pertencem à segunda conjugação, mas sua vogal temática não aparece no infinito, como nos demais verbos. Aparece, no entanto, quando são conjugados.
Ex.: p**õe**s, pus**e**sse

■ Tempos primitivos e derivados

Considerando os verbos irregulares, notamos que há três tempos cujos radicais dão origem a outras formas. Assim, temos:

1) *Tempos primitivos:* presente do indicativo, perfeito e infinitivo impessoal.

2) *Tempos derivados:*

a) *do presente do indicativo (da primeira pessoa do singular):* presente do subjuntivo.
   Ex.: faço: que eu **faça**

b) *do perfeito (da segunda pessoa do singular):* mais-que-perfeito, imperfeito do subjuntivo e futuro do subjuntivo.
   Ex.: **puse**ste: **puse**ra, **puse**sse, **puse**r

c) *do infinitivo impessoal:* imperfeito do indicativo, futuro do presente, futuro do pretérito, gerúndio, particípio e infinitivo pessoal.
   Ex.: **sab**er: **sab**ia, **sab**erei, **sab**eria, **sab**endo, **sab**ido, **sab**er (**sab**eres, **sab**ermos etc.)

■ Tempos compostos

São formados pelo verbo auxiliar (ter ou haver) e o particípio do verbo principal. São os seguintes:

1) *Perfeito composto:* formado pelo presente do verbo auxiliar mais o particípio do principal.
   Ex.: tenho cantado (perfeito composto do indicativo)

2) *Mais-que-perfeito composto:* formado pelo imperfeito do auxiliar mais o particípio do principal.
   Ex.: tinha cantado (mais-que-perfeito composto do indicativo)

Obs.: Se o auxiliar estiver no subjuntivo, teremos um tempo composto do modo subjuntivo.
   Ex.: tenha cantado (perfeito composto do subjuntivo)
   tivesse cantado (mais-que-perfeito composto do subjuntivo)

Para classificar os demais tempos compostos, basta classificar o verbo auxiliar.
   Ex.: terei cantado: futuro do presente composto (terei é futuro do presente)

62 ■ SÉRIE IMPETUS CONCURSOS — *Português para Concursos*

■ Conjugação dos verbos PÔR, TER, VER e VIR

MODO INDICATIVO

Presente

Ponho	Tenho	Vejo	Venho
Pões	Tens	Vês	Vens
Põe	Tem	Vê	Vem
Pomos	Temos	Vemos	Vimos
Pondes	Tendes	Vedes	Vindes
Põem	Têm	Veem	Vêm

Pretérito perfeito

Pus	Tive	Vi	Vim
Puseste	Tiveste	Viste	Vieste
Pôs	Teve	Viu	Veio
Pusemos	Tivemos	Vimos	Viemos
Pusestes	Tivestes	Vistes	Viestes
Puseram	Tiveram	Viram	Vieram

Pretérito imperfeito

Punha	Tinha	Via	Vinha
Punhas	Tinhas	Vias	Vinhas
Punha	Tinha	Via	Vinha
Púnhamos	Tínhamos	Víamos	Vínhamos
Púnheis	Tínheis	Víeis	Vínheis
Punham	Tinham	Viam	Vinham

Pretérito mais-que-perfeito

Pusera	Tivera	Vira	Viera
Puseras	Tiveras	Viras	Vieras
Pusera	Tivera	Vira	Viera
Puséramos	Tivéramos	Víramos	Viéramos
Puséreis	Tivéreis	Víreis	Viéreis
Puseram	Tiveram	Viram	Vieram

Futuro do presente

Porei	Terei	Verei	Virei
Porás	Terás	Verás	Virás
Porá	Terá	Verá	Virá
Poremos	Teremos	Veremos	Viremos
Poreis	Tereis	Vereis	Vireis
Porão	Terão	Verão	Virão

Futuro do pretérito

Poria	Teria	Veria	Viria
Porias	Terias	Verias	Virias
Poria	Teria	Veria	Viria
Poríamos	Teríamos	Veríamos	Viríamos
Poríeis	Teríeis	Veríeis	Viríeis
Poriam	Teriam	Veriam	Viriam

MODO SUBJUNTIVO
Presente

Ponha	Tenha	Veja	Venha
Ponhas	Tenhas	Vejas	Venhas
Ponha	Tenha	Veja	Venha
Ponhamos	Tenhamos	Vejamos	Venhamos
Ponhais	Tenhais	Vejais	Venhais
Ponham	Tenham	Vejam	Venham

Pretérito imperfeito

Pusesse	Tivesse	Visse	Viesse
Pusesses	Tivesses	Visses	Viesses
Pusesse	Tivesse	Visse	Viesse
Puséssemos	Tivéssemos	Víssemos	Viéssemos
Pusésseis	Tivésseis	Vísseis	Viésseis
Pusessem	Tivessem	Vissem	Viessem

Futuro

Puser	Tiver	Vir	Vier
Puseres	Tiveres	Vires	Vieres
Puser	Tiver	Vir	Vier
Pusermos	Tivermos	Virmos	Viermos
Puserdes	Tiverdes	Virdes	Vierdes
Puserem	Tiverem	Virem	Vierem

MODO IMPERATIVO

Afirmativo

Põe (tu)	Tem (tu)	Vê (tu)	Vem (tu)
Ponha (você)	Tenha (você)	Veja (você)	Venha (você)
Ponhamos (nós)	Tenhamos (nós)	Vejamos (nós)	Venhamos (nós)
Ponde (vós)	Tende (vós)	Vede (vós)	Vinde (vós)
Ponham (vocês)	Tenham (vocês)	Vejam (vocês)	Venham (vocês)

Negativo

Não ponhas (tu)	Não tenhas (tu)	Não vejas (tu)	Não venhas (tu)
Não ponha (você)	Não tenha (você)	Não veja (você)	Não venha (você)
Não ponhamos (nós)	Não tenhamos (nós)	Não vejamos (nós)	Não venhamos (nós)
Não ponhais (vós)	Não tenhais (vós)	Não vejais (vós)	Não venhais (vós)
Não ponham (vocês)	Não tenham (vocês)	Não vejam (vocês)	Não venham (vocês)

FORMAS NOMINAIS

Infinitivo não flexionado

Pôr	Ter	Ver	Vir

Infinitivo flexionado

Pôr	Ter	Ver	Vir
Pores	Teres	Veres	Vires
Pôr	Ter	Ver	Vir
Pormos	Termos	Vermos	Virmos
Pordes	Terdes	Verdes	Virdes
Porem	Terem	Verem	Virem

Obs.: Usa-se o infinitivo flexionado com as preposições; o futuro do subjuntivo, com as conjunções e os pronomes relativos. Nos verbos regulares, infinitivo e futuro do subjuntivo são sempre idênticos.

Ex.: Trouxe o violão para você **cantar.** (infinitivo)

Quando você **cantar**, ficaremos felizes. (futuro do subjuntivo)

Gerúndio

| Pondo | Tendo | Vendo | Vindo |

Particípio

| Posto | Tido | Visto | Vindo |

Obs.: Como se vê, o particípio e o gerúndio do verbo VIR têm uma única forma: VINDO.

■ Alguns verbos problemáticos

➪ Caber, presente do indicativo: caibo, cabes, cabe, cabemos, cabeis, cabem

➪ Valer, presente do indicativo: valho, vales, vale, valemos, valeis, valem

➪ Crer, pretérito perfeito: cri, creste, creu, cremos, crestes, creram

➪ Crer, pretérito imperfeito: cria, crias, cria, críamos, críeis, criam

➪ Roubar, estourar, inteirar, dourar, aleijar etc., presente do indicativo: roubo, estouro, inteiro, douro, aleijo; esses verbos mantêm o ditongo do infinitivo.

➪ Aderir, competir, impelir, expelir, divergir, discernir, preterir etc., presente do indicativo: adiro, aderes, adere; impilo, impeles, impele; discirno, discernes, discerne; pretiro, preteres, pretere

➪ Aguar, desaguar, enxaguar, minguar, presente do indicativo: águo, águas, água, aguamos, aguais, águam (todos com essa pronúncia)

➪ Idem, presente do subjuntivo: águe, águes, águe, aguemos, agueis, águem

➪ Arguir, presente do indicativo: arguo (u tônico), arguis (u tônico), argui (u tônico), arguimos (güi), arguis (güi), arguem (u tônico)

➪ Averiguar, apaziguar, obliquar, presente do subjuntivo: averigue (u tônico), averigues (u tônico), averigue (u tônico), averiguemos (güi), averigueis (güi), averiguem (u tônico)

66 ■ Série Impetus Concursos — *Português para Concursos*

➪ Mobiliar, presente do indicativo: mobílio, mobílias, mobília, mobiliamos, mobiliais, mobíliam

➪ Mobiliar, presente do subjuntivo: mobílie, mobílies, mobílie, mobiliemos, mobilieis, mobíliem

➪ Polir, presente do indicativo: pulo, pules, pule, polimos, polis, pulem

➪ Polir, presente do subjuntivo: pula, pulas, pula, pulamos, pulais, pulam

➪ Resfolegar, presente do indicativo: resfólego, resfólegas, resfólega, resfolegamos, resfolegais, resfólegam

➪ Passear, cear, recear, falsear, pentear, nomear (e demais verbos terminados em EAR), presente do indicativo: passeio, passeias, passeia, passeamos, passeais, passeiam

➪ Idem, presente do subjuntivo: passeie, passeies, passeie, passeemos, passeeis, passeiem

Obs.: O ditongo EI só aparece nas formas rizotônicas, por isso mesmo apenas nos dois presentes e no imperativo.

➪ Confiar, renunciar, afiar, arriar (e demais verbos terminados em IAR), presente do indicativo: confio, confias, confia, confiamos, confiais, confiam

➪ Mediar, ansiar, remediar, incendiar, odiar e intermediar, presente do indicativo: anseio, anseias, anseia, ansiamos, ansiais, anseiam. São os únicos terminados em IAR que apresentam o ditongo EI nas formas rizotônicas, a exemplo dos verbos terminados em EAR.

➪ Reaver, presente do indicativo: reavemos, reaveis

➪ Reaver, pretérito perfeito: reouve, reouveste, reouve, reouvemos, reouvestes, reouveram

➪ Reaver, futuro do subjuntivo: reouver, reouveres, reouver, reouvermos, reouverdes, reouverem

➪ Saudar, amiudar, abaular, presente do indicativo: saúdo, saúdas, saúda, saudamos, saudais, saúdam

➪ Repor, compor, impor, depor, contrapor etc.: conjugam-se integralmente pelo verbo PÔR
Ex.: componho, compões, compõe; impus, impuseste, impôs; depuser, depuseres, depuser

➪ Intervir, advir, provir, desavir, convir etc.: seguem a conjugação do verbo VIR.
Ex.: intervim, intervieste, interveio; provier, provieres, provier; advenha, advenhas, advenha

➪ Conter, reter, manter, deter etc.: conjugam-se da mesma forma que o verbo TER.
Ex.: contivera, contiveras, contivera; mantivesse, mantivesses, mantivesse; detive, detiveste, deteve

➪ Rever, prever, antever etc.: são conjugados pelo verbo VER.
Ex.: prevejo, prevês, prevê; antevi, anteviste, anteviu; revir, revires, revir

➪ Prover: segue o verbo VER, menos no pretérito perfeito (provi, proveste, proveu), no pretérito mais-que-perfeito (provera, proveras, provera), no imperfeito do subjuntivo (provesse, provesses, provesse), no futuro do subjuntivo (prover, proveres, prover) e no particípio (provido).

➪ Requerer, da mesma forma que prover, não segue o verbo primitivo no pretérito perfeito (requeri, requereste, requereu) e nos tempos dele derivados (requerera, requeresse, requerer); no presente do indicativo, faz requeiro, requeres, requer.

■ Preposição

Palavra que liga duas outras numa oração ou expressão.

1) *Preposições simples ou essenciais:* a, ante, após, até, com, contra, de, desde, em, entre, para, perante, por, sem, sob, sobre, trás.
Ex.: Vim **de** casa. Fui **a** São Paulo. Redação **sem** erros.

2) *Preposições acidentais:* palavras de outras classes, funcionando, em certas circunstâncias, como preposição.
Ex.: Tenho **que** sair.
Outras: conforme, segundo, como, salvo, fora, mediante, durante etc.

3) *Locuções prepositivas:* grupo de palavras que funcionam como preposição. Terminam sempre por uma preposição simples.
Algumas locuções prepositivas muito usadas: à frente de, à espera de, a fim de, à beira de, graças a, de acordo com, à procura de etc.
Ex.: Saiu à procura de um médico.

68 ■ SÉRIE IMPETUS CONCURSOS — *Português para Concursos*

Obs.: Às vezes, a preposição liga duas orações.

Ex.: Ele vive para ajudar os outros.

As preposições podem unir-se a outras palavras, formando um só vocábulo. Quando ela perde fonemas, temos uma contração; caso contrário, uma combinação.

Ex.: ao, à, do, dum, no, daquele, dela, daí, nisto etc.

■ Conjunção

Palavra que liga duas orações.

1) *Coordenativas:* ligam orações coordenadas.

2) *Subordinativas:* ligam uma oração subordinada à sua principal.

Ex.: Entrei **e** fechei a porta (conjunção coordenativa).
Sei **que** ela voltará. (conjunção subordinativa).

A conjunção, em certos casos, liga duas palavras.

Ex.: Paulo **e** Antônio estudam muito.

Obs.: Veremos com mais detalhes as conjunções, no capítulo referente à classificação das orações.

■ Interjeição

Palavra exclamativa com que traduzimos espontaneamente nossas emoções.

Ex.: Ui! Puxa! Epa! Bis!

■ Palavras denotativas

Existem palavras e locuções que se assemelham aos advérbios e locuções adverbiais, mas que não chegam a expressar circunstâncias. São chamadas denotativas. Eis as mais importantes:

a) de afetividade: felizmente, ainda bem etc.

b) de designação: eis

c) de exclusão: exceto, salvo, menos, fora, só, somente, apenas etc.

d) de explicação: a saber, por exemplo etc.

e) de inclusão: também, inclusive, ainda, até, além disso etc.

f) de retificação: aliás, ou melhor, isto é etc.

g) de situação: afinal, em suma etc.

Exercícios

■ Classes de palavras

128) Na frase: "Há flores e frutos no armário novo", temos quantos substantivos?
- a) 3
- b) 2
- c) 4
- d) 1
- e) 5

129) Na frase: "A justiça de Deus nos acompanha sempre", temos quantos adjetivos?
- a) 1
- b) 3
- c) 2
- d) 4
- e) nenhum

130) Assinale o substantivo abstrato.
- a) bruxa
- b) comida
- c) ar
- d) bondade
- e) saci

131) Assinale o substantivo concreto.
- a) dor
- b) fé
- c) espírito
- d) pobreza
- e) lealdade

132) Qual o coletivo de lobo?
- a) enxame
- b) nuvem
- c) alcateia
- d) cáfila
- e) constelação

133) Qual o coletivo de aviões?
- a) esquadra
- b) esquadrilha
- c) vara
- d) matilha
- e) junta

134) Aponte o substantivo comum de dois gêneros.
- a) estudante
- b) vítima
- c) mosca
- d) carrasco
- e) apóstolo

70 ■ Série Impetus Concursos — *Português para Concursos*

135) Aponte o substantivo comum de dois gêneros.
a) algoz
b) indivíduo
c) cliente
d) povo
e) testemunha

136) Aponte o substantivo sobrecomum.
a) mártir
b) jovem
c) selvagem
d) consorte
e) cônjuge

137) Assinale o substantivo epiceno.
a) elefante
b) besouro
c) verdugo
d) lobo
e) leão

138) Aponte o substantivo que não é epiceno.
a) jacaré
b) cobra
c) onça
d) tartaruga
e) abelha

139) Ana é a mais bela da turma. O adjetivo está no grau:
a) normal
b) comparativo de superioridade
c) superlativo relativo de superioridade
d) superlativo absoluto analítico
e) superlativo absoluto sintético

140) Aponte a frase em que _muito_ é pronome indefinido.
a) Ela fala muito.
b) Estava muito cansada.
c) Carla chorou muito.
d) Ele escreve muito bem.
e) Recebeu muito apoio.

141) Assinale o item em que a palavra em negrito não é pronome.
a) Ele fez **tudo**.
b) É muito **tarde**.
c) **Poucos** passaram.
d) **Isto** está errado.
e) Eu **o** trouxe ontem.

142) Assinale o pronome oblíquo átono.
a) Paulo **te** avisou.
b) Levava **consigo** os livros.
c) Fez tudo para **ela**.
d) A **mim** ninguém engana.
e) Tu **te** feriste.

143) Assinale o pronome demonstrativo.
a) Tenho **poucos** amigos.
b) **Minha** irmã é bonita.
c) **A** que comprei é melhor.
d) **Qual** foi o resultado?
e) **Cada** pessoa fará sua parte.

144) Qual frase possui advérbio de modo?
a) Realmente ele errou.
b) Antigamente era mais pacato o mundo.
c) Lá está teu primo.
d) Ela fala bem.
e) Estava bem cansado.

145) Aponte a frase com pronome relativo.
a) Onde está você?
b) Diga-me quando será o jogo.
c) Espero que tudo se ajeite.
d) Correu tanto que se machucou.
e) Tudo que fiz está certo.

146) Classifique a locução adverbial que aparece em "Machucou-se com a gilete."
a) modo
b) instrumento
c) causa
d) concessão
e) fim

147) Assinale o item em que o pronome pessoal não é reto.
a) Diga a ele que voltarei.
b) Nós lemos o livro.
c) Sei que ele voltará.
d) Tu pediste a conta.
e) Disseram que vós deveis ir.

148) Classe gramatical da palavra sublinhada em "_Certas_ pessoas não pensam":
a) adjetivo
b) pronome possessivo
c) advérbio de dúvida
d) pronome demonstrativo
e) pronome indefinido

149) Só não há advérbio em:
a) Não o quero.
b) Ali está o material.
c) Tudo está correto.
d) Talvez ele fale.
e) Já cheguei.

150) Na frase: "Mandou-me sair, mas não _o_ fiz", a palavra em negrito é:
a) artigo
b) pronome átono
c) preposição
d) substantivo
e) pronome demonstrativo

72 ■ SÉRIE IMPETUS CONCURSOS — *Português para Concursos*

151) **(TTN) Observe as palavras grifadas da seguinte frase: "*Encaminhamos* a V. Sa. *cópia autêntica* do Edital nº 19/82." Elas são, respectivamente:**
 a) verbo, substantivo, substantivo
 b) verbo, substantivo, advérbio
 c) verbo, substantivo, adjetivo
 d) pronome, adjetivo, substantivo
 e) pronome, adjetivo, adjetivo

152) **(UFV-MG) Em todas as alternativas há dois advérbios, exceto em:**
 a) Ele permaneceu muito calado.
 b) Amanhã, não iremos ao cinema.
 c) O menino, ontem, cantou desafinadamente.
 d) Tranquilamente, realizou-se, hoje, o jogo.
 e) Ela falou calma e sabiamente.

153) **(UM-SP) No período "Minha mãe hesitou um pouco, mas acabou cedendo, depois que o padre Cabral, tendo consultado o bispo, voltou a dizer-lhe que sim, que podia ser", a expressão *depois que*, morfologicamente, é:**
 a) locução prepositiva
 b) advérbio de tempo
 c) locução conjuntiva
 d) advérbio de modo
 e) expletivo

154) **(UFRJ) Indique o item em que a palavra destacada é um adjetivo.**
 a) E se ela não botar **mais** ovos de ouro?
 b) Pra que esse **luxo** com a galinha?
 c) Era uma galinha como as **outras**.
 d) É, mas esta é **diferente**!
 e) Galinha come é **farelo**!

155) **(T.JUST.-RJ) Em que item a seguir o elemento destacado *não* exerce função adjetiva?**
 a) "Era uma vez um homem **que tinha uma Galinha**" (1.1)
 b) "Subitamente, em dia **inesperado**,..." (1.2)
 c) "... a Galinha pôs um ovo **de ouro**." (1.3)
 d) "**Outro** ovo de ouro!" (1.4)
 e) "O homem **mal** podia dormir." (1.5)

156) **(UFMG) As expressões destacadas correspondem a um adjetivo, exceto em:**
 a) João Fanhoso anda amanhecendo **sem entusiasmo**.
 b) Demorava-se **de propósito** naquele complicado banho.
 c) Os bichos **da terra** fugiam em desabalada carreira.
 d) Noite fechada sobre aqueles ermos perdidos da caatinga **sem fim**.
 e) E ainda me vem com essa conversa de homem **da roça**.

Renato Aquino ■ 73

157) (S.M.-ADM.-RIO) Em que trecho a seguir a palavra ou segmento destacados não corresponde a um adjetivo, mas a um advérbio?

a) "... você vai receber o produto **que comprou**..." (1.3)
b) "... e sua festa seja **completa**,..." (1.6)
c) "Você acertou no produto **que escolheu**..." (1.9)
d) "Quanto mais **rápido** você enviar..." (1.14)
e) "... construiu a sua história **de tradição** (1.11)

158) (TALCRIM) A expressão *é que* no trecho... *quando temos uma eleição é que nos damos conta da precariedade de tudo* (1.6-7) pode ser classificada como:

a) locução verbal
b) expressão de realce
c) locução adverbial
d) palavra denotativa de exclusão
e) locução prepositiva

159) (CÂM.MUN.-RIO) Assinale a classe da palavra destacada nas frases a seguir, corretamente classificada:

a) Não há receitas mágicas **que** respondam... (1.31) – conjunção
b) ... para resolver **tais** questões. (1.32) – pronome demonstrativo
c) Há **que** se alargar os horizontes,... (141) – pronome relativo
d) ... como **meio** de ascensão social (1.43) – numeral fracionário
e) ... do consumo **mais** elitizado. (1.44) – pronome indefinido

160) (S.E.POL.CIVIL) Qual das palavras destacadas a seguir *não* é um adjetivo?

a) As pesquisas eliminaram **parte** da emoção.
b) Os **bons** candidatos nem sempre são eleitos.
c) Nas eleições há feriado **nacional**.
d) As **grandes** empresas patrocinam candidatos.
e) Os resultados são dados no dia **seguinte**.

161) (CÂM.DEP.) "Os pintassilgos não portavam diplomas, e cantavam muito bem."
"Apresente titulação e terá lugar em nossa orquestra."
"Os urubus não sabiam se os pintassilgos cantavam bem."
As conjunções ao longo das 3 estruturas classificam-se, respectivamente, como

a) coordenativa aditiva / coordenativa aditiva / subordinativa integrante.
b) coordenativa adversativa / subordinativa consecutiva / subordinativa integrante.
c) coordenativa aditiva / coordenativa conclusiva / subordinativa condicional.
d) coordenativa adversativa / coordenativa aditiva / subordinativa condicional.
e) coordenativa aditiva / subordinativa conclusiva / subordinativa integrante.

162) (S.E.POL.CIVIL) "*De repente* foi assaltada por um adolescente." A expressão destacada tem valor:

a) substantivo
b) adjetivo
c) adverbial
d) pronominal
e) verbal

74 ■ Série Impetus Concursos — *Português para Concursos*

163) (TALCRIM) Assinale o item em que a classe da palavra destacada está correta.
- a) Quem fala em flor não diz **tudo** – pronome indefinido
- b) Quem me fala **em** flor diz demais – conjunção
- c) O poeta se torna **mudo** – substantivo
- d) Que mata **mais** do que faca – pronome indefinido
- e) Mais **que** bala de fuzil – advérbio

164) (FMU-SP) *Triplo* e *tríplice* **são numerais:**
- a) ordinal o primeiro e multiplicativo o segundo
- b) ambos ordinais
- c) ambos cardinais
- d) ambos multiplicativos
- e) multiplicativo o primeiro e ordinal o segundo

165) (T.JUST.RJ) "... que teria o ocorrido na cidade mineira de Nova Lima,..." (1.2/3). **Nesta frase** *que* **pertence à classe dos pronomes relativos.**
Em que frase a seguir o mesmo vocábulo tem classe diferente?
- a) "... provoca uma cegueira perigosa, **que** aprofunda a raiz do mal." (1.79/80)
- b) "... mas não tão modesto **que** impedisse uma pequena margem de lucro por unidade adquirida." (1.42/44)
- c) "... a poeira de pedra **que** o trabalho levantava." (1.11)
- d) "... capaz de denunciar – à distância – a moléstia **que** lhe dá origem." (1.20/21)
- e) "... desenraizado, portanto, das causas sociais **que** o produzem." (1.56/57)

■ Flexão nominal

166) Há erro na flexão de feminino em:
- a) heroína
- b) patroa
- c) sultana
- d) hebreia
- e) judeia

167) Há erro na flexão de feminino em:
- a) ateia
- b) sandia
- c) bispa
- d) monja
- e) parenta

168) Assinale a palavra masculina.
- a) alface
- b) omoplata
- c) faringe
- d) eclipse
- e) cataplasma

Renato Aquino ■ 75

169) Assinale a palavra feminina.
a) grama (peso)
b) telefonema
c) formicida
d) libido
e) clã

170) Assinale a palavra cujo gênero está indevidamente indicado pelo artigo.
a) a cal
b) a dinamite
c) o suéter
d) o champanha
e) a dó

171) Assinale o erro na formação do plural.
a) projetil – projetis
b) fóssil – fósseis
c) tórax – tórax
d) giz – gizes
e) júnior – júniores

172) Assinale o erro na formação do plural.
a) mel – meles
b) elixir – elixires
c) arroz – arroz
d) ímã – ímãs
e) pólen – pólenes

173) Está errado o plural em:
a) corrimão – corrimões
b) cristão – cristãos
c) vulcão – vulcãos
d) capelão – capelões
e) capitão – capitães

174) Errado se encontra o plural da opção:
a) órgão – órgãos
b) guardião – guardiãos
c) tabelião – tabeliães
d) cidadão – cidadãos
e) balão – balões

175) Cometeu-se erro na flexão do substantivo composto em:
a) guardas-civis
b) beija-flores
c) navios-escola
d) grãos-de-bico
e) gentil-homens

176) Assinale o erro na flexão de plural.
a) ave-marias
b) colas-tudo
c) teco-tecos
d) amores-perfeitos
e) salários-família

177) Assinale o erro de plural dos compostos.
a) mangas-espada
b) guardas-marinha
c) salvos-condutos
d) segundas-feiras
e) tenente-coronéis

76 ■ Série Impetus Concursos — *Português para Concursos*

178) Não está correto o plural do composto:
   a) cavalos-vapores
   b) meios-fios
   c) os leva e traz
   d) pingue-pongues
   e) sempre-vivas

179) Assinale o erro no emprego do plural.
   a) camisas verde-claras
   b) sapatos gelos
   c) blusas azul-celeste
   d) trajes cinzentos
   e) trajes cinza

180) Assinale o erro no emprego do plural.
   a) Atividades médico-hospitalares.
   b) Eram calças azul-marinho.
   c) Difíceis situações político-econômicas
   d) Raios ultravioletas.
   e) Só trouxe roupas verde-garrafa.

181) (CÂM.DEP.) Marcando oposição genérica entre os vocábulos, ocorre o processo heteronímico em:
   a) nato – nata
   b) ator – atriz
   c) o estudante – a estudante
   d) guardião – guardiã
   e) homem – mulher

182) (ITA-SP) Dadas as palavras:
   1) esforços
   2) portos
   3) impostos
   Verificamos que o timbre da vogal tônica é aberto:
   a) apenas na palavra 1
   b) apenas na palavra 2
   c) apenas na palavra 3
   d) apenas nas palavras 1 e 3
   e) em todas as palavras

183) (TALCRIM) A palavra _votante_, presente no texto, tem seu gênero indicado em função do artigo que a acompanha. A palavra que _não_ está nesse mesmo caso é:
   a) agente
   b) artista
   c) gerente
   d) cônjuge
   e) selvagem

184) (TTN) Há erro de flexão no item:
   a) "A pessoa humana é vivência das condições espaço-temporais." (L.M. de Almeida)
   b) A família Caymmi encontra paralelo com dois clãs do cinema mundial.
   c) Hábeis artesãos utilizam técnicas sofisticadíssimas no trabalho com metais.
   d) Nos revés da vida precisa-se de coragem, para manter a vontade de ser feliz.
   e) Ainda hoje alguns cânones da Igreja são discutidos por muitos fiéis.

185) (ITA-SP) Os superlativos absolutos sintéticos de *comum*, *soberbo*, *fiel*, *miúdo* são, respectivamente:

a) comuníssimo, super, fidelíssimo, minúsculo

b) comuníssimo, sobérrimo, fidelíssimo, minúsculo

c) comuníssimo, superbíssimo, fidelíssimo, minutíssimo

d) comunérrimo, sobérrimo, fidelíssimo, miudérrimo

e) comunérrimo, sobérrimo, fielíssimo, minutíssimo

186) (TALCRIM) O plural de *cidadão*, palavra presente no texto, é *cidadãos*; a palavra que apresenta a forma do mesmo tipo (-ãos) é:

a) alemão

b) visão

c) sessão

d) corrimão

e) cinturão

187) (UFRJ) *Galinha* é a forma feminina de *galo*. Qual das formas femininas a seguir apresenta forma masculina correspondente com a ajuda do vocábulo *macho* (substantivo epiceno)?

a) perdiz

b) cobra

c) gata

d) égua

e) vaca

188) (CÂM.MUN.-RIO) ... mudaram a vida das *pessoas*... (1.11). A palavra destacada é denominada *sobrecomum* – palavras que se aplicam, indistintamente, a homens e mulheres. Qual das palavras a seguir se inclui também entre as sobrecomuns?

a) o cônjuge

b) o estudante

c) o capitalista

d) o doente

e) o mártir

■ Verbos

189) Assinale o verbo no imperfeito do indicativo.

a) olhava

b) cheguei

c) andarás

d) ousasse

e) fora

190) Assinale a classificação errada do tempo verbal.

a) chegaria: futuro do pretérito

b) cante: presente do subjuntivo

c) partisse: imperfeito do subjuntivo

d) queres: presente do indicativo

e) faláramos: perfeito do indicativo

78 ■ Série Impetus Concursos — *Português para Concursos*

191) Qual a forma verbal incorreta?
   a) adiro
   b) compilo
   c) cabo
   d) tusso
   e) valho

192) Aponte a forma verbal errada.
   a) requeri
   b) reteu
   c) provim
   d) rio
   e) mobílio

193) Só não há erro de conjugação verbal no item:
   a) reavi
   b) interveio
   c) cabera
   d) comporam
   e) reavenha

194) Assinale o verbo no imperativo afirmativo.
   a) Não digam isso!
   b) Espero tudo.
   c) Perdemos a prova.
   d) Escutei um barulho.
   e) Fale baixo!

195) Está errada a flexão verbal em:
   a) Quando eu ver a prova...
   b) Eu intervim na discussão.
   c) Requeri a aposentadoria.
   d) Não pudeste falar.
   e) O livro, pu-lo na estante.

196) Assinale o erro de conjugação verbal.
   a) Passeemos, enquanto é cedo.
   b) Ela se penteia bem.
   c) Anseio por sua presença.
   d) Ele freiou o carro.
   e) Ela arria sempre as cortinas.

197) Está errada a flexão verbal em:
   a) Compito com lealdade.
   b) Tu pules a fivela do cinto?
   c) Resfólego muito, quando corro.
   d) Se ele intervir, tudo cessará.
   e) A bomba sempre estoura na minha mão.

198) Assinale o verbo que não é defectivo.
   a) reaver
   b) precaver
   c) falir
   d) doer
   e) advir

199) Assinale o verbo que não é defectivo.
a) colorir
b) abolir
c) polir
d) adequar
e) acontecer

200) Indique os verbos anômalos.
a) ser, ir
b) ser, sair
c) pôr, ler
d) ir, querer
e) dar, crer

201) Indique os verbos abundantes.
a) morrer, jantar, salvar
b) haver, destruir, acender
c) aceitar, expulsar, rir
d) louvar, abençoar, fritar
e) pôr, ser, matar

202) Assinale os verbos na forma rizotônica.
a) chegamos, olhava
b) levei, luto
c) façamos, traga
d) choro, querem
e) dissesse, traria

203) Esperam-se melhores resultados. A voz do verbo é:
a) ativa
b) passiva pronominal
c) passiva analítica
d) reflexiva
e) recíproca

204) Em que voz está o verbo da frase "Carlos tinha lido o livro"?
a) passiva sintética
b) passiva analítica
c) reflexiva
d) neutra
e) ativa

205) Passe para a voz passiva analítica a frase: O menino estudava a matéria.
a) Estudou-se a matéria.
b) A matéria foi estudada pelo menino.
c) Estudaram a matéria.
d) A matéria era estudada pelo menino.
e) Estudava-se a matéria.

206) (CÂM.DEP.) Assinale a alternativa cujo sentido corresponderia, na voz passiva, ao período abaixo.
"Era certo que eles me remeteriam os livros."
a) Era certo que os livros me seriam remetidos por eles.
b) Era certo que os livros tinham sido remetidos por eles.
c) Era certo que os livros me teriam sido remetidos por eles.
d) Era certo que os livros me tivessem sido remetidos por eles.

80 ■ Série Impetus Concursos — *Português para Concursos*

207) (FUVEST-SP) Assinale a alternativa em que uma forma verbal foi empregada incorretamente.
a) O superior interveio na discussão, evitando a briga.
b) Se a testemunha depor favoravelmente, o réu será absolvido.
c) Quando eu reouver o dinheiro, pagarei a dívida.
d) Quando você vir Campinas, ficará extasiado.
e) Ele trará o filho, se vier a São Paulo.

208) (F.C.-CHAGAS-BA) Não te ___ com essas mentiras que ___ da ignorância.
a) aborreces – proveem
b) aborreça – provém
c) aborreças – provêm
d) aborreça – proveem
e) aborreças – provém

209) (TRT-ES) Assinale a opção em que a mudança de pessoa verbal provoca _erro_.
a) Requeremos a pavimentação da Rua Vicente de Carvalho.
   Requeiro a pavimentação da Rua Vicente de Carvalho.
b) Apesar do espaço pequeno, temos certeza de que cabemos aí.
   Apesar do espaço pequeno, tenho certeza de que caibo aí.
c) Se não nos precavemos a tempo, seremos ludibriados.
   Se não me precavenho a tempo, serei ludibriado.
d) Graças ao seu auxílio, reaveremos os documentos.
   Graças ao seu auxílio, reaverei os documentos.
e) Nós valemos tanto quanto acreditamos ser nosso valor.
   Eu valho tanto quanto acredito ser meu valor.

210) (S.M.ADM-RIO) "_fazendo_ mais de 2.200.000 momentos de alegria como este." A forma verbal sublinhada está no gerúndio; em que frase a seguir a forma sublinhada não corresponde ao gerúndio, mas ao particípio?
a) O produto recebido tinha **vindo** de trem.
b) A carta estava **valorizando** o produto comprado.
c) O Consórcio, em **chegando** a data, entregou o produto.
d) A carta vinha **trazendo** a boa notícia.
e) O Consórcio estava **fazendo** propaganda dos produtos.

211) (TTN) Assinale a sentença que contém _erro_ na forma verbal.
a) "Examinai todas as coisas e retende o que for melhor." (Extraído de um marcador de páginas)
b) Detenhamo-nos nos aspectos centrais do pensamento marxista para que saibamos extrair dele o que melhor se aproveita para os dias atuais.
c) Para que elaboremos propostas inovadoras, é preciso que ponhamos nossa criatividade a serviço da geração de ideias inusitadas.
d) Mas não caiamos na tentação de julgar todos os dirigentes políticos como se fossem uns aproveitadores, que usam os cargos apenas para se locupletarem.
e) Se almejardes o saber, vades aos livros e conviveis com os sábios.

Renato Aquino ▪ 81

212) (TALCRIM) *Se nós fizermos...* **(1.1) A forma verbal sublinhada pertence ao futuro do subjuntivo do verbo** *fazer*; **a alternativa em que há erro na conjugação desse mesmo tempo é:**

a) Quando os políticos **intervierem** no processo, tudo ficará melhor.
b) Quando vocês o **verem**, digam-lhe que estive aqui.
c) Só sairei quando **houver** bom tempo.
d) Quando **forem** aprovados, serão empregados.
e) Se **couber** recurso, eu o farei.

213) (T.JUST.-RJ) A frase *"desliguem o motor"* **(1.7) corresponde, na voz passiva com auxiliar, a** *"que o motor seja desligado"*.
Qual a correspondência do mesmo tipo inadequadamente realizada?

a) abram as portas – **as portas sejam abertas**
b) se afastem das mesas – **as mesas sejam afastadas**
c) interrompam a refeição – **a refeição seja interrompida**
d) definam um bom espaço – **um bom espaço seja definido**
e) ritualizem o ato de parar – **o ato de parar seja ritualizado**

214) (TALCRIM) A alternativa que tem um verbo semelhante à forma verbal *veem* **(verbo ver), com a duplicidade e na terceira pessoa do plural do presente do indicativo, é:**

a) dar
b) ler
c) ter
d) vir
e) conter

215) (CÂM.MUN.-RIO) *Diga* **é forma da terceira pessoa do singular do imperativo afirmativo do verbo** *dizer*. **Qual seria a forma correspondente da segunda pessoa do plural do imperativo negativo?**

a) não digas
b) não dizei
c) não dize
d) não digais
e) não dizes

216) (F.C.CHAGAS-PR) Transpondo para a voz ativa a frase: "O filme ia ser dirigido por um cineasta ainda desconhecido", obtém-se a forma verbal:

a) dirigirá
b) dirigir-se-á
c) vai dirigir
d) será dirigido
e) ia dirigir

217) (UNESP) Explicou *que aprendera aquilo de ouvido*.
Transpondo a oração em destaque para a voz passiva, temos a seguinte forma verbal:

a) tinha sido aprendido
b) era aprendido
c) fora aprendido
d) tinha aprendido
e) aprenderia

82 ■ Série Impetus Concursos — *Português para Concursos*

218) (FUVEST-SP) Assinale a alternativa que preenche corretamente as lacunas:

Não _____ cerimônia, _____ que a casa é _____, e _____ à vontade.

a) faças – entre – tua – fique

b) faça – entre – sua – fique

c) faças – entra – sua – fica

d) faz – entra – tua – fica

e) faça – entra – tua – fique

219) (TALCRIM) ... que aqui *viveram* e ainda *vivem*... (1.36)

Este mesmo fragmento, com o verbo ansiar nos mesmos tempos e pessoas do verbo *viver*, ficaria:

a) ... que aqui ansiaram e ainda anseiam...

b) ... que aqui ansiavam e ainda anseiam...

c) ... que aqui ansiaram e ainda ansiam...

d) ... que aqui ansiarão e ainda anseiem...

e) ... que aqui anseiaram e ainda ansiam...

220) (FUVEST-SP) A transformação passiva da frase "A religião te inspirou esse anúncio." apresentará o seguinte resultado:

a) Tu te inspiraste na religião para esse anúncio.

b) Esse anúncio inspirou-se na tua religião.

c) Tu foste inspirado pela religião nesse anúncio.

d) Esse anúncio te foi inspirado pela religião.

e) Tua religião foi inspirada nesse anúncio.

221) (FATEC-SP) Aponte o emprego errado do verbo destacado.

a) Se a resposta **condissesse** com a pergunta...

b) Poucos **reaveram** o que arriscaram em jogos.

c) Não que não **antepuséssemos** alguém a você.

d) Não tenha dúvida, **refaremos** tantas vezes quantas forem necessárias.

e) Se não nos **virmos** mais... tenha boas férias.

222) (P.G.JUSTIÇA) A forma verbal "expôs" corresponde à terceira pessoa do singular do pretérito perfeito simples do indicativo. Como seria a forma dessa mesma pessoa no pretérito perfeito composto do indicativo?

a) havia exposto

b) tinha exposto

c) tem exposto

d) teve exposto

e) foi exposto

223) (CÂM.DEP.) Se eu o _____, dir-lhe-ei que você já _____ o livro emprestado.

a) vir – reouve

b) vir – reaveu

c) vir – reaveu

d) ver – reouve

224) (CÂM.DEP.) A locução verbal NÃO caracteriza conjugação passiva.

a) Os projetos deveriam ter sido aprovados em regime de urgência.

b) A emenda fora rejeitada por maioria simples dos parlamentares.

c) Apenas quatro parlamentares deveriam ter participado da Comissão Especial.

d) Seriam instalados os grupos de trabalho não fosse a carência de assessoria.

e) Deve ter sido discutido o projeto referente aos reajustes salariais.

Capítulo 7

CONCORDÂNCIA NOMINAL

CAPÍTULO 7

CONCORDÂNCIA NOMINAL

É a concordância que existe entre a palavra de valor adjetivo (artigo, adjetivo, pronome adjetivo, numeral) e a palavra de valor substantivo (substantivo e pronome substantivo).

Ex.: O aluno. Minha irmã. Moça bonita. Duas pessoas.

■ Principais casos

1) *Regra geral*: O adjetivo concorda em gênero e número com o substantivo a que se refere.

Ex.: Homem alto. Mulher alta. Homens altos. Mulheres altas.

2) Adjetivo referente a dois ou mais substantivos de mesmo gênero vai para o plural nesse gênero, ou concorda com o mais próximo.

Ex.: Soldado e marinheiro dedicados (concordância gramatical).

Soldado e marinheiro dedicado (concordância atrativa).

Se os substantivos forem de gêneros diferentes, o adjetivo irá para o masculino plural, ou concordará com o mais próximo.

Ex.: Escritor e enfermeira abnegados.

Escritor e enfermeira abnegada.

Obs.: Se o adjetivo vier antes do substantivo, unindo-se diretamente a ele, deverá concordar com o mais próximo.

Ex.: Tinha longa barba e bigode.

Porém, tratando-se de nomes próprios ou de parentesco, o adjetivo vai ao plural.

Ex.: Conheci os esforçados Mário e Pedro.

Chegaram as alegres tia e sobrinha.

3) Adjetivo em função de predicativo concorda com os dois núcleos do sujeito composto.

Ex.: **A moça e o rapaz** estavam **certos**.
suj. composto   pred.

Se o verbo de ligação vier antes do sujeito composto, a concordância vai depender do número em que se emprega o verbo.

Ex.: **Estavam certos** a moça e o rapaz. (concordância gramatical)
pl.   pl.

Estava certa a moça e o rapaz. (concordância atrativa)
sing.   sing.

Se o adjetivo é predicativo do objeto, também as duas concordâncias são possíveis:

Ex.: Tinha longos a barba e o bigode. (concordância gramatical)
Tinha longa a barba e o bigode. (concordância atrativa)

4) *Alerta e menos* são invariáveis.

Ex.: Eles ficaram **alerta**. Estava com **menos** disposição.

Obs.: Se for substantivada, a palavra **alerta**, como qualquer outra da língua, fica variável em número,

Ex.: o **alerta** – os **alertas**; o **não** – os **nãos**; o **contra** – os **contras**

5) *Obrigado, anexo, quite, incluso e leso* são variáveis.

Ex.: Muito **obrigados**, disseram eles.
As cartas **anexas**.
Eles estão **quites** com o colégio. Ele está **quite**.
Os selos estão **inclusos**. Eles seguem **inclusos**.
Cometeu crime de **leso**-patriotismo.

Obs.: Anexo é invariável na expressão **em anexo**. (termo coloquial)

Ex.: **Em anexo** ao requerimento, envio algumas fotos.
Mas: **Anexas** ao requerimento, envio algumas fotos.

6) *Bastante* pode ser advérbio ou pronome indefinido. Pode, portanto, variar ou não.

Ex.: Tenho **bastantes** livros. (acompanha substantivo: é pronome adjetivo indefinido)
Estavam **bastante** cansados. (acompanha adjetivo: é advérbio de intensidade)

88 ■ Série Impetus Concursos — *Português para Concursos*

7) *Meio* pode ser advérbio ou numeral. Como advérbio, a princípio, considera-se invariável.

Ex.: Comeu **meia** melancia. Já é **meio**-dia e **meia**. (numeral)
Eles estavam **meio** tristes. (advérbio)

Obs.: Boa parte dos autores admite, hoje em dia, a flexão do advérbio **meio**. Num concurso, convém responder à questão pelo processo da eliminação. Dessa forma, a frase apresentada poderia ser escrita também desta forma: Eles estavam **meios** tristes.

8) *Todo*, mesmo como advérbio, pode variar.

Ex.: Ela voltou **toda** molhada. (ou todo molhada)
Acompanha adjetivo, por isso é advérbio.

Obs.: Na expressão **todo-poderoso**, fica invariável.

Ex.: Eis a **todo**-poderosa.

9) *Mesmo e próprio* concordam com a palavra a que se referem.

Ex.: Ela **mesma** fará o serviço. Elas **próprias** voltarão.

10) *Um e outro* e *nem um nem outro* pedem substantivo no singular.

Ex.: Um e outro **candidato** faltou. (jamais um e outro **candidatos**).

Obs.: Se houver adjetivo, este ficará no plural.

Ex.: Um e outro menino **esforçados**.

11) O adjetivo *possível*, usado com o superlativo relativo, concorda com o artigo.

Ex.: Paisagens **as** mais belas **possíveis**.
Paisagens **o** mais belas **possível**.
Pode aparecer **quanto**: Paisagens **quanto possível** belas.

12) Adjetivo usado com o verbo *ser* concordará com o substantivo se este tiver artigo ou pronome demonstrativo.

Ex.: É proibida a entrada de pessoas estranhas.
É proibido entrada de pessoas estranhas.
Ginástica é bom para a saúde.
Ficam erradas as frases: É proibido a entrada e É proibida entrada.

13) *Só* é variável quando equivale a *sozinho*; invariável, significando *somente*.

Ex.: Eles ficaram **sós**. (sozinhos)
Só eles ficaram. (somente)

Obs.: *A sós* refere-se a singular e a plural.
>   **Ex.:**   Ele estava **a sós**.
>   Eles estavam **a sós**.

14) *Nenhum* é variável.
>   **Ex.:**   **Nenhum** menino. **Nenhuma** menina. **Nenhuns** meninos.
>   **Nenhumas** meninas.

15) *Haja vista* pode ser tomada como invariável.
>   **Ex.:**   **Haja vista** os resultados...

Obs.: Admitem-se, no entanto, as seguintes construções:
>   Hajam vista os resultados...
>   Haja vista aos resultados...

16) *Monstro*, usado em função adjetiva, é invariável.
>   **Ex.:**   Era uma atividade **monstro**.

17) *A olhos vistos* pode ser tomada como invariável.
>   **Ex.:**   Ela emagrecia **a olhos vistos**.

Obs.: Pode o particípio **visto** concordar com o que se vê. Esse emprego é raro, hoje em dia, porém correto.
>   **Ex.:**   **Ela** emagrecia **a olhos vista**.

18) *Caro e barato* podem ser adjetivos ou advérbios.
>   **Ex.:**   Os livros estão **caros**. Comprei livros **caros**.
>   Os livros custam **caro**. Custam **barato** aquelas casas.

Como se observa, com verbo de ligação ou ligando-se diretamente a substantivos, **caro** e **barato** são variáveis. Caso contrário, invariáveis.

19) Precedido de *de*, o adjetivo concorda com o substantivo ou fica invariável.
>   **Ex.:**   Alguma coisa **de boa** está acontecendo com ele.
>   Alguma coisa **de bom** está acontecendo com ele.

20) Com mais de um numeral ordinal referindo-se a um só substantivo, temos:
>   a) O substantivo fica sempre no plural.
>   **Ex.:**   1º, 2º e 3º volumes
>
>   b) Se o substantivo estiver no final e os numerais estiverem precedidos de artigo, o substantivo pode ficar no singular ou plural.
>   **Ex.:**   O 1º, o 2º e o 3º volumes.
>   O 1º, o 2º e o 3º volume

90 ■ Série Impetus Concursos — *Português para Concursos*

c) Ficará no singular o substantivo, se vier depois do primeiro numeral, caso em que os numerais seguintes também virão com artigo.

Ex.: O 1º volume, o 2º e o 3º

21) *Tal qual* é variável:

Ex.: Ele era tal qual o primo. Eles eram tais qual o primo.

Ele era tal quais os primos. Eles eram tais quais os primos.

Obs.: Ver, em PLURAL DOS COMPOSTOS (Apêndice), o plural das cores.

Exercícios

225) Uma das frases abaixo possui erro de concordância. Indique-a.
a) Havia menos flores no jardim.
b) Recebeu bastante elogios.
c) Permaneçamos alerta.
d) Comprou caro os papéis.
e) As casas custam barato.

226) Assinale o erro de concordância nominal.
a) – Muito obrigada, disse ela.
b) Só as mulheres foram interrogadas.
c) Eles estavam só.
d) Já era meio-dia e meia.
e) Sós, ficaram tristes.

227) Em qual frase abaixo não se cometeu erro de concordância nominal?
a) Seriam verdades o mais duras possíveis.
b) As crianças estavam bastantes cansadas.
c) Não me venha com meias palavras.
d) Carlos está quites com o colégio.
e) Montanhas quanto possíveis belas.

228) Aponte o erro de concordância.
a) Péssimo lugar e ocasião escolheste.
b) Escolheste lugar e ocasião péssimos.
c) Precisamos de rapaz e moça altos.
d) Anexo ao processo, encaminhamos duas fotos.
e) Seguem em anexo alguns documentos.

229) Só não há erro de concordância nominal em:
a) Motocicleta é perigosa.
b) Haverá bastante oportunidades.
c) Cometeu crime de lesa-patriotismo.
d) Nós mesmo faremos o requerimento.
e) Obrigados, responderam eles.

92 ■ Série Impetus Concursos — *Português para Concursos*

230) Complete com uma das palavras abaixo a frase que segue (concordância gramatical): Apreciava futebol e literatura ....
a) italiano
b) italiana
c) italianos
d) italianas
e) italianos ou italiana, indiferentemente.

231) Aponte a alternativa em que se pode usar apenas a primeira palavra dos parênteses.
a) Nem um nem outro .... (concorrente/concorrentes)
b) Comprou terreno e casa .... (novos/nova)
c) Histórias o mais duras .... (possíveis/possível)
d) Ele estava .... com a escola. (quites/quite)
e) Comeu apenas .... pera. (meio/meia)

232) Está errada a concordância em:
a) Não será permitida a permanência de estranhos.
b) Todas permaneceram sós.
c) Um e outro funcionário se apresentaram.
d) Por nenhuns motivos eu irei.
e) Cebola é ótima para gripe.

233) Aponte o erro de concordância nominal.
a) Andei por longes terras.
b) Ela chegou toda machucada.
c) Carla anda meio aborrecida.
d) Elas não progredirão por si mesmo.
e) Ela própria nos procurou.

234) Aponte o erro de concordância.
a) Ficou calada a natureza, a terra e os homens.
b) Vi bastantes pessoas lá.
c) Só eles não falaram nada.
d) Sós, eles não falaram nada.
e) Parou e olhou para um e outro lados.

235) Só não há erro de concordância nominal em:
a) Nós estamos quite.
b) Água tônica é muito boa.
c) As portas do sucesso não se abrem por si mesmo.
d) Seguem anexo a declaração e o recibo.
e) V.Exa. virá acompanhado de sua senhora?

236) Aponte a frase cuja concordância não está de acordo com a norma culta da língua.
a) Não gosto de meias medidas.
b) Voltou a todo-poderosa.
c) Ela emagrecia a olhos vistos.
d) Ela ficou meio perturbada.
e) É proibida entrada de pessoas estranhas ao serviço.

237) Assinale a frase com erro de concordância.
a) Trazia pintado o cabelo e as sobrancelhas.
b) Estava nervosa a menina e seu pai.
c) Comprei melão e jaca saborosas.
d) Desenvolvemos uma atividade monstro.
e) Anexo segue um bom glossário.

238) É inadmissível a concordância da frase:
a) A menina engordava a olhos vista.
b) Haja vista nossos pedidos.
c) Hajam vista nossos pedidos.
d) Estou preparado, de maneiras que farei a prova.
e) Conheci um e outro menino esforçados.

239) (E.T.ARS.DE MARINHA) Assinale a frase em que há erro no emprego da palavra _anexo_.
a) As duplicatas anexas já foram resgatadas?
b) Anexos, seguem os preços estabelecidos para o corrente ano, a partir de 1º de março próximo.
c) Os documentos anexo devem ser guardados no arquivo 2, pois são sigilosos.
d) Anexas ao processo, estavam as fotocópias das certidões.
e) Envio-lhe, anexos, os planos ainda em estudo.

240) (TTN) A concordância nominal está _incorreta_ em:
a) "É um filme para aquelas pessoas que têm uma certa curiosidade sobre si mesmas." (Spielberg)
b) "Salvo alguns desastres, obtêm-se bons resultados, desde que não se tente filosofar no palco de maneira confusa." (T. Guimarães)
c) Ficavam bastantes contrariados com a negligência de alguns companheiros durante os treinamentos.
d) A folhas vinte e uma do processo, encontra-se o comprovante de pagamento.
e) Estando o carnê e a procuração anexos ao processo, faltavam-lhe dados para explicar o caso.

241) (F.C.-CHAGAS-RJ) Elas ___ providenciaram os atestados, que enviaram ___ às procurações, como instrumentos ___ para os fins colimados.
a) mesmas – anexos – bastantes
b) mesmo – anexo – bastante
c) mesmas – anexo – bastante
d) mesmo – anexos – bastante
e) mesmas – anexos – bastante

94 ■ SÉRIE IMPETUS CONCURSOS — *Português para Concursos*

242) (UFV-MG) Todas as alternativas, abaixo, estão CORRETAS quanto à concordância nominal, EXCETO:

a) Foi acusado de crime de lesa-justiça.

b) As declarações devem seguir anexas ao processo.

c) Eram rapazes os mais elegantes possível.

d) É necessário cautela com os pseudolíderes.

e) Seguiram automóveis, cereais e geladeiras exportados.

243) (AFTN) Marque o conjunto que apresenta uma concordância _não_ compatível com a norma padrão.

a) atitudes e gestos belicosos
   belicosas atitudes e gestos

b) amor e ira eternos
   eterna ira e vingança

c) os preocupados pai e mãe
   os famosos Machado e Alencar

d) Seguem em anexo as fotos
   Seguem anexas as fotos

e) Os candidatos não eram nenhum bobocas
   Não votaram em candidato nenhum

244) (TFC-RJ) Assinale a opção em que _não_ há _erro_.

a) Seguem anexo os formulários pedidos.

b) Não vou comprar esta camisa. Ela está muito caro!

c) Estas questões são bastantes difíceis.

d) Eu lhes peço que as deixem sós.

e) Estando pronto os preparativos para o início da corrida, foi dada a largada.

Capítulo 8

CONCORDÂNCIA VERBAL

CAPÍTULO
8

CONCORDÂNCIA VERBAL

É a concordância do verbo com seu sujeito ou predicativo.
   Ex.:   Ele chegou. Eles chegaram. Tudo são flores.

■ Principais casos

1) *Regra geral*: O verbo concorda com o sujeito em número e pessoa.
   Ex.:   Marcos resolveu o caso. Tu disseste a verdade. O povo gritava.

2) Sujeito composto leva o verbo ao plural.
   Ex.:   O homem e seu filho seguiam pela estrada.

Obs.: Se o verbo vier antes do sujeito, pode haver a concordância atrativa.
   Ex.:   Seguiam pela estrada o homem e seu filho. (concordância gramatical)
   Seguia pela estrada o homem e seu filho. (concordância atrativa)

3) Sujeito composto formado por palavras sinônimas ou em gradação leva o verbo ao singular. Alguns autores admitem o plural.
   Ex.:   O ódio e a ira faz muito mal.

4) O verbo *haver*, significando existir ou indicando tempo decorrido, não vai para o plural, pois é verbo impessoal.
   Ex.:   Havia muitas pessoas lá. (existiam)
   Há dias que não durmo.

Obs.: Se for o verbo principal de uma locução, seu auxiliar ficará no singular.
   Ex.:   Deve haver muitas falhas. (Devem existir muitas falhas)

5) O verbo *fazer*, indicando tempo, não vai para o plural. É verbo impessoal.
   Ex.:   Faz três dias que não saio.
   Deve fazer meses que ele não estuda.

6) Verbo transitivo direto, usado na voz passiva pronominal, concorda com o nome a que se refere, que é o seu sujeito.
   Ex.:   Compra-se **jornal**. Compram-se **jornais**.
                    suj.   suj.

Obs.: Pode-se passar para a voz passiva verbal: Jornais são comprados. Não esquecer que o verbo tem de ser transitivo direto sem objeto preposicionado.

7) O pronome *que* leva o verbo a concordar com o antecedente.
   Ex.:   Não fui eu que falei.

8) O pronome *quem* leva o verbo à 3ª pessoa do singular ou a concordar com o antecedente.
   Ex.:   Fui eu quem errou. Fui eu quem errei.

9) *Dar, bater, tocar e soar*, em relação a horas, concordam com o numeral.
   Ex.:   Já deram três horas. (**Três horas** é o sujeito)
   Mas: O relógio já deu três horas. (**O relógio** é o sujeito)

10) Sujeito formado por diferentes pessoas gramaticais leva o verbo ao plural, na pessoa que tem predominância.
    Ex.:   Eu, tu e ele iremos ao zoológico. (A primeira predomina)
                     Tu e ele ireis ao zoológico. (A segunda predomina)

Obs.: Neste último caso, também é correto dizer Tu e ele irão ao zoológico.

11) Quando o substantivo é um nome próprio usado com artigo plural, a concordância se faz com o artigo.
    Ex.:   Os Estados Unidos assinaram o tratado.
                     Os Corumbas retratam o sofrimento dos retirantes.
                     Campinas possui ótimas bibliotecas. (singular, pois não há artigo)

Obs.: Com o predicativo *livro* e semelhantes (em orações com o verbo ser), pode haver o singular.

   Ex.:   Os Corumbas é um grande livro. Os Corumbas são um grande livro.

Se a palavra for um aposto especificativo, a concordância será com o sujeito.

   Ex.: O livro Os Lusíadas narra a viagem de Vasco da Gama.
                suj.   aposto

12) *Um dos que* leva o verbo ao singular ou plural.
    Ex.:   Era uma das que mais falava. Era uma das que mais falavam.

98 ■ Série Impetus Concursos — *Português para Concursos*

13) *Um e outro* pede o verbo no singular ou plural.
   Ex.:   Um e outro esportista vencerá.
              Um e outro esportista vencerão.

14) *Um ou outro* e *nem um nem outro* pedem o verbo no singular.
   Ex.:   Nem um nem outro se machucará. Um ou outro estará lá.

   Obs.: Alguns autores aceitam a flexão de plural, no caso de **nem um nem outro**.
         É questão polêmica.

15) Expressões do tipo *grande parte de*, *a maioria de*, *a maior parte de*, seguidas
    de palavra no plural, levam o verbo ao singular ou plural.
   Ex.:   A maioria das pessoas correu (ou correram).
   Mas: A maioria correu. A maioria da turma correu.

16) Sujeito formado por pronome interrogativo ou indefinido mais pronome
    pessoal: o verbo concorda com o primeiro pronome, caso ele esteja no
    singular.
   Ex.:   Qual de nós receberá o prêmio?

   Se o primeiro pronome estiver no plural, a concordância pode ser também com
o pronome pessoal.
   Ex.:   Quais de nós voltaremos?
              Quais de nós voltarão?

17) *Perto de, cerca de, mais de* e *menos de* levam o verbo a concordar com o
    numeral.
   Ex.:   Perto de cem pessoas o aplaudiram.
              Mais de dez fotógrafos permaneciam no local.

   Obs.: **Mais de um** levará o verbo ao plural apenas quando houver ideia de
         reciprocidade, ou aparecer repetida.
         Ex.:   Mais de uma mulher desmaiou.
                    Mais de um orador se criticaram.
                    Mais de um aluno, mais de um professor participaram.

   Obs.: Com o verbo SER, a concordância de **perto de** e **cerca de** é facultativa.
         Ex.:   Já eram cerca de três horas. Já era cerca de três horas.

18) Sujeito formado por *o, tudo, nada, isto, isso, aquilo*: o verbo **ser** concorda
    com o sujeito ou com o predicativo.
   Ex.:   Tudo são flores. Tudo é flores.

19) Verbo *ser*, indicando horas ou datas, concorda com o numeral.
Ex.: São duas horas. É uma hora e vinte. Hoje são três de maio.

Obs.: Com a palavra **dia**, fica no singular.
Ex.: Hoje é dia vinte.

20) Verbo *ser* é invariável em expressões do tipo *é o preço, é muito, é pouco, é o suficiente, é a distância*.
Ex.: Cem reais é pouco. Trinta quilômetros é a distância.

21) Se o sujeito do verbo *ser* é pessoa (substantivo comum ou próprio) ou pronome pessoal, o verbo concorda com o sujeito.
Ex.: Maria era as alegrias da família.
A criança era os encantos da casa.
Ela era as coisas boas de lá.

Obs.: Invertendo-se a frase, permanece tal concordância.
Ex.: As alegrias da família era Maria.

22) Se o sujeito é representado pelos pronomes interrogativos **quem** ou **que**, o verbo **ser** concorda com o predicativo.
Ex.: Quem eram os pretendentes ao cargo?
Que são as tristezas da vida?

23) Concordância do verbo *parecer*:
Ex.: As crianças pareciam sorrir. (locução verbal)
As crianças parecia sorrirem.

Neste último exemplo, há duas orações, onde **As crianças sorrirem** é o sujeito de **parecia**, que é a oração principal. O que não pode é ficarem os dois verbos no plural. Fica errado, portanto: As crianças pareciam sorrirem.

24) Quando o sujeito é formado por fração, o verbo concorda com o numerador.
Ex.: Um terço dos alunos faltou.
Dois terços dos alunos faltaram.

25) O verbo concorda com palavras que resumam um sujeito composto.
Ex.: Dor, fome, sede, tudo o fazia mais forte.

Exercícios

245) **Há erro de concordância verbal na opção:**
- a) Comeram-se os doces.
- b) Faz meses que ele chegou.
- c) Existem poucas árvores lá.
- d) Vender-se-iam as casas.
- e) Houveram muitos pedidos.

246) **Está correta a concordância em:**
- a) Costumam haver muitas dificuldades.
- b) Já soaram sete horas.
- c) Está em extinção perto de quinhentas espécies.
- d) Fez-se os relatórios.
- e) Haveriam problemas.

247) **Em que frase não se cometeu erro de concordância?**
- a) És tu que paga.
- b) Tu e Marcos sereis promovidos.
- c) Deve ser quatro horas.
- d) Falta alguns jogadores.
- e) Aconteceu coisas estranhas.

248) **Está errada a concordância da frase:**
- a) Aquilo não eram rosas.
- b) Os Lusíadas conta a história dos portugueses.
- c) Somos nós quem levará a culpa.
- d) Existem alterações de última hora.
- e) Dão-se aulas.

249) **Cometeu-se erro de concordância na frase:**
- a) Há de haver pessoas sensatas.
- b) Hão de existir esperanças.
- c) Há de existir povo educado.
- d) Há de haver funcionários competentes.
- e) Havia de existir mais recursos.

250) **Só não há erro de concordância verbal em:**
- a) Regressou Pedro e o sobrinho.
- b) Cem quilômetros eram a distância.
- c) Mais de nove desmaiou.
- d) Leu-se as cartas.
- e) São uma e trinta.

251) Indique a frase com erro de concordância.
a) Hoje é cinco de novembro.
b) Cerca de vinte estudantes entrevistaram o cientista.
c) Havia poucas árvores no parque.
d) Chegou o enfermeiro e o médico.
e) No relógio da praça, já deram três horas.

252) Está errada a concordância em:
a) Fui eu quem falou.
b) Voltaste tu, ele e eu.
c) Cada um deles farão uma parte.
d) Os Alpes atravessam a Suíça.
e) Precisa-se de mecânicos.

253) Em qual frase o verbo também poderia estar no plural?
a) Carlos ou Mário casará com Marlene.
b) Qual dentre eles irá com você?
c) Anseia-se por dias de paz.
d) Haveria poucos erros.
e) Era um dos que mais estudava.

254) Está errada a concordância em:
a) Tu e teu irmão sois esforçados.
b) Um terço dos candidatos faltou.
c) Quinhentos cruzeiros é o preço.
d) Mais de um correram.
e) A maior parte dos animais fugiram.

255) Está correta a concordância em:
a) Mais de um orador se criticou.
b) Fazem quatro anos que não o vejo.
c) Já não se vê ali aquelas flores perfumadas.
d) Glória, dinheiro, poder, tudo passa.
e) Já bateu cinco horas.

256) Está errada a concordância na frase:
a) Hoje sou eu que falo.
b) Hoje és tu quem irá.
c) Nada são flores.
d) Trabalhava à noite o gerente e o caixa.
e) Faz-se chaves.

102 ■ Série Impetus Concursos — *Português para Concursos*

257) **(B.BRASIL) Verbo deve ir para o plural:**
a) Organizou-se em grupos de quatro.
b) Atendeu-se a todos os clientes.
c) Faltava um banco e uma cadeira.
d) Pintou-se as paredes de verde.
e) Já faz mais de dez anos que o vi.

258) **(B.BRASIL) Verbo certo no singular:**
a) Procurou-se as mesmas pessoas.
b) Registrou-se os processos.
c) Respondeu-se aos questionários.
d) Ouviu-se os últimos comentários.
e) Somou-se as parcelas.

259) **(SUNAB) Escolha a opção que completa corretamente a frase: "Na vida, nem tudo ....
rosas, como já .... minha mãe e minha avó. É só quando se .... os espinhos,
porém, que se lhes .... crédito."**
a) são – dizia – encontra – dá
b) é – dizia – encontra – dão
c) são – diziam – encontram – dá
d) são – diziam – encontram – dão

260) **(F.RENDAS-RJ) "a grande parte das pessoas se amedronta com a perspectiva de viver sem
ela" (§ 2)**
Das variações operadas na sentença acima, ocorre *erro* de concordância verbal em:
a) A maioria das pessoas se amedrontam...
b) Qualquer das pessoas se amedrontam...
c) Uma e outra pessoa se amedrontam...
d) Mais de uma pessoa se amedronta...
e) Nenhum de nós se amedronta...

261) **(TFC) Os períodos que vêm a seguir formam um texto. Assinale o item que apresenta *erro*
de concordância verbal.**
a) Come-se pouco, mal e come-se mal de maneiras diferentes no Brasil, mostram estudos
recentes de cientistas brasileiros.
b) As pesquisas indicam que a dieta de arroz, feijão e fibras, típica do país, podem retardar o
crescimento.
c) Essas investigações científicas revelam que os pobres das grandes cidades comem – muito
pouco, é certo –, mas tão mal que se tornam obesos e hipertensos.
d) Cidades brasileiras da região Nordeste ou da região Sul possuem dietas típicas diferentes.
e) E, provavelmente por causa disso, apresentam índices de casos de morte por câncer também
diferentes.
(Folha de São Paulo – 7-7-96 – Mais! – página 4 – com adaptações)

262) (TTN) Assinale a alternativa correta quanto à concordância verbal.

a) Soava seis horas no relógio da matriz quando eles chegaram.
b) Apesar da greve, diretores, professores, funcionários, ninguém foram demitidos.
c) José chegou ileso a seu destino, embora houvessem muitas ciladas em seu caminho.
d) Fomos nós quem resolvemos aquela questão.
e) O impetrante referiu-se aos artigos 37 e 38 que ampara sua petição.

263) (TCU) Escolha a opção correta.

a) Fazem vários anos que esta decisão não é revista.
b) Segundo parecer técnico, podem ter havido várias causas para tal ocorrência.
c) Admitiu-se que devessem haver outras soluções para o caso.
d) O funcionário afirma haverem ocorrido desvios da função.

264) (F.F.C.L. S. ANDRÉ) A concordância verbal está correta na alternativa:

a) Ela o esperava já faziam duas semanas.
b) Na sua bolsa haviam muitas moedas de ouro.
c) Eles parece estarem doentes.
d) Devem haver aqui pessoas cultas.
e) Todos parecem terem ficado tristes.

265) (MACK. ENG.) Assinale a incorreta.

a) Dois cruzeiros é pouco para esse fim.
b) Nem tudo são sempre tristezas.
c) Quem fez isso foram vocês.
d) Era muito árdua a tarefa que os mantinham juntos.
e) Quais de vós ainda tendes paciência?

266) (UFCE) A opção em que o verbo pode ficar no singular ou no plural é:

a) Passará o céu e a terra.
b) Passam, rapidamente, as glórias e a vaidade.
c) Pedro e Paulo faltaram ao dever.
d) Pedro, Paulo e João, ninguém faltou ao dever.

267) (PUC/RS) É provável que .... vagas na academia, mas não .... pessoas interessadas: são muitas as formalidades a .... cumpridas.

a) hajam, existem, ser
b) hajam, existe, ser
c) haja, existem, serem
d) haja, existe, ser
e) hajam, existem, serem

268) (F.C.CHAGAS) .... e exigências! Ou será que não .... os sacrifícios que .... por sua causa?

a) Chega – bastam – foram feitos.
b) Chega – bastam – foi feito.
c) Chegam – basta – foi feito.
d) Chegam – basta – foram feitos.
e) Chegam – bastam – foi feito.

104 ■ Série Impetus Concursos — *Português para Concursos*

269) **(UFRS) Soube que mais de dez alunos se .... a participar dos jogos que tu e ele ....**

a) negou – organizou

b) negou – organizasteis

c) negaram – organizaste

d) negou – organizaram

e) negaram – organizastes

270) **(TFC-RJ) Marque o item que apresenta *erro* de concordância verbal.**

a) O que queima mais calorias, meia hora de flexões ou duas horas de um bom jogo de carteado entre amigos?

b) O corpo gasta mais de 70% de toda a sua energia na manutenção da atividade celular.

c) Os pesquisadores americanos atribuíram valores médios à queima de calorias provocada pelas atividades físicas.

d) Verificou-se, entre indivíduos tensos ou agitados, a queima de até 800 calorias diárias.

e) Só para se manterem vivos, indivíduos de 70 quilos queima cerca de 63 calorias por hora. (Trechos adaptados de Veja – 10/9/93)

271) **(AFTN) Indique a única frase que passaria a apresentar *erro* de concordância verbal, se tivesse o verbo sublinhado no singular.**

a) "Um dos soldadinhos que me **acompanhavam** chorava como um desgraçado." (G.Ramos)

b) "Os sentenciados **houveram** do poder público a comutação da pena." (G.Góis)

c) "E quanto enfim cuidava e quanto via, **eram** tudo memórias de alegria." (Camões)

d) "O conselho se reuniu e **decidiram** recomeçar a guerra." (B.Guimarães)

e) "Um turbilhão de sentimentos nos **acodem**." (L.Coelho)

272) **(FIOCRUZ) "... mas não *havia* infraestrutura para recrutar os cerca de 20 mil voluntários necessários."**
O verbo haver presente nesse trecho do texto é impessoal. A alternativa em que o verbo *haver* foi mal utilizado é:

a) Não me haviam alertado para o perigo os técnicos do laboratório.

b) Refaria esses trabalhos e quantos mais houvessem para refazer.

c) Pouco mais de mil pessoas havia nas salas de aula.

d) Houveram por bem sair mais cedo os professores.

e) É provável que haja falhas graves nesse projeto.

273) **(F.C.CHAGAS-RJ) A ocorrência de interferências ___ -nos a concluir que ___ uma relação profunda entre homem e sociedade que os ___ mutuamente dependentes.**

a) leva – existe – torna

b) levam – existe – tornam

c) levam – existem – tornam

d) levam – existem – torna

e) leva – existem – tornam

Renato Aquino ■ **105**

274) (UFV-MG) Em todas as frases, abaixo, a concordância verbal está INCORRETA, EXCETO:
a) Qual de nós chegamos primeiro ao topo da montanha?
b) Os Estados Unidos representa uma segurança para todo o Ocidente.
c) Recebei, Vossa Excelência, os protestos de nossa estima.
d) Sem a educação, não podem haver cidadãos conscientes.
e) Sobrou-me uma folha de papel, uma caneta e uma borracha.

275) (CÂM.DEP.) _____ mais de três semanas que eles _____ doentes.
a) Faziam – parecia estarem
b) Fazia – pareciam estar
c) Faziam – parecia estar
d) Fazia – pareciam estarem

276) (CÂM.MUN.-RIO) *Não há receitas mágicas...* **(1.31). O verbo** _haver_**, neste caso, não tem sujeito e, por isso, permanece na forma correspondente à terceira pessoa do singular. Assinale o item em que há erro de concordância verbal.**
a) São atitudes como essa que te convêm evitar.
b) Não se poderiam esquecer tantas atenções.
c) Já vai fazer cinco anos que me radiquei em Brasília.
d) Faltam apenas dois meses para o término do semestre.
e) Não podia haver mais complicações.

277) (AFTN) Indique o único segmento que apresenta concordância verbal condizente com as normas do português padrão.
a) O funcionamento dos dois hemisférios cerebrais são necessários tanto para as atividades artísticas como para as científicas.
b) As diferentes divisões e subdivisões a que se submetem a área de ciências humanas provocam uma indesejável pulverização de domínios do conhecimento.
c) Normalmente, a aplicação de métodos quantitativos e exatos acabam por distorcer as linhas de raciocínio em ciências humanas.
d) Uma das premissas básicas do conjunto de assunções teóricas e epistemológicas do trabalho que ora vem a lume é a concepção da Arte como uma entre as muitas formas por meio das quais o conhecimento humano se expressa.
e) Não existem fórmulas precisas ou exatas para se avaliar uma obra de arte, não existe um padrão de medida ou quantificação, tampouco podem haver modelos rígidos pré-estabelecidos.

278) (TALCRIM) *... têm clara vigência* **(1.44-45). A forma verbal têm está no plural porque deve concordar com o seu sujeito, também no plural. A frase em que há um erro de concordância verbal exatamente por não respeitar-se essa relação sujeito-verbo é:**
a) Na juventude tudo são alegrias.
b) Os Estados Unidos são um país populoso.
c) Convêm descobrir as fórmulas secretas.
d) *Os Lusíadas* são o grande poema épico de Portugal.
e) Oitenta por cento dos alunos estão bem preparados.

106 ■ SÉRIE IMPETUS CONCURSOS — *Português para Concursos*

279) (T.JUST.-RJ) "... há três décadas ele mantém sua fama em ascendência." (1.6) Nesta frase o verbo *haver* não varia, pois se trata de uma oração sem sujeito. Assinale a opção que completa corretamente a fase: "*Quantos dias ___ que não o vemos? ___ bem uns dez*".

a) faz – hão de haver

b) fazem – há de haver

c) fazem – hão de haver

d) faz – há de haver

e) fazem – hão de haverem

280) (UFV-MG) Assinale a alternativa, abaixo, cuja sequência enumera CORRETAMENTE as frases:

(1) Concordância verbal CORRETA

(2) Concordância verbal INCORRETA

(   ) Ireis de carro tu, vossos primos e eu.

(   ) O pai ou o filho assumirá a direção do colégio.

(   ) Mais de um dos candidatos se insultaram.

(   ) Os meninos parece gostarem dos brinquedos.

(   ) Faz dez anos todos esses fatos.

a) 1, 2, 2, 2, 1

b) 2, 2, 2, 1, 2

c) 1, 1, 2, 1, 1

d) 1, 2, 1, 1, 2

e) 2, 1, 1, 1, 2

281) (TTN) Assinale o período que apresenta *erro* de concordância verbal.

a) As relações dos ecologistas com uma grande empresa que desrespeitava as normas de preservação ambiental começa a melhorar, para o benefício da humanidade.

b) Até 1995, 50% de recursos energéticos e de matéria prima serão economizados por uma empresa que pretende investir 160 milhões de dólares num projeto.

c) Hoje não só o grupo dos ecologistas carrega a bandeira ambientalista, mas também aqueles empresários que centram seus objetivos no uso racional dos recursos naturais.

d) Os Estados Unidos são o país mais rico e poluidor do mundo, entretanto não defendem a tese de "desenvolvimento sustentável", a exemplo de muitas nações ricas.

e) É preciso ver que águas contaminadas, ar carregado de poluentes e florestas devastadas exigem o manejo correto da natureza, num país povoado de miseráveis.

(Trechos adaptados de Veja – 22/4/95)

282) (COR.GERAL-RJ) Na frase "Não há dúvidas de que o comércio...", o verbo *haver* está no singular por:

a) não possuir sujeito, ou seja, ser um verbo impessoal;

b) erro de concordância verbal do editorial;

c) concordar com o sujeito no singular;

d) concordar com o objeto direto;

e) possuir a mesma forma no plural.

Renato Aquino ■ 107

283) (UFV-MG) A concordância verbal está CORRETA em todas as frases abaixo, EXCETO:

a) Assistiu-se à demonstração de força.

b) Exigiam-se todas as documentações para concorrer à vaga.

c) Precisam-se de professores de matemática.

d) Construir-se-á o edifício neste local, ainda este ano.

e) Incluíram-se no processo todas as dívidas existentes.

284) (P.G.REPÚBLICA) Assinale o item em que há *erro* de concordância verbal, segundo a norma culta.

a) Diríamos que há importantes distinções a fazer entre discurso e história.

b) Haveremos de refletir sobre o lugar particular do índio na cultura.

c) Os missionários já haviam amansado o índio e o tornado submisso.

d) Há vários séculos as línguas indígenas têm tradição apenas oral.

e) Devem haver vantagens para o índio no contato com o civilizado.

285) (FIOCRUZ) Há, segundo a norma culta contemporânea, impropriedade quanto à concordância verbal na seguinte frase:

a) Os Estados Unidos não tinham a necessária infraestrutura para recrutar voluntários.

b) Com o projeto, fornecer-se-ão dados estatísticos sobre a propagação da Aids no país.

c) Vários voluntários procuram os Centros de Testagem Anônima; quinze por cento, aproximadamente, apresenta resultado positivo.

d) O Hospital Clementino Fraga Filho é um dos que selecionarão pessoas para determinar a incidência de HIV em homossexuais e bissexuais entre 18 e 35 anos.

e) A Fundação Instituto Oswaldo Cruz com a Universidade Federal de Minas Gerais iniciaram um projeto de verificação da incidência de HIV em homossexuais e bissexuais.

286) (F.C.-CHAGAS-BA) A essa altura, não ___ mais ingressos, pois já ___ dias que a casa tem estado com a lotação esgotada.

a) deve haver – faz

b) deve haver – fazem

c) deve haverem – faz

d) devem haver – fazem

e) devem haver – faz

Capítulo 9

REGÊNCIA VERBAL

CAPÍTULO 9

REGÊNCIA VERBAL

■ Predicação verbal

■ Verbo transitivo direto

É o verbo que exige um complemento que se ligue a ele sem preposição obrigatória.

> **Ex.:** Faremos as compras.

Observe: Quem faz faz alguma coisa. A coisa feita está presente no texto? Está, é **as compras**, que se chama objeto direto. Nesse caso, o verbo é transitivo direto.

Outros exemplos: Trouxemos pouca coisa. Encontrei-o lá.

■ Verbo transitivo indireto

É aquele que pede um complemento que se ligue a ele por meio de uma preposição obrigatória.

> **Ex.:** Gosto de frutas.

> **Note bem:** Quem gosta gosta de alguma coisa.

Outros exemplos: Refiro-me a você. Obedeço-lhe. (lhe = a ele)

Observação importante: O é complemento de verbo transitivo direto; LHE é complemento de verbo transitivo indireto. Logo, O é objeto direto; LHE, objeto indireto.

■ Verbo transitivo direto e indireto

É aquele que exige dois complementos, um direto e um indireto.

Ex.:   Enviei o relatório ao diretor.

■ Verbo intransitivo

É o que não exige complemento. Pode, no entanto, pedir um adjunto adverbial.

Ex.:   A criança sorriu.

As flores nasceram.

Fui à praia. (à praia = adjunto adverbial de lugar)

Obs.: Todo verbo que possui apenas adjunto adverbial é intransitivo.

■ Verbo de ligação

É o verbo que, destituído de sentido próprio, liga ao sujeito uma qualidade ou estado, que se diz predicativo. Podem ser verbos de ligação: ser, estar, parecer, ficar, continuar, permanecer, andar, virar, tornar-se, achar-se, transformar-se etc.

Ex.:   Marina é bonita.

Celso ficou zangado.

Carla está doente.

Bonita, zangado e **doente** são predicativos do sujeito.

Obs.: Um verbo só se classifica dentro da frase. Assim, temos:

Mônica **ficou** triste. (verbo de ligação)

Mônica **ficou** em casa. (verbo intransitivo)

Ela **come** verduras. (verbo transitivo direto)

Ela **come** muito. (verbo intransitivo)

Série Impetus Concursos — *Português para Concursos*

■ Regência de alguns verbos

Assistir

1) Transitivo direto ou indireto, significando **dar assistência, prestar auxílio.**
   Ex.:   O médico assistiu o doente.
   O médico assistiu ao doente.

2) Transitivo indireto, significando **ver, presenciar**.
   Ex.:   Ele assistiu ao filme.

3) Transitivo indireto, significando **caber, competir**.
   Ex.:   Não lhe assiste o direito.

4) Intransitivo, significando **morar**.
   Ex.:   Ele assistia em Paris.

Aspirar

1) Transitivo direto com o sentido de **cheirar, inspirar, sorver**.
   Ex.:   Ela aspirava o perfume.

2) Transitivo indireto, com o sentido de **almejar, pretender**.
   Ex.:   O jovem aspirava ao bem de todos.

Visar

1) Transitivo direto, com o sentido de **pôr o visto**.
   Ex.:   A moça visou o documento.

2) Transitivo direto, com o sentido de **mirar**.
   Ex.:   Ele visou o alvo.

3) Transitivo indireto, com o sentido de **almejar, pretender**.
   Ex.:   Visemos à paz interior.

Obs.: O acento de crase indica que existe a preposição A, que o verbo exige.

Pagar e perdoar

Pedem objeto direto de coisa e indireto de pessoa.

   Ex.:   Perdoemos o erro. Perdoemos aos inimigos. Perdoemos o erro aos
   inimigos. Paguemos a dívida. Paguemos ao funcionário.

Avisar, prevenir, informar, certificar e cientificar

Pedem objeto direto de coisa e indireto de pessoa, ou vice-versa.
Ex.: Avisei-o do perigo. Avisei-lhe o perigo.
É errado: Avisei-lhe do perigo. (dois objetos indiretos)

Preferir

Transitivo direto e indireto, com a preposição A. Não admite expressões de intensidade, nem a conjunção QUE (ou DO QUE).
Ex.: Prefiro mais a natação do que o futebol. (errado)
Prefiro a natação ao futebol. (certo)

Obs.: Sem artigo no primeiro membro, o segundo será precedido apenas pela preposição.

Ex.: Prefiro natação a futebol.

Custar

1) Intransitivo, quando vem acompanhado de adjunto adverbial de preço ou valor.
Ex.: O livro custou quinhentos reais.

2) Transitivo indireto, com o sentido de **ser custoso**.
Ex.: Custou **ao aluno entender a lição**.
                    obj. ind.   sujeito

Obs.: É errada a construção em que a pessoa aparece como sujeito do verbo **custar**. O sujeito é sempre o infinitivo. Assim, não se pode escrever O aluno custou a entender.

Chamar

1) Transitivo direto, com o sentido de **pedir a presença**.
Ex.: Chamei-o ao escritório. Chamei o amigo.

2) Transitivo indireto, significando **clamar**.
Ex.: Chamava por Deus. Chamou pelo amigo.

3) Transitivo direto ou indireto, com predicativo preposicionado ou não, quando significa **apelidar, qualificar**.
Ex.: Chamei-o ignorante. Chamei-o de ignorante. Chamei-lhe ignorante. Chamei-lhe de ignorante.

Esquecer, lembrar, recordar

São transitivos diretos.
> **Ex.:** Esqueci o compromisso.

Como pronominais, são transitivos indiretos.
> **Ex.:** Esqueci-me do compromisso.
> Não se diz, portanto: Esqueci do compromisso.

Lembrar e recordar podem ser também transitivos diretos e indiretos.
> **Ex.:** Lembrou ao amigo a hora do jogo.

Obs.: Também é correta a construção em que a coisa esquecida ou lembrada aparece como sujeito. É um emprego estritamente literário. O pronome átono é o objeto indireto.
> **Ex.:** Esqueceu-me aquele tempo de ilusões.

Implicar

1) Transitivo indireto, significando **perturbar**.
> **Ex.:** Ele implicou com o colega.

2) Transitivo direto, significando **acarretar, pressupor**.
> **Ex.:** O amor implica responsabilidade mútua.

Obs.: Não se usa, com este sentido, a preposição EM, embora alguns autores já a admitam.

Proceder

1) Intransitivo, com o sentido de **agir**.
> **Ex.:** Ele não procedeu bem.

2) Intransitivo, com o sentido de **vir**.
> **Ex.:** O avião procedia de Belém.

3) Transitivo indireto, com o sentido de **dar início**.
> **Ex.:** O juiz procedeu ao interrogatório.

Querer

1) Transitivo direto, significando **desejar**.
> **Ex.:** Ele quer o livro.

2) Transitivo indireto, com o sentido de **gostar**.
> **Ex.:** Eu lhe quero bem.

Agradar

1) Transitivo direto, significando **fazer agrado, carinho**.
   Ex.:   A mãe agradou o filho.

2) Transitivo indireto, com o sentido de **ser agradável**.
   Ex.:   Isto não agradou ao professor.

Responder

1) É transitivo direto em relação à coisa respondida, isto é, à resposta dada.
   Ex.:   Ele respondeu que iria.

2) É transitivo indireto em relação à pessoa ou coisa a que se responde.
   Ex.:   Respondi à carta. Respondemos ao amigo.

Obs.: Respondeu ao amigo que iria. (transitivo direto e indireto)

Pedir, suplicar, implorar

São transitivos diretos e indiretos. Não devem ser usados com **PARA**, a menos que esteja oculta a palavra **licença**.
   Ex.:   Pedi para que o professor não demorasse. (errado)
   Pedi ao professor que não demorasse. (certo)
   O menino pediu para sair. (certo: pediu licença)

Satisfazer, presidir, ajudar

São transitivos diretos ou indiretos.
   Ex.:   Satisfiz o regulamento. (ou ao regulamento)
   Presidi a reunião. (ou à reunião)
   Ajudei a velhinha. (ou à velhinha)

Obs.: Ajudar pode ter dois complementos.
   Ex.:   Ajudei-o a atravessar a rua.

São verbos transitivos diretos:

amar, estimar, abençoar, louvar, parabenizar, visitar, elogiar, magoar, adorar, apreciar, detestar, odiar, admirar, ofender.
   Ex.:   Ela adora o marido. Estimo o colega. Visitou a prima. Amo meu filho.
   Abençoei o menino. Louvemos o Mestre. Elogiaram nosso irmão.

Obs.: Não podem, dessa forma, ter o pronome LHE como complemento.

116 ■ Série Impetus Concursos — *Português para Concursos*

■ Casos particulares

1) Empregam-se os pronomes **EU** e **TU** como sujeito ou predicativo; **MIM** e **TI**, como complementos, sempre preposicionados.
   Ex.: Isto é para eu fazer.
            Aquilo é para mim?
            Entre mim e ti, nada mais existe.

Obs.: Com preposição acidental (exceto, menos, salvo, segundo, conforme etc.), empregam-se **EU** e **TU**.
   Ex.: Exceto eu, todos saíram.

2) Verbo transitivo indireto não se usa na voz passiva.
   Ex.: O filme foi assistido por todos. (errado)
            Todos assistiram ao filme. (certo)
   Exceções: obedecer, desobedecer e responder.

3) Em períodos formados com pronomes relativos, se o verbo da oração adjetiva pedir preposição, esta ficará antes do relativo.
   Ex.: A fruta **de que** mais gosto é manga. (gostar de)
            Ana, **em cuja** palavra confio, nos ajudará. (confiar em)
            O aluno **com quem** conversei é muito esforçado. (conversar com)
            Teu pai, **ao qual** me dirigi confiante, ajudou-me logo. (dirigir-se a)

4) Um complemento ou adjunto preposicionado não pode referir-se a verbos de regência diferente.
   Ex.: Entrou e saiu de casa. (errado)
            Entrou **em** casa e **de** lá saiu. (certo)

5) O pronome LHE, como objeto indireto, é usado geralmente em relação a pessoas. Assim, certos verbos não admitem complemento representado por tal pronome.
   Ex.: Assistimos ao filme = Assistimos a ele (e não LHE).
            Visamos ao bem comum = Visamos a ele (e não LHE).
            Aspiramos à paz = Aspiramos a ela (e não LHE).
            Proceder à revisão = Proceder a ela (e não LHE).
            Anuímos ao pedido = Anuímos a ele (e não LHE).
            Aludiu ao regulamento = Aludiu a ele (e não LHE).
   Mas: Assisti ao doente = Assisti-lhe

6) Usa-se AONDE quando o verbo da oração pede a preposição A.
   Ex.: Aonde iremos? (ir a algum lugar)
   Mas: Onde estamos?

7) Sujeito de um verbo no infinitivo não pode estar unido a preposição.
   Ex.: Antes **de ele** sair, falou com a mãe. (e não DELE)
   Está na hora **de o** menino estudar. (e não DO)

■ Observação final

Às vezes, a palavra que exige preposição não é o verbo, mas um nome. Temos então a **REGÊNCIA NOMINAL.** Veja a regência das seguintes palavras:

alheio a	**hábil** em
amigo de	**hostil** a
amoroso com, para com	**idêntico** a
ansioso por ou de	**inútil** para
apto a ou para	**leal** a
atento a, em	**medo** de ou a
bom para	**morador** em
certeza de	**negligente** em
compatível com	**obediente** a
confiante em	**parecido** com ou a
contemporâneo de	**perito** em
cuidadoso com	**pródigo** de, em
entendido em	**próximo** a, de
escasso de	**rebelde** a
essencial para	**residente** em
estranho a	**sedento** de, por
firme em	**sito** em
generoso com	**útil** a ou para

Exercícios

287) Construiremos as pontes. O verbo é:
a) intransitivo
b) de ligação
c) transitivo direto e indireto
d) transitivo indireto
e) transitivo direto

288) Ninguém se queixou ao gerente. Exemplo de verbo:
a) de ligação
b) transitivo direto
c) transitivo indireto
d) intransitivo
e) transitivo direto e indireto

289) A flor parece perfumada. O verbo da oração é:
a) intransitivo
b) transitivo indireto
c) de ligação
d) transitivo direto e indireto
e) transitivo direto

290) Peço-lhe um favor. Qual a predicação do verbo nessa frase?
a) transitivo direto e indireto
b) de ligação
c) transitivo direto
d) intransitivo
e) transitivo indireto

291) Ela ficou no colégio. O verbo se classifica como:
a) de ligação
b) transitivo indireto
c) transitivo direto
d) transitivo direto e indireto
e) intransitivo

292) Aponte a frase com verbo de ligação.
a) Ela está no quintal.
b) Lúcia chegou cansada.
c) Mauro disse a verdade.
d) Somos brasileiros.
e) Tenho um papagaio.

293) Qual frase apresenta um verbo transitivo indireto?
a) O homem caiu da escada.
b) Tudo depende de boa vontade.
c) Iremos a São Paulo.
d) O cão latia durante a noite.
e) Voltei da Bahia.

294) Indique a frase com verbo transitivo direto.
   a) O doente resistiu à enfermidade.
   b) Recomendamos-lhe algo.
   c) Já lhe paguei.
   d) Comprei-a de manhã.
   e) Deram-me a revista.

295) Surgiu na esquina um automóvel negro. O verbo é:
   a) transitivo indireto
   b) de ligação
   c) intransitivo
   d) transitivo direto
   e) transitivo direto e indireto

296) Assinale a frase com erro de regência do verbo assistir.
   a) Assistimos ao espetáculo.
   b) Ele assistia ao paciente.
   c) Assistíamos em Porto Alegre.
   d) Assistirei à peça.
   e) Ninguém assistiu esse jogo.

297) Aponte o erro de regência.
   a) A secretária visará o passaporte.
   b) Todos aspiravam a um cargo melhor.
   c) Perdoem aos meus deslizes.
   d) Assistia à novela.
   e) Aspirou o ar puro da manhã.

298) Em qual frase se cometeu erro de regência?
   a) Paguei todos os trabalhadores.
   b) Obedeça à sinalização.
   c) Mário só visava à aprovação.
   d) Todos carecemos de afeto.
   e) Paguei ao colégio.

299) Só está correta a regência em:
   a) Lembrei do jogo.
   b) Lembrou de suas responsabilidades.
   c) Tu te esqueceste da prova?
   d) Não me esqueço o planejamento inicial.
   e) Recordo de tudo.

300) Está errada a regência verbal em:
   a) Informei-lhe o ocorrido.
   b) Certifiquei o rapaz do desastre.
   c) Avisei-a da realização da prova.
   d) Prevenimos-lhe que ia chover.
   e) Cientifico-lhe de que há pouco tempo.

120 ■ Série Impetus Concursos — *Português para Concursos*

301) Está correta a regência em:
a) Chamei Antônio de desonesto.
b) Desobedeci tuas ordens.
c) Não assistimos nenhum programa.
d) Teresa visa o bom relacionamento dos povos.
e) Não desobedeça o regulamento.

302) O jogo .... me refiro foi anulado.
a) que
b) o qual
c) ao qual
d) à que
e) em que

303) Assinale o erro de regência.
a) Manuel procederá à leitura da página.
b) Meu tio pediu para que o filho estudasse.
c) Carlos presidiu à reunião.
d) Tal fato não implicará dificuldades.
e) Chamei-lhe de ignorante.

304) Em qual frase se deveria usar o pronome O, e não LHE?
a) Acho .... razoável.
b) Eu .... perdoo, meu filho.
c) Respondi- .... que sim.
d) Certifiquei- .... a catástrofe.
e) Nós .... obedecemos.

305) Em qual frase se deveria usar o pronome LHE, e não O?
a) Estimo-............... como a um filho.
b) Ela .... ama.
c) Não .... vimos na praça.
d) Avisei-............... de que era tarde.
e) Eu sempre .... quis bem.

306) Em qual frase se errou por omissão de preposição?
a) A pessoa que amamos é sempre especial.
b) O ar que respiramos é poluído.
c) As leis que ele obedecia eram falhas.
d) O enfermo que assisti ficou curado.
e) Era falso o passaporte que ele visou.

307) Assinale a frase com erro de regência.

a) Namorei com Luciana.
b) Satisfiz às exigências da lei.
c) Adoro-a.
d) Ajudei ao rapaz.
e) Isso não implica desrespeito a você.

308) Assinale a única frase correta.

a) Custei a entender aquilo.
b) Aquilo não agradou o diretor.
c) Aonde iremos?
d) Ele foi na cidade.
e) Eu lhe admiro muito.

309) Assinale o erro de regência.

a) Mauro, em cuja palavra confiamos, virá também.
b) Ali está a menina de cuja presença tanto careço.
c) Esse é o livro sobre cujo autor lhe falei.
d) Carlos é a pessoa com cuja colaboração haveremos de vencer.
e) Aquela jovem, de cuja participação fizemos referência, é francesa.

310) (B.BRASIL) Regência imprópria:

a) Não o via desde o ano passado.
b) Fomos à cidade pela manhã.
c) Informou ao cliente que o aviso chegara.
d) Respondeu à carta no mesmo dia.
e) Avisamos-lhe de que o cheque foi pago.

311) (EPCAR) O _que_ devidamente empregado só não seria regido de preposição na opção:

a) O cargo .... aspiro depende de concurso.
b) Eis a razão .... não compareci.
c) Rui é o orador .... mais admiro.
d) O jovem .... te referiste foi reprovado.
e) Ali está o abrigo .... necessitamos.

312) (TTN) Assinale o trecho que apresenta sintaxe de regência correta.

a) A rigorosa seca que assola os estados do Nordeste impede que essa região desenvolva e atinja os níveis de crescimento socioeconômico desejados.
b) Se o Brasil tornasse independente dos empréstimos externos, poderia voltar a crescer no mesmo ritmo de desenvolvimento das décadas anteriores.
c) Surpreende-nos o fato de o Estado de São Paulo, que muito se difere do sul do país, ter engrossado as estatísticas favoráveis à criação de um Brasil no Sul.
d) É reducionista atribuirmos apenas à seca a razão que leva a população do norte e nordeste a se migrar para o sul.
e) A pretendida separação que pleiteiam os estados do sul acarretará, se vier a se concretizar, a perda da identidade nacional.

122 ■ Série Impetus Concursos — *Português para Concursos*

313) **(PUC-SP) Assinale a alternativa que preencha, pela ordem, corretamente, as lacunas abaixo:**

1) **O verso... se refere o poeta é mais belo, mais variado e mais imprevisto.**
2) **O verso... trata o poeta é mais belo, mais variado e mais imprevisto.**
3) **O verso... o poeta monta seu poema é mais belo, mais variado e mais imprevisto.**
4) **O verso... o poeta constrói é mais belo, mais variado e mais imprevisto.**

a) em que – a que – que – de que
b) com que – que – com que – de que
c) a que – de que – com que – que
d) a que – de que – que – de que
e) que – de que – com que – que

314) **(UFMG) Em todas as alternativas, a regência verbal está correta, exceto em:**

a) Preferia-me às outras sobrinhas, pelo menos nessa época.
b) Você chama isso de molecagem, Zé Lins.
c) Eu lhe acordo antes que meu marido se levante.
d) De Barbacena, lembro-me do frio e da praça.
e) Um implica o outro que, por sua vez, implica um terceiro.

315) **(UM-SP) Assinale a alternativa incorreta quanto à regência verbal.**

a) Ele custará muito para me entender.
b) Hei de querer-lhe como se fosse minha filha.
c) Em todos os recantos do sítio, as crianças sentem-se felizes, porque aspiram o ar puro.
d) O presidente assiste em Brasília há quatro anos.
e) Chamei-lhe sábio, pois sempre soube decifrar os enigmas da vida.

316) **(CESGRANRIO) Assinale a opção que completa corretamente as lacunas da seguinte frase: "O controle biológico de pragas ___ o texto faz referência, é certamente o mais eficiente e adequado recurso ___ os lavradores dispõem para proteger a lavoura sem prejudicar o solo."**

a) do qual – com que
b) de que – que
c) que – o qual
d) ao qual – cujos
e) a que – de que

317) **(F.C.CHAGAS-BA) O projeto ___ estão dando andamento é incompatível ___ tradições da firma.**

a) de que – com as
b) a que – com as
c) que – às
d) à que – às
e) que – com as

318) (FIOCRUZ) Observe o seguinte trecho:

"O projeto, *que será estendido a mulheres e crianças*, tem o apoio da Organização Mundial de Saúde..."

A substituição da oração em destaque resulta inaceitável, segundo o padrão culto vigente, na seguinte alternativa:

a) a que também se vincularão mulheres e crianças

b) de que também participarão mulheres e crianças

c) em que também se incluirão mulheres e crianças

d) cuja extensão também atingirá mulheres e crianças

e) ao qual também terão a participação mulheres e crianças

319) (FUVEST-SP) Indique a alternativa correta:

a) Preferia brincar do que trabalhar.

b) Preferia mais brincar a trabalhar.

c) Preferia brincar a trabalhar.

d) Preferia brincar à trabalhar.

e) Preferia mais brincar que trabalhar.

320) (UFPR) Assinale a alternativa que substitui corretamente as palavras destacadas.

1) Assistimos <u>à inauguração da piscina</u>.

2) O governo assiste <u>os flagelados</u>.

3) Ele aspirava <u>a uma posição de maior destaque</u>.

4) Ele aspira <u>o aroma das flores</u>.

5) O aluno obedece <u>aos mestres</u>.

a) lhe, os, a ela, a ele, lhes

b) a ela, os, a ela, o, lhes

c) a ela, os, a, a ele, os

d) a ela, a eles, lhe, lhe, lhes

e) lhe, a eles, a ela, o, lhes

321) (CESGRANRIO) Assinale a opção que completa corretamente as lacunas da seguinte frase: Toda comunidade, ____ aspirações e necessidades devem vincular-se os temas da pesquisa científica, possui uma cultura própria, ____ precisa ser preservada.

a) cujas, de que

b) a cujas, que

c) cujas, pela qual

d) cuja, que

e) a cujas, de que

124 ■ Série Impetus Concursos — *Português para Concursos*

322) **(UFV-MG) Assinale a alternativa cuja sequência completa CORRETAMENTE as frases abaixo:**

A lei ..... se referiu já foi revogada.

Os problemas ..... se lembraram eram muito grandes.

O cargo ..... aspiras é muito importante.

O filme ..... gostou foi premiado.

O jogo ..... assistimos foi movimentado.

a) que, que, que, que, que

b) a que, de que, que, que, a que

c) que, de que, que, de que, que

d) a que, de que, a que, de que, a que

e) a que, que, que, que, a que

323) **(CÂM.DEP.) Em "Todos cumpriram com o dever."**

a) A preposição COM decorre da exigência do regime verbal.

b) O exame da relação entre TODOS e DEVER aponta a obrigatoriedade da preposição COM.

c) A ausência da preposição COM implica completa desorganização sintática na oração.

d) A preposição COM impossibilita a apassivação da oração.

e) A simples apassivação da oração demonstra a ausência de compulsoriedade da preposição.

324) **(FATEC-SP) A regência verbal está conforme à gramática normativa na alternativa:**

a) Quero-lhe muito bem e vou assistir a seu casamento.

b) Logo que lhe encontrar, aviso-lhe do ocorrido.

c) Juliano desobedecia seus pais, mas obedecia ao professor.

d) João namora com Maria mas prefere mais seus amigos de bar do que ela.

e) Ele esqueceu do compromisso e não pagou ao médico.

325) **(CESGRANRIO) Assinale a opção cuja lacuna não pode ser preenchida pela preposição entre parênteses.**

a) uma companheira desta,... cuja figura os mais velhos se comoviam (com)

b) uma companheira desta,... cuja figura já nos referimos anteriormente (a)

c) uma companheira desta,... cuja figura havia um ar de grande dama decadente (em)

d) uma companheira desta,... cuja figura andará todo o regimento apaixonado (por)

e) uma companheira desta,... cuja figura as crianças se assustavam (de)

326) **(CÂM.DEP.) Ele anseia _____ visitá-la porque _____ estima muito e deseja que ela _____ perdoe _____ erros.**

a) em – lhe – o – os

b) de – lhe – o – aos

c) para – a – lhe – aos

d) por – a – lhe – os

CAPÍTULO 10

CRASE

CAPÍTULO 10

CRASE

Chama-se crase a fusão de duas vogais iguais em uma só. Quando essa união se dá entre a preposição A e o artigo ou demonstrativo A, usa-se o acento de crase.

Ex.: Vamos a a praia.
Vamos à praia.

Para saber se existe o acento de crase, usam-se dois artifícios, que resolvem boa parte do problema.

1) Com nomes próprios de lugar.
Troca-se o verbo que pede a preposição A pelo verbo VIR. Se aparecer DA, usa-se o acento na frase primitiva.
Ex.: Fui à Bahia (vim **da** Bahia).
Mas: Fui a Curitiba. (vim **de** Curitiba).

2) Com nomes comuns.
Troca-se o nome feminino por um masculino. Aparecendo AO, existe o acento de crase.
Ex.: Sejamos úteis à sociedade. (Sejamos úteis ao povo.)
Mas: Encomendamos a revista. (Encomendamos **o** jornal.)

IMPORTANTE: Só se usa acento de crase antes de palavra feminina, clara ou oculta.
Ex.: Diga à professora que voltarei.
Usava um chapéu à Napoleão. (à moda)
Iremos à Conde de Bonfim. (à Rua)
Leve isto à José Olímpio. (à editora)

■ Casos obrigatórios

1) Nas locuções adverbiais formadas por palavras femininas.
Ex.: Ele saiu **às pressas**. Foi levado **à força**. **Às vezes** íamos lá.

Obs.: Não levam acento de crase as de instrumento, embora alguns autores recomendem seu emprego.

Ex.: Escreveu o bilhete **a máquina**. Pintou a casa **a tinta**.

2) Nas locuções prepositivas formadas por palavras femininas.

Ex.: Saiu **à procura de** um médico. Ficamos **à frente do** grupo.

3) Nas locuções conjuntivas formadas por palavras femininas.

Ex.: Progrediremos **à medida que** trabalharmos. **À proporção que** estudares, progredirás.

4) Com a palavra HORA, quando indica o momento exato em que ocorre alguma coisa. Pode estar oculta.

Ex.: Saiu às duas horas. Ele voltará à uma.

5) Com os pronomes demonstrativos AQUELE, AQUELA, AQUILO.

Ex.: Diga isso àquela senhora (a aquela).

6) Com o pronome demonstrativo A.

Ex.: Refiro-me à que chegou agora. (a aquela; ao que)

7) Com o pronome relativo A QUAL.

Ex.: Minha mãe, à qual sempre obedeci, ensinou-me a ser honrado. (Meu pai, ao qual...)

8) Na locução À TOA, seja adverbial ou adjetiva.

Ex.: Eles viviam à toa. Era um homem à toa.

■ Casos facultativos

1) Com os pronomes adjetivos possessivos no singular.

Ex.: Eu escrevi à sua irmã. Eu escrevi a sua irmã.

Obs.: Se o pronome estiver no plural, temos:
Escrevi às suas irmãs. (obrigatório)
Escrevi a suas irmãs. (proibido: o **a** é apenas preposição)

2) Antes de nome de mulher.

Ex.: Direi isso à Luciana. (ou a)

3) Depois da preposição ATÉ.

Ex.: Vamos até à praça. Vamos até a praça.

4) Antes das palavras Ásia, África, Europa, França, Inglaterra, Escócia, Espanha e Holanda.

Ex.: Retornarás à França. Retornarás a França.

Casos proibitivos

1) Antes de masculino.
   Ex.: Eles foram a pé. Pediu um bife a cavalo. Estamos a par de tudo.

2) Antes de pronomes pessoais, de tratamento e indefinidos.
   Ex.: Mostre a ela a resposta.
   Jamais pedi tal coisa a V.Sa.
   Deu o livro a alguma colega.

   Obs.: Podem vir precedidos de à os pronomes de tratamento Senhora, Senhorita, Madame e Dona, este último quando antecedido de adjetivo.
   Ex.: Entregue isto à Senhora Josefina.
   Referiu-se à simpática Dona Augusta.

3) Antes de verbo.
   Ex.: Pôs-se a chorar o menino.

4) Em qualquer frase que apresente sentido indefinido.
   Ex.: Jamais assisti a peça tão fraca. (a uma peça)

5) Em expressões formadas por palavras repetidas.
   Ex.: Tomou o remédio gota a gota.

6) Quando o A está antes de palavra no plural.
   Ex.: Só falava a pessoas de bom senso.

7) Com a palavra *casa*, quando não está determinada ou qualificada.
   Ex.: Irei a casa logo.
   Mas: Irei à casa de meus tios. Fui à casa nova.

8) Com a palavra *distância*, quando não está especificada.
   Ex.: Ele ficou a distância. Ficamos a grande distância.
   Mas: O menino ficou à distância de cem metros.

9) Com a palavra *terra*, quando significa **oposição a bordo**.
   Ex.: Os marujos foram a terra.
   Mas: Irei à terra natal.

10) Antes de nomes de vultos históricos.
   Ex.: Fez alusão a Joana d'Arc.

   Obs.: Com qualificação, aparece o acento de crase.
   Ex.: Fez alusão à valente Joana d'Arc.

11) Com a expressão a **vista**, significando o oposto de **a prazo**.
    Ex.: Comprou roupas a vista.
    Mas: Agiu à vista de todos.

 Obs.: Alguns autores admitem o acento, mesmo significando o contrário de **a prazo**. É questão polêmica.

12) Antes de Nossa Senhora e Maria Santíssima
    Ex.: Ele fez uma prece a Nossa Senhora.

 Obs.: Antes de Virgem Maria, existe crase.
    Ex.: Ele orou à Virgem Maria.

13) Depois de preposição, a menos que seja **até**, que torna a crase facultativa.
    Ex.: Eu o encontrei após as dez horas.
    Vamos para a fazenda.

Observação final: Diz-se "das sete às nove horas", ou "de sete a nove horas".
    É errado "de sete às nove horas".

Exercícios

327) **Assinale o erro no emprego ou não do acento de crase.**
a) Fui à Copacabana.
b) Estava à beira de um colapso.
c) Todos se dirigiam à tesouraria.
d) Passearemos a cavalo.
e) Iria a Portugal.

328) **Quantos acentos de crase devem ser usados na frase: "A tarde, fui a pensão e pedi a cozinheira um cozido a brasileira"?**
a) dois
b) um
c) quatro
d) três
e) nenhum

329) **Dei o livro ...... ela. Chegaremos logo ...... Brasília. Não vá ...... cozinha.**
a) a, a, à
b) a, à, à
c) à, a, à
d) a, a, a
e) à, à, à

330) **Assinale a frase correta quanto ao uso do acento indicativo de crase.**
a) Fui à casa e voltei logo.
b) Quero tudo as claras.
c) O carro entrou à esquerda.
d) Não fiz alusão à V.Sa.
e) Íamos lá as vezes.

331) **Só não há erro de crase em:**
a) Obedeçam as leis.
b) Não fales assim aquela senhora.
c) Fiquei à chorar.
d) O homem caminhava as cegas.
e) Eles voltariam à uma.

332) **Só não há erro de crase em:**
a) Minha filha, vamos àquela praça.
b) Eles ficaram cara à cara.
c) Já estava à par de tudo.
d) Fiz compras à granel.
e) Marcos estudou a beça.

333) **Assinale o exemplo de crase facultativa.**
a) Encaminhou-se à secretaria.
b) Estão indo até à porta.
c) Alfredo perdoou à irmã.
d) Foram levados à força.
e) Ficamos à frente de todos.

334) Aponte a frase em que não se admite o acento de crase.
a) Solicitei ajuda à base.
b) Alberto viajará à Turquia.
c) O barco nos levará à alguma ilha.
d) O criminoso resistiu à prisão.
e) Fui à feira.

335) Quantos acentos de crase há na frase: "A noite, indo a casa do diretor, consegui as informações a que te referiste"?
a) três
b) dois
c) quatro
d) um
e) nenhum

336) Assinale o emprego facultativo do acento de crase.
a) Antônio declarou-se à Carolina.
b) Estiveste à espera do mensageiro?
c) Serás digno, à medida que pacificares a ti mesmo.
d) Ninguém irá à Penha.
e) Sejamos úteis à sociedade.

337) Está errado o acento de crase em:
a) Ele já se acostumou à doença.
b) Só falava à pessoas sensatas.
c) Àquela hora, todos tinham saído.
d) Fiz menção à que ficou na prateleira.
e) Aspiremos à paz interior, para que o mundo melhore.

338) Só não há erro de crase em:
a) Expliquei à você o ocorrido.
b) O aborrecimento é prejudicial à todos.
c) Candidatou-se à vereadora.
d) Irei à Paris.
e) Estimo a colega.

339) Assinale a frase com erro no uso ou não do acento de crase.
a) Quando fores à Suíça, procura-me.
b) Ele vivia à custa do tio.
c) Darei o recado à essa vizinha.
d) Eis a menina a quem me referi.
e) Os marinheiros já foram todos a terra.

132 ■ Série Impetus Concursos — *Português para Concursos*

340) Assinale o erro de crase.
a) Chegarei logo à cidade.
b) Tânia, à qual deram o prêmio, é muito esforçada.
c) Esta camisa é inferior à que você comprou.
d) Eu não disse isso a Juliana.
e) Isto me cheira à ironia.

341) Não há erro de crase em:
a) Ela quer ir à Volta Redonda.
b) Estava lá desde às sete da noite.
c) A sala à que me dirigi era espaçosa.
d) Encontrei lá um garoto à ler uma revista.
e) Usava cabelos à príncipe Danilo.

342) (TTN) Preencha as lacunas da frase abaixo e assinale a alternativa correta.
"Comunicamos .... V.Sa. que encaminhamos .... petição anexa .... Divisão de Fiscalização que está apta .... prestar .... informações solicitadas."
a) à, a, a, a, às
b) a, a, à, a, as
c) a, à, a, à, as
d) à, à, a, à, às
e) à, a, à, à, as

343) (TTN) Assinale o item que preenche _corretamente_ as lacunas da frase:
"Em virtude de investigações psicológicas _____ que me referi, nota-se crescente aceitação de que é preciso pôr termo _____ indulgência e _____ inação com que temos assistido _____ escalada da pornoviolência." (S. Pfromm)
a) à, a, à, a
b) a, à, à, à
c) a, a, a, a
d) à, à, a, a
e) a, à, a, a

344) (TRT-ES) Assinale a opção que preenche corretamente, quanto ao emprego do sinal indicativo de crase, o texto a seguir.
_____ dimensão da aventura acrescentamos _____ tecnologia do nosso século, mas falta _____ muitos de nós o gosto por inventar; falta _____ que inventa _____ ideologia do futuro.
a) À – a – a – àquele – a
b) A – à – a – àquele – à
c) À – a – à – àquele – a
d) A – a – à – àquele – a
e) À – a – à – aquele – à

345) (STJ) Marque a opção que apresenta o emprego _incorreto_ do acento grave indicativo de crase.
a) O recurso falhou quanto à instruções contidas no RISTJ.
b) Não procedeu à demonstração analítica das circunstâncias.
c) Isto é imprescindível à caracterização do dissídio jurisprudencial.
d) Não conheço do recurso pela pretendida violação à alínea **c**.
e) Nego provimento à apelação.

Renato Aquino ■ 133

346) (CÂM.DEP.) "A matéria _____ que me refiro não é aquela _____ que Vossa Excelência se referiu concernente _____ diretrizes _____ critério das esferas superiores."

a) à – à – a – à

b) a – à – a – à

c) a – a – a – a

d) à – a – a – a

e) à – à – à – a

347) (TALCRIM) ... no tocante à correção gramatical... (1.11)

O uso do acento indicativo da crase se justifica, nesse caso, por:

a) ser **correção** uma palavra feminina;

b) marcar a junção de preposição e artigo;

c) estar numa locução adverbial;

d) indicar a contração de preposição e demonstrativo;

e) fazer parte de uma locução prepositiva.

348) (AFTN) Indique a sequência que preenche corretamente as lacunas.

Desde a Declaração de Direitos da ONU, em 1948, _____ expressão "direitos humanos" compreende pelo menos três tipos de direitos: a) os direitos e liberdades civis; b) direito de participação política por meio da escolha de representantes; e c) direitos econômicos e sociais. Essa última categoria de direitos humanos é _____ mais recente das três citadas e tem como exemplos o direito ao trabalho, o direito _____ previdência social, o direito _____ uma renda mínima e o direito _____ educação entre outros.

a) à, à, a, a, à

b) a, à, a, à, à

c) a, a, à, à, a

d) a, a, à, à, à

e) a, a, à, a, à

349) (CÂM.DEP.) _____ beira do leito, assistiu _____ amiga, hora _____ hora, minuto _____ minuto, sempre _____ espera de um milagre.

a) À – à – à – a – à

b) A – a – a – a – à

c) À – a – a – a – à

d) À – a – à – à – à

350) (TTN) Indique a letra em que os termos preenchem corretamente, pela ordem, as lacunas do trecho dado.

Assustada _____ família com os versos em que o via sempre ocupado, foi reclamar ao grande mestre que não o via estudar em casa, ao que lhe foi respondido que _____ sua assiduidade e aplicação _____ aulas nada deixavam _____ desejar. Era o que bastava e daí por diante continuou tranquilo a ler e fazer versos... (Francisco Venâncio Filho)

a) à – a – as – à

b) a – à – às – a

c) a – a – às – a

d) à – a – as – à

e) à – à – às – a

134 ■ Série Impetus Concursos — *Português para Concursos*

351) (T.JUD.-RJ) Observe as frases:

I – Não se referiram a qualquer reforma mas à de 1971.

II – À língua deve-se querer como à pátria.

III – Azálea está passando à azaleia.

IV – A discussão era à propósito de reformas ortográficas.

A ocorrência de crase está corretamente indicada:

a) somente na I e na II.

b) somente na I e na IV.

c) somente na II e na III.

d) somente na II e na IV.

e) somente na III e na IV.

352) (UFV-MG) Assinale a alternativa, abaixo, que, em sequência, preenche CORRETAMENTE as lacunas das seguintes frases:

Devo obediência .... professor.

Não fiz referência ....

Os alunos estavam presentes .... acontecimentos.

Continuaremos fiéis .... que são os nossos amigos.

a) àquele, àquilo, àqueles, àqueles

b) àquele, aquilo, aqueles, àqueles

c) aquele, aquilo, aqueles, aqueles

d) àquele, aquilo, aqueles, aqueles

e) aquele, aquilo, àqueles, aqueles

353) (P.G.JUSTIÇA) "... *cidadelas à margem do tecido urbano*..." (1.29)

Que regra a seguir justifica o emprego do acento grave indicativo da crase na frase destacada?

a) o termo antecedente exige, por sua regência, a preposição e o termo consequente admite o artigo **a**;

b) nas locuções adverbiais formadas com palavras femininas;

c) nas locuções prepositivas formadas com palavras femininas;

d) nas locuções conjuntivas formadas com palavras femininas;

e) nas combinações da preposição com o pronome demonstrativo.

Capítulo 11

ANÁLISE SINTÁTICA

CAPÍTULO 11

ANÁLISE SINTÁTICA

■ Termos da oração

Chama-se oração todo enunciado, com sentido completo ou não, que possui verbo. O conjunto de orações chama-se período.

Ex.: Maurício escreveu uma bela carta (período simples: uma oração)

Fabiano estudou e foi para a escola. (período composto: mais de uma oração)

Uma oração se divide, geralmente, em dois termos básicos, chamados de essenciais: sujeito e predicado. Dentro de um e outro, aparecem termos diferentes, tais como objeto direto, predicativo, adjunto adnominal etc.

Ex.: **Teu amigo | disse a verdade**
       sujeito   Predicado

Dentro do sujeito: teu (adjunto adnominal)
Dentro do predicado: a verdade (objeto direto)

■ Modelo de análise sintática

Aquele menino trouxe um belo presente para a mãe ontem.

   Sujeito   predicado

Suj.: Aquele menino (simples)
Núcleo do suj.: menino (a palavra mais importante do sujeito)
Adj. adn.: Aquele

Pred.: trouxe um belo presente para a mãe ontem (verbal)
Núcleo do pred.: trouxe (v. trans. dir. e ind.)
Obj. dir.: um belo presente
Núcleo do obj. dir.: presente
Adj. adn.: um, belo

Obj. indir.: para a mãe
Núcleo do obj. indir.: mãe
Adj. adn.: a
Adj. adv. de tempo: ontem

Obs.: **Para** é preposição: não tem função sintática.

■ Termos essenciais

■ Sujeito

É o ser a respeito do qual se declara alguma coisa.
    Ex.:   Marcelo controlou a situação.
           Quem controlou a situação? Marcelo. Logo, **Marcelo** é o sujeito.

O sujeito se classifica em:

1) *Simples*: com apenas um núcleo.
    Ex.:   **O gato** bebeu o leite.
           Alguém chegou agora.
           Vendem-se **casas**. (Casas são vendidas).
           Gostei muito da resposta. (sujeito simples: EU)

Neste último caso, o sujeito se classifica como simples, mas se encontra subentendido, oculto ou elíptico.
           Mandei-**o** estudar.

Aqui, o pronome **o** é sujeito do verbo **estudar.** É o que se conhece como sujeito de infinitivo. Isso só ocorre com os verbos causativos (mandar, deixar, fazer) e sensitivos (ver, sentir, ouvir) seguidos de infinitivo. A oração começada pelo pronome átono é sempre objetiva direta. Assim, temos: 1ª or. – Mandei (principal); 2ª or. – o estudar (sub. substantiva obj. direta).

2) *Composto*: com mais de um núcleo.
    Ex.:   **Jairo e Mônica** foram à escola juntos.
           Eu e você seremos felizes.

3) *Indeterminado:* quando há sujeito, mas não se pode precisar qual é.
Ocorre em dois casos:
    ➩ Com verbos na terceira pessoa do plural, sem o sujeito presente no texto.
    Ex.:   Batem à porta.

138 ■ Série Impetus Concursos — *Português para Concursos*

⇨ Com verbos que não sejam transitivos diretos, na 3ª pessoa do singular, mais o pronome SE (símbolo ou índice de indeterminação do sujeito).
Ex.: Precisa-se de ajudantes.
Aqui se vive bem.
Ficou-se triste.

Obs.: Se o verbo for transitivo direto, mas vier com objeto direto preposicionado, o sujeito também estará indeterminado.
Ex.: Cumpriu-se com o dever. (sujeito indeterminado)
Mas: Cumpriu-se o dever. (sujeito simples: o dever)

4) *Oração sem sujeito:* quando a oração possui apenas predicado. Alguns autores dizem **sujeito inexistente**. Ocorre nos seguintes casos principais:

⇨ Com o verbo **haver** significando **existir** ou indicando tempo.
Ex.: Há muitos livros na estante.
Há meses que não vou lá. (A primeira oração não tem sujeito.)

⇨ Com o verbo **fazer** indicando tempo decorrido ou meteorológico.
Ex.: Faz três anos que não nos vemos. (A primeira oração não tem sujeito.)

⇨ Com os verbos de fenômeno da natureza.
Ex.: Ontem choveu muito.

⇨ Com os verbos **ser, estar** e **ir** (este, seguido de **para**) indicando tempo.
Ex.: São duas horas. Hoje são três de março. Era na primavera. Está muito frio hoje. Já vai para dois anos que não o vejo.

■ Predicado

É tudo aquilo que se declara do sujeito.
Ex.: A onça **é um animal feroz**.

O predicado se classifica em:

1) *Nominal:* formado por um verbo de ligação e um predicativo do sujeito, que é seu núcleo.
Ex.: Isabel **está nervosa**.
Está: verbo de ligação.
Nervosa: predicativo do sujeito.

2) *Verbal*: formado por um verbo transitivo ou intransitivo. O verbo é o núcleo do predicado.
Ex.: Isabel **fez os doces**.
Fez: verbo transitivo direto.

3) *Verbo-nominal*: formado por um verbo transitivo ou intransitivo e um predicativo (do sujeito ou do objeto).
Ex.: Isabel **fez os doces nervosa.**
Fez: verbo transitivo direto.
Nervosa: predicativo do sujeito.
Observe bem: Isabel fez os doces e estava nervosa.

■ Predicativo

É o termo que atribui ao sujeito ou objeto uma qualidade, estado, característica etc. Pode ser:

1) Do sujeito.
Ex.: Rodrigo é **estudioso**. Ela voltou **cansada**.

2) Do objeto.
Ex.: Eu o considero **inteligente**. (predicativo de **o**, que é objeto)

■ Termos integrantes

■ Objeto direto

É o termo que completa o sentido de um verbo transitivo direto.
Ex.: Comprei **um novo aparelho**.
Coloquei-**o** ali.
Ela pegou **da agulha**. (objeto direto preposicionado)

Observe que, neste caso, o verbo não exige a preposição **de**. Ele é transitivo direto.

O objeto direto pode ainda ser:

1) *Pleonástico*: repetição do objeto direto.
Ex.: Sua irmã, ninguém **a** viu.

2) *Interno ou cognato*: do mesmo campo semântico ou linguístico do verbo, que em condições normais é intransitivo.
Ex.: Tu vives **uma vida tranquila**.

140 ■ Série Impetus Concursos — *Português para Concursos*

■ Objeto indireto

É o complemento de um verbo transitivo indireto.

    Ex.:   Todos precisam **de afeto**.

            Refiro-me **a ela**.

O objeto indireto também pode ser pleonástico.

    Ex.:   Ao colega, não **lhe** diga isso.

■ Complemento nominal

É o termo preposicionado que completa o sentido de um substantivo, adjetivo ou advérbio.

    Ex.:   Tenho medo **dos exames**. (medo é substantivo)

            Estava certo **da vitória**. (certo é adjetivo)

            Agiu contrariamente **a meus interesses**. (contrariamente é advérbio)

  Obs.: Não se confunda o complemento nominal com o objeto indireto, que também tem preposição. O objeto completa o sentido de um verbo; o complemento nominal, de um nome.

    Ex.:   Necessitamos **de leis**. (objeto indireto)

            Temos necessidade **de leis**. (complemento nominal)

■ Agente da passiva

É o termo que pratica a ação na voz passiva.

Corresponde ao sujeito da voz ativa. Vem introduzido pelas preposições POR (PELO, PELA) ou DE.

    Ex.:   A história foi contada **por vovó**. (o sujeito é passivo: **a história**)

Mudando a voz do verbo, temos: Vovó contou a história. O agente da passiva (por vovó) transformou-se no sujeito da voz ativa (Vovó).

■ Termos acessórios

■ Adjunto adnominal

É o termo que determina, modifica um substantivo.

    Ex.:   **O** rapaz trouxe para **a** escola **uma bela** composição.

Note bem: **O rapaz** (sujeito), **rapaz** (núcleo do sujeito), **o** (adjunto adnominal).

E assim por diante.

O adjunto adnominal pode ser representado:

1) Por um artigo.
   Ex.:   **O** cão latiu.

2) Por um pronome adjetivo.
   Ex.:   **Minha** tia é francesa.

3) Por um numeral adjetivo.
   Ex.:   Tenho **três** canetas.

4) Por um adjetivo.
   Ex.:   Ele sempre tira **boas** notas.

5) Por uma locução adjetiva.
   Ex.:   Achei um anel **de ouro**.

Cuidado para não confundir este último caso com o complemento nominal. Vejamos algumas diferenças:

a) O adjunto adnominal dá uma qualidade, indica posse ou restrição.
   Ex.:   Comprei copos **de vidro**. (qualidade ou matéria)
   Não encontrei o brinquedo **do garoto**. (posse)

Observe também que **copos** e **brinquedo** são substantivos concretos. Assim, não poderiam ter complementos nominais.

b) O complemento nominal completa o sentido da palavra. Sem ele, seria possível uma pergunta do tipo: de quê?
   Ex.:   Tenho certeza **da vitória**. (certeza de quê?)

c) Se a palavra precedida de preposição se liga a adjetivo ou advérbio, só pode ser complemento nominal.
   Ex.:   Estava pronto **para tudo**. (**pronto** é um adjetivo)
   Atuou favoravelmente **a nós**. (**favoravelmente** é um advérbio)

d) Se a palavra que está sendo modificada é proveniente de um verbo, o termo preposicionado será complemento nominal se se tratar de termo passivo, correspondendo a um objeto ou adjunto adverbial; sendo ativo, trata-se de adjunto adnominal.
   Ex.:   A invenção **do telégrafo** beneficiou a humanidade.

Pode-se dizer: Inventaram o telégrafo. Logo, **o telégrafo** é um termo que sofre a ação. **Do telégrafo** é complemento nominal.

A invenção **do sábio** beneficiou a humanidade. Não se pode transformar invenção no verbo inventar, porque **o sábio** praticou a ação de inventar. Logo, **do sábio** é adjunto adnominal.

142 ■ Série Impetus Concursos — *Português para Concursos*

O adjunto adnominal representado por adjetivo pode confundir-se com o predicativo. Vejamos as diferenças:

a) Junto a verbo, será predicativo.
   Ex.: Marta é **inteligente**. Mauro voltou **animado**.

b) Unindo-se diretamente ao núcleo de uma função (sujeito, objeto direto etc.), é adjunto adnominal.
   Ex.: A **bela** criança sorriu. (está dentro do sujeito)

c) Vindo depois de um substantivo, pode haver confusão. Nesse caso, inverta-se a frase, pondo o adjetivo antes do substantivo. Se continuar ligado a ele, será adjunto adnominal; ficando afastado, será predicativo.
   Ex.: Comprei uma casa **bonita**. (Comprei uma bonita casa)
   adj. adn.

   Considero o aluno **inteligente**. (Considero inteligente o aluno)
   pred.

Neste último caso, em que temos um predicativo, a palavra **o** ficou entre o substantivo e o adjetivo.

■ Adjunto adverbial

É o termo que modifica um verbo, adjetivo ou advérbio, indicando a circunstância em que se desenvolve o processo verbal. É representado geralmente por advérbio ou expressão adverbial.

   Ex.: **Ontem** fomos **à praia**.
   tempo   lugar

Principais adjuntos adverbiais:

1) *Afirmação*: **Certamente** ele voltará.

2) *Negação*: **Não** o quero aqui.

3) *Dúvida*: Irei **provavelmente** à tarde.

4) *Lugar*: Deixamos o carro **naquela esquina**.

5) *Tempo*: Nós discutíamos **uma vez ou outra**.

6) *Modo*: Márcia saiu **apressadamente**.

7) *Intensidade*: Estava **muito** nervosa.

8) *Causa*: Ele tremia **de frio**. (por causa do frio)

9) *Instrumento*: Cortou-se **com a lâmina**.

10) *Meio*: Só viajavam **de trem**. (meio de transporte)

11) *Companhia*: Passeava **com o pai**.

12) *Finalidade* ou *fim*: Vivia **para o estudo**.

13) *Concessão*: Foi à praia **apesar da chuva**. (opõe-se ao ato de ir à praia)

14) *Assunto*: Falavam **de política**.

15) *Conformidade*: Agimos **conforme as ordens**. (ideia de acordo)

16) *Condição*: **Sem estudo**, não passarás.

■ Aposto

Termo que se une a um substantivo ou pronome substantivo, esclarecendo-lhe o sentido. Geralmente é separado por vírgula ou dois-pontos.

    Ex.:   O cão, **melhor amigo do homem**, é sempre fiel. (explicativo)

        Só queria uma coisa: **compreensão**. (explicativo)

        Glória, poder, dinheiro, **tudo** passa. (resumitivo ou recapitulativo)

        O rio **Amazonas** é muito extenso. (apelativo ou especificativo)

Obs.: O aposto apelativo ou especificativo é o nome de alguém ou alguma coisa.

    Estudou o dia todo, **o** que deixou a mãe feliz. (aposto referente a toda uma oração). Nesse caso, o aposto é representado por palavras como **o**, **fato**, **coisa** etc.

Agora, atente bem para a seguinte comparação:

    Gosto **de Petrópolis**. (objeto indireto: complemento do verbo)

    Vim **de Petrópolis**. (adj. adv. de lugar: **vim** é intransitivo)

    Tive medo **de Petrópolis**. (compl. nominal: medo de quê?)

    O clima **de Petrópolis** é bom. (adj. adn.: vale por **petropolitano**)

    A cidade **de Petrópolis** é linda. (aposto: é o nome da cidade)

■ Vocativo

Termo com valor exclamativo que serve para interpelar alguém ou algo.

Não pertence nem ao sujeito, nem ao predicado. Sempre com vírgula.

    Ex.:   **Luís**, empreste-me o martelo. (Ó Luís!)

        Veja, **meu filho**, que linda lagoa! (ó meu filho!)

        Não faça isso, **garoto**! (ó garoto!)

144 ■ Série Impetus Concursos — *Português para Concursos*

■ Classificação das orações

■ Absoluta
É a única oração de um período simples.

Ex.:   O amor vence sempre.

■ Coordenada
É a oração que se une a uma outra, também coordenada, sem lhe representar um termo sintático. É, portanto, independente.

A oração coordenada pode ser sindética ou assindética. Chama-se assindética aquela que não é introduzida por conjunção. Chama-se sindética a que possui uma conjunção coordenativa.

Ex.:   **Fazia muito frio, / mas não peguei o agasalho.**
   assindética   sindética

O avião pousou, / e os passageiros respiraram aliviados.
   assindética   sindética

⇨ Classificação das sindéticas

1) *Aditivas:* não acrescentam nenhuma ideia à coordenada assindética.
   Principais conjunções: e, nem, não só... mas também.
   Ex.:   Começou a chorar **e trancou-se no quarto**.
   Não só pintava, **mas também fazia versos**. (ou como também)

2) *Adversativas:* expressam uma ideia contrária ao que se diz na outra coordenada.
   Principais conjunções: mas, porém, contudo, todavia, e, no entanto.
   Ex.:   Corremos muito, **mas não ficamos cansados**.
   Estudou muito **e não aprendeu nada**. (e = mas)

3) *Conclusivas:* expressam uma conclusão, em face do que se diz na assindética.
   Principais conjunções: pois (entre vírgulas), logo, portanto.
   Ex.:   "Penso, **logo existo**."
   Rodrigo revisou toda a matéria; **está, pois, preparado**.

4) *Alternativas:* indicam pensamentos ou ações que se alternam ou excluem. Principais conjunções: ou, ora... ora, ou... ou, nem... nem.
   Ex.: Entregue sua prova, **ou ficará com zero**.
   Ora ria, ora chorava. (As duas são alternativas)

5) *Explicativas:* dão uma explicação qualquer a respeito da assindética. Geralmente o verbo da primeira está no imperativo.
   Principais conjunções: que, porque, pois.
   Ex.: Não saia agora, **que vai chover**.
   O chão está molhado, **porque eu vi**.

▧ Subordinada

É a oração que representa um termo sintático de uma outra oração, que se diz principal.
   Ex.: Ele disse **que voltaria**.
   A oração **que voltaria** é subordinada porque representa o objeto direto da primeira.

⇨ Classificação das subordinadas

1) *Adjetivas:* iniciadas por um pronome relativo e funcionando como adjunto adnominal da oração principal. Podem ser:

   a) Restritivas: restringem, limitam o sentido do antecedente do pronome relativo. Não se separam da principal por meio de vírgula.
      Ex.: A flor **que te dei** murchou. (a qual te dei).
      A pessoa **de quem lhe falei** é aquela. (da qual lhe falei)
      Nasci numa casa **onde há muitas mangueiras**. (na qual há...)

   b) Explicativas: explicam alguma coisa sobre o antecedente. Têm menos importância no período. Separam-se da principal por meio de vírgula. Assemelham-se a um aposto explicativo.
      Ex.: A rosa, **que é perfumada**, enfeita o mundo. (a qual é perfumada)
      Carlos, **cujo irmão é médico**, está aí fora.

   Obs.: Reconheça-se o pronome relativo e se terá descoberto a oração subordinada adjetiva.

146 ■ Série Impetus Concursos — *Português para Concursos*

2) **Substantivas**: são orações que completam o sentido da principal, representando para ela termos próprios de substantivo (sujeito, objeto direto etc.). Começam normalmente por uma conjunção integrante (que ou se). Podem também ser introduzidas por um advérbio interrogativo (onde, quando etc.) ou pronome interrogativo (quem, qual etc.)
Ex.: Todos notaram **que ele estava nervoso**.

Obs.: A oração substantiva pode ser substituída pela palavra ISTO. Aproveitando o exemplo anterior, poderíamos dizer: Todos notaram **isto**.

As orações subordinadas substantivas podem ser:

a) Subjetivas: representam o sujeito da oração principal, que estará sempre com o verbo na terceira pessoa do singular.
Ex.: É necessário **que sejam sinceros**.
Convém **que falem baixo**.
Sabe-se **que ele perdeu**.
Quem chegar atrasado não fará a prova.

b) Objetivas diretas: desempenham a função de objeto direto.
Ex.: Veja **onde está o livro**.
Ninguém me disse **que haveria reunião ontem**.

c) Objetivas indiretas: funcionam como objeto indireto.
Ex.: Preciso **de que me ajudem**.
Ele aspirava **a que todos fossem felizes**.

Obs.: A preposição DE pode ficar subentendida.
Ex.: Esqueceu-se **que ia jogar**.

d) Completivas nominais: representam o complemento nominal.
Ex.: Tinha medo **de que o prejudicassem**.
Não há necessidade **de que o ajudemos**.

Obs.: A preposição DE pode ficar subentendida.
Ex.: Tínhamos certeza **que iríamos**.

e) Predicativas: desempenham a função de predicativo.
Ex.: A verdade é **que ele se esforçou muito**.

Obs.: O verbo da oração principal é sempre SER, acompanhado do seu sujeito. Compare os dois períodos:
É bom **que venham todos**. (subjetiva)
O bom é **que venham todos**. (predicativa, pois o sujeito é **o bom**)

Renato Aquino ■ **147**

f) Apositivas: funcionam como aposto, geralmente depois de dois-pontos.
   Ex.: Só dizia uma coisa: **que venceria os obstáculos**.

3) **Adverbiais**: são as orações que desempenham a função de adjunto adverbial da oração principal. São iniciadas por conjunções subordinativas adverbiais.
   Ex.: **Quando o dia nasceu**, César foi para o hospital.
        adj. adv. tempo

As orações subordinadas adverbiais podem ser:

a) *Causais*: funcionam como adjunto adverbial de causa. Principais conjunções: porque, como, pois, já que, uma vez que.
   Ex.: Susana foi reprovada **porque não estudou**.
       Como ia chover, recolhemos a roupa.

b) *Condicionais*: indicam condição. Principais conjunções: se, caso, sem que.
   Ex.: Irei ao jogo, **se pagarem minha entrada**.
       Sem que haja esforço, nada será possível

c) *Comparativas*: estabelecem uma comparação. Principais conjunções: como, que (ou do que), quanto. O verbo, muitas vezes, fica oculto, sendo o mesmo da oração principal.
   Ex.: Helena é linda **como a mãe**.
       Ele fala mais **que um papagaio**.

d) *Conformativas*: indicam conformidade ou acordo, às vezes modo. Principais conjunções: como, conforme, segundo.
   Ex.: Agi **como mandaram**.
       Segundo me disseram, não haverá jogo.

e) *Concessivas*: são as que expressam ideia contrária à da oração principal. Principais conjunções: embora, mesmo que, ainda que.
   Ex.: **Ainda que gritasse**, não seria atendida.
       Eles chegaram cedo, **embora não fosse preciso**.

f) *Consecutivas*: indicam uma consequência. Principal conjunção: que (precedida de **tão**, **tal**, **tanto**, **tamanho**).
   Ex.: Correu tanto, **que caiu**.
       Era tal seu medo, **que desmaiou**.

148 ■ Série Impetus Concursos — *Português para Concursos*

g) *Finais*: correspondem a um adjunto adverbial de fim. Principais conjunções: para que, a fim de que.

Ex.: Tirou a tampa **para que o perfume se espalhasse**.

Ele desceu logo **a fim de que pudéssemos vê-lo**.

h) *Proporcionais*: são as que estabelecem uma proporção. Principais conjunções: à proporção que, à medida que, quanto mais... mais.

Ex.: Progrediremos **à medida que trabalharmos**.

Quanto mais estuda, mais aprende.

i) *Temporais*: funcionam como adjunto adverbial de tempo. Principais conjunções: quando, logo que, depois que, antes que.

Ex.: Eles se retiraram **quando o sol aparecia**.

Assim que o ônibus parou, todos desembarcaram.

■ Observações finais

⇨ Chamam-se orações reduzidas aquelas que não possuem conjunção e apresentam o verbo numa forma nominal. Classificam-se da mesma forma que as desenvolvidas, bastando atentar-se para o seu significado e estrutura.

Alguns exemplos:

1) É importante **falar-se com clareza**. (subordinada substantiva subjetiva reduzida de infinitivo)

2) Estava certo **de ser aproveitado**. (subordinada substantiva completiva nominal reduzida de infinitivo)

3) Estudou Letras **para ser professor**. (subordinada adverbial final reduzida de infinitivo)

4) **Falando com educação**, você não o irritará. (subordinada adverbial condicional reduzida de gerúndio)

5) **Terminada a prova**, os candidatos se retiraram. (subordinada adverbial temporal reduzida de particípio)

6) Vi um menino **brincando no jardim**. (subordinada adjetiva restritiva reduzida de gerúndio)

⇨ Um período, como vimos até aqui, pode ser composto por coordenação ou subordinação. Pode ser também misto, isto é, por coordenação e subordinação.

Ex.: **Denise disse** **que não voltaria,** **mas não resistiu.**
1ª   2ª   3ª

1ª: principal

2ª: subordinada substantiva objetiva direta

3ª: coordenada sindética adversativa

⇨ Algumas orações não aparecem na Nomenclatura Gramatical Brasileira. Eis algumas:

1) Subordinada substantiva agente da passiva.
   Ex.: O trabalho foi feito **por quem conhece o assunto**.

2) Subordinada adverbial locativa.
   Ex.: Moro **onde moras**.

Neste caso, pode-se classificar a oração como adjetiva, considerando-se um antecedente oculto: Moro no lugar **onde moras** (= no qual)

3) Subordinada adverbial modal.
   Ex.: Os náufragos salvaram-se **nadando**.

Neste caso, pode-se classificar a oração reduzida como adverbial conformativa.

⇨ As orações subordinadas adjetivas podem, excepcionalmente, ser introduzidas por um pronome indefinido precedido de preposição.
   Ex.: O trabalho **de quem conhece o ofício** é sempre melhor.

Exercícios

■ Termos da oração

354) "Fiquei em casa." "Necessita-se de ajuda." Respectivamente, temos sujeito:
a) indeterminado, indeterminado
b) simples, simples
c) simples, indeterminado
d) simples, inexistente
e) indeterminado, inexistente

355) Aponte a oração de sujeito simples.
a) Você e ele também são importantes.
b) Fala-se muito.
c) Há muitas vagas.
d) Chegou ele e o irmão.
e) Apareceu no bairro um novo circo.

356) Assinale a oração sem sujeito.
a) Iremos à feira.
b) Chove muito nesta cidade.
c) Regressaram os trabalhadores.
d) Perdeu-se uma boa oportunidade.
e) Estou aqui.

357) Em "Construiu-se a ponte", o sujeito é:
a) indeterminado
b) simples: se
c) inexistente
d) composto
e) simples: a ponte

358) Assinale a única oração que não possui sujeito.
a) Choveu tomate sobre ele.
b) Queixou-se da prova.
c) Havia saído o aluno.
d) Não existe essa possibilidade.
e) Neva muito na Europa.

359) Assinale a oração em que o sujeito não está indeterminado.
a) Pede-se silêncio.
b) Estuda-se muito.
c) Fica-se nervoso lá.
d) Cumpriu-se com o dever.
e) Naquela casa se lê o dia todo.

360) **Aponte a oração de predicado verbo-nominal.**
   a) O menino é pacato.
   b) Poucos leram o relatório.
   c) Marcos trabalha zangado.
   d) Os pombos voaram para longe.
   e) Cheguei alegremente.

361) **Aponte a frase de sujeito simples e predicado verbo-nominal.**
   a) A jovem passeava tranquilamente.
   b) Mariana fez o concurso esperançosa.
   c) Existem grandes possibilidades.
   d) Paulo e Marcelo estudam animados.
   e) Os cientistas retornaram da gruta às pressas.

362) **O garoto derrubou _a mesa_.**
   a) complemento nominal
   b) objeto direto
   c) agente da passiva
   d) sujeito
   e) predicativo

363) **O leite será bebido _pelo neném_.**
   a) sujeito
   b) objeto indireto
   c) complemento nominal
   d) agente da passiva
   e) adjunto adverbial

364) **Qual a função sintática do termo em negrito em "Tinha confiança _no amigo_?**
   a) objeto indireto
   b) predicativo
   c) agente da passiva
   d) adjunto adverbial
   e) complemento nominal

365) **Aponte a frase em que se destacou um predicativo do sujeito.**
   a) O trem partiu **carregado**.
   b) Isto não depende **de mim**.
   c) O urso afugentou **os visitantes**.
   d) **A vida** é um dom divino.
   e) Carlos deixou-a **magoada**.

366) **Jamais concordei _com aquele projeto_.**
   a) objeto direto preposicionado
   b) complemento nominal
   c) objeto indireto
   d) agente da passiva
   e) adjunto adverbial

152 ■ Série Impetus Concursos — *Português para Concursos*

367) Qual frase não apresenta complemento nominal?
a) Estava pronto para o passeio.
b) Anseio por tua presença.
c) A gaveta está cheia de formigas.
d) Terminou a construção da casa.
e) O amor à pátria era sua maior característica.

368) Aponte a frase com agente da passiva.
a) O motorista está cansado.
b) Lutemos por dias melhores.
c) Eles vieram de Belo Horizonte.
d) Tudo foi feito por Manuel.
e) Tenho dor de cabeça.

369) Foi-lhe oferecida uma participação *nos lucros*.
a) predicativo
b) complemento nominal
c) objeto indireto
d) objeto direto
e) adjunto adverbial

370) Aponte a frase em que se destacou um objeto direto preposicionado.
a) Muitos carecem **de vergonha**.
b) Ela pegou **da agulha**.
c) Obedeça **a seus pais**.
d) Ele jamais se furtou **à responsabilidade**.
e) Ele não desistirá **daquilo**.

371) Assinale a oração com predicativo do objeto.
a) Elegeram-no presidente.
b) Marília é esforçada.
c) Nós o admiramos muito.
d) Trabalharemos com entusiasmo.
e) Ninguém saiu satisfeito.

372) Ela voltou *com os primos*.
a) adjunto adverbial
b) objeto indireto
c) predicativo
d) agente da passiva
e) aposto

373) O lar, *instituição sublime*, deve ser preservado.
a) vocativo
b) predicativo
c) aposto
d) adjunto adverbial
e) sujeito

Renato Aquino ■ **153**

374) Aponte o adjunto adverbial de causa.
a) Carlos chorou **de raiva**.
b) Recebemos cadeiras **de aço**.
c) Não tenho queixas **de ninguém.**
d) Precisava **de incentivos**.
e) Viajou **de trem**.

375) Assinale a frase em que se destacou um vocativo.
a) Fala alto **aquele homem**.
b) O diamante, **pedra muito dura**, corta o vidro.
c) Não quero, **José**, que você se desespere.
d) Voltará, **depois de um ano**, a clinicar aqui.
e) O livro **de Mauro** sumiu.

376) _O_ que fiz estava certo.
a) objeto direto
b) adjunto adnominal
c) objeto indireto
d) aposto
e) sujeito

377) Ele trouxe _aquela_ pasta.
a) objeto direto
b) complemento nominal
c) adjunto adnominal
d) núcleo do objeto direto
e) sujeito

378) Isto _lhe_ será útil.
a) complemento nominal
b) objeto indireto
c) adjunto adnominal
d) sujeito
e) predicativo

379) Deixei-_o_ sair.
a) objeto direto
b) adjunto adnominal
c) aposto
d) objeto indireto
e) sujeito

380) _Apesar do frio_, não pôs o agasalho. Adjunto adverbial de:
a) causa
b) condição
c) instrumento
d) concessão
e) fim

381) Classifique os adjuntos adverbiais destacados em "*Atrás da árvore*, encontrava-se uma pessoa lendo *calmamente* o jornal."

a) tempo, modo
b) lugar, tempo
c) lugar, concessão
d) lugar, modo
e) lugar, lugar

382) Aponte o aposto, entre os termos destacados abaixo.

a) Mostrem-me, **amigos**, uma boa razão.
b) O livro **Iracema** foi escrito por Alencar.
c) A mesa **do professor** caiu.
d) O **lápis** quebrou.
e) Aqui, **ontem**, faltou luz.

383) Ele tem um coração *de pedra*.

a) complemento nominal
b) agente da passiva
c) adjunto adverbial
d) predicativo do objeto
e) adjunto adnominal

384) Em qual frase se destacou um adjunto adnominal?

a) **Esse** resultado me interessa.
b) Alguém apareceu **ali**.
c) Mônica ficou **preocupada**.
d) Minha **história** é triste.
e) Falei a **verdade**.

385) Só não foi colocado em negrito um adjunto adnominal em:

a) **Nada** foi resolvido.
b) Aceitamos **a** oferta.
c) **Dez** pessoas se intoxicaram.
d) Ele era **ótimo** colega.
e) Cada um fez **sua** parte.

386) Só não foi colocado em negrito um adjunto adverbial em:

a) **Talvez** você consiga.
b) Ela fala **demais**.
c) Estarei **no aeroporto** ainda hoje.
d) Combinei **com ele** essa estratégia.
e) Irei **mesmo**.

387) Só não há complemento nominal em:

a) Estava apto **para o trabalho**.
b) O candidato está ciente **de tudo**.
c) É preciso abster-se **de vícios**.
d) A realização **da prova** foi normal.
e) Não duvido de você, pois seu gosto **pelo estudo** é enorme.

388) Em qual frase o termo em negrito é adjunto adnominal, e não complemento nominal?
a) Foi importante a invenção **da imprensa**.
b) Foi necessária a destruição **da ponte**.
c) Demorou muito a colocação **do cartaz**.
d) A admiração **pela professora** tornou-se um grande amor.
e) A explicação **do garoto** não agradou à mãe.

389) Trabalhava muito, _o_ que deixava o pai preocupado.
a) aposto
b) adjunto adnominal
c) objeto direto
d) sujeito
e) adjunto adverbial

390) (CÂM.DEP.) "... entender como sendo uma tomada de posição pessoal o que não passa de uma adaptação passiva...".
O "o" exerce função sintática de
a) sujeito
b) objeto direto
c) complemento nominal
d) adjunto adnominal
e) predicativo do objeto

391) (T.JUST.-RJ) "Em silêncio, o povo do Rio de Janeiro demonstra o seu inconformismo diante da violência." (1.1,3)
Que termo sintático destacado a seguir apresenta classificação inadequada?
a) o povo do Rio de Janeiro – **sujeito**
b) o seu inconformismo – **objeto direto**
c) do Rio de Janeiro – **adj. adv. de lugar**
d) em silêncio – **adj. adv. de modo**
e) seu – **adjunto adnominal**

392) (TALCRIM) ... certo _de que a língua portuguesa é emprestada ao Brasil_:... (1.2-3)
a) complemento nominal
b) adjunto adnominal
c) aposto
d) adjunto adverbial
e) objeto indireto

393) (CÂM.DEP.) "Ele foi CRIANÇA e voltou ADULTO". Os termos destacados, na ordem apresentada, são:
a) adjunto adverbial e adjunto adverbial
b) adjunto adverbial e adjunto adnominal
c) complemento nominal e complemento restritivo
d) predicativo do sujeito e predicativo do objeto
e) predicativo do sujeito e predicativo do sujeito

156 ■ Série Impetus Concursos — *Português para Concursos*

394) **(UN.METODISTA-PIRACICABA)** "Três seres esquivos que compõem em torno à mesa a instituição tradicional da família, *célula da sociedade.*"
O trecho destacado é:

a) complemento nominal

b) vocativo

c) agente da passiva

d) objeto direto

e) aposto

395) **(FUVEST-SP) Assinale a alternativa que tem oração sem sujeito.**

a) Existe um povo que a bandeira empresta.

b) Embora com atraso, haviam chegado.

c) Existem flores que devoram insetos.

d) Alguns de nós ainda tinham esperança de encontrá-lo.

e) Há de haver recurso desta sentença.

396) **(UFGO) Em uma das alternativas abaixo, o predicativo inicia o período. Assinale-a.**

a) A dificílima viagem será realizada pelo homem.

b) Em suas próprias inexploradas entranhas descobrirá a alegria de conviver.

c) Humanizado tornou-se o sol com a presença humana.

d) Depois da dificílima viagem, o homem ficará satisfeito?

e) O homem procura a si mesmo nas viagens a outros mundos.

397) **(FUVEST-SP) Assinalar a oração que começa com um adjunto adverbial de tempo.**

a) Com certeza havia um erro no papel do branco.

b) No dia seguinte Fabiano voltou à cidade.

c) Na porta, (...) enganchou as rosetas das esporas.

d) Não deviam tratá-lo assim.

e) O que havia era safadeza.

398) **(UFV-MG) Assinale a alternativa que, em sequência, numera CORRETAMENTE as frases abaixo, indicando, assim, a função sintática do QUE.**

1) sujeito

2) objeto direto

3) objeto indireto

4) predicativo

5) complemento nominal

(   ) **Perdeu o único aliado a que se unira.**

(   ) **O artilheiro que o julgaram ser não se revelou na nossa equipe.**

(   ) **À janela, que dava para o mar, assomavam todos.**

(   ) **A prova de que tenho mais receio é a de Matemática.**

(   ) **Os exames que terá pela frente não o assustam.**

a) 3, 2, 1, 4, 1

b) 5, 4, 4, 3, 2

c) 3, 1, 2, 5, 4

d) 5, 2, 2, 3, 1

e) 3, 4, 1, 5, 2

399) (FMU-SP) Observe a estrofe:

"Lembra-me que, em certo dia,
Na rua, ao sol de verão,
Envenenado morria
Um pobre cão."

Aparece aí a inversão do:
a) objeto direto: **um pobre cão**
b) sujeito: **um pobre cão**
c) sujeito: **certo dia**
d) predicado: **lembra-me**
e) predicativo do sujeito: **me**

400) (FMU-SP) "Ouviram do Ipiranga as margens plácidas
        De um povo heroico o brado retumbante..."

O sujeito da afirmação com que se inicia o Hino Nacional é:
a) indeterminado
b) um povo heroico
c) as margens plácidas do Ipiranga
d) do Ipiranga
e) o brado retumbante

401) (COR.GERAL-RJ) Em "... convivência _com desenhos populares_..." o termo destacado exerce a função sintática de:
a) adjunto adnominal
b) adjunto adverbial
c) agente da passiva
d) complemento nominal
e) objeto indireto

402) (T.JUST.-RJ) "O Viva Rio pediu dois minutos de silêncio ao meio-dia da próxima sexta-feira". (1.1,2)

Que item a seguir indica corretamente a função sintática do termo destacado da frase acima?
a) dois minutos de silêncio – obj. direto
b) ao meio-dia – obj. indireto
c) da próxima sexta-feira – adj. adv. tempo
d) pediu... sexta-feira – pred. nom.
e) de silêncio – adj. adv. modo

158 ■ Série Impetus Concursos — *Português para Concursos*

403) **(AFTN) Leia o trecho abaixo e identifique a opção que faz correspondência *incorreta* entre as duas colunas.**

"**Ainda quando a vida mais não fosse que a urna da saudade, o sacrário da memória dos bons, isso bastava para a reputarmos *um benefício celeste*, e cobrirmos de reconhecimento *a generosidade* de *quem no*-la doou.**" (Ruy Barbosa)

Termos destacados. Função sintática na oração:

a) a   objeto direto
b) um benefício celeste   predicativo do obj. direto
c) a generosidade   objeto direto
d) quem   objeto indireto
e) no   objeto indireto

404) **(CÂM.DEP.) No segmento "... uma das mais comovedoras e perigosas de QUE se tem notícia." (linhas 3 e 4), o pronome relativo exerce, sintaticamente, a função de:**

a) adjunto adnominal
b) complemento nominal
c) objeto indireto
d) objeto direto
e) predicativo do sujeito

■ Classificação das orações

405) **Gritou muito, porém ninguém ouviu. A oração coordenada sindética deste período classifica-se como:**

a) aditiva   d) conclusiva
b) explicativa   e) alternativa
c) adversativa

406) **Fale mais alto, que precisamos ouvir. Classifica-se a coordenada sindética como:**

a) explicativa   d) adversativa
b) alternativa   e) aditiva
c) conclusiva

407) **Assinale a oração coordenada sindética conclusiva.**

a) Ou estudas, **ou serás reprovado**.
b) Tu te esforçaste, meu filho, **portanto serás recompensado**.
c) O gato surgiu **e perseguiu o rato**.
d) Espere-me lá fora, **pois preciso falar-lhe**.
e) Irei, **mas nada prometo**.

408) Como se classifica a oração coordenada destacada em: "*Os homens apareceram de repente* e levaram as mercadorias"?

a) sindética aditiva

b) sindética conclusiva

c) assindética

d) sindética explicativa

e) sindética adversativa

409) Qual a oração coordenada sindética adversativa?

a) Não só estuda, **mas também trabalha**.

b) Não te preocupes, **que estou aqui**.

c) Ora ouvia música, **ora lia romances**.

d) Preparou-se para a palestra, **no entanto ficou nervoso**.

e) Chegou **e procurou a bola**.

410) Assinale a oração coordenada sindética aditiva.

a) Foi à praia **e não tomou banho**.

b) Ou mudas o teu jeito, **ou serás infeliz**.

c) Não apenas lê muito, **como também faz versos**.

d) Trouxe o trabalho, **logo não há motivo para reclamação**.

e) Entre, **que faz frio**.

411) Assinale a oração subordinada adjetiva restritiva.

a) Tenho tudo **que desejo**.

b) O homem, **que é racional**, nem sempre compreende seu caminho.

c) Pare com isso, **que não estou gostando**!

d) João, **que é espanhol**, não gostou da brincadeira.

e) Estou aqui, **portanto fale**.

412) Assinale a oração adjetiva explicativa.

a) Ela esperava **que a compreendessem**.

b) Maçã é fruta **de que não gosto**.

c) É evidente **que não participarei disto**.

d) Volte, **que é tarde**, meu filho!

e) As girafas, **que têm pescoço comprido**, alegram as crianças.

413) Assinale a única oração adjetiva.

a) Estava certo **de que o encontraria lá**.

b) O **que pedi** eles fizeram.

c) **Que desejas aqui**?

d) Diga a verdade, **que é melhor**.

e) Correu tanto **que ficou suado**.

160 ■ Série Impetus Concursos — *Português para Concursos*

414) Aponte a oração adjetiva restritiva.
a) Ricardo, **cujo pai é professor**, está aí fora.
b) O Rio, **onde vivo atualmente**, é muito barulhento.
c) Não sabia **que ele havia chegado**.
d) Aqui estão os instrumentos **que lhe trouxe da Europa.**
e) Sabia **que ia vê-lo**.

415) Só não há oração adjetiva em:
a) O balconista **de quem se queixou** é aquele?
b) Chegamos à praça **onde nos conhecemos**.
c) O dia **quando nasci** estava chuvoso.
d) Desagradou-me o jeito **como me trataram lá**.
e) Convém **que ninguém falte**.

416) Só queria *que ele estudasse mais*. Oração subordinada substantiva:
a) subjetiva
b) objetiva direta
c) predicativa
d) completiva nominal
e) apositiva

417) É importante *que meditemos*. Oração subordinada substantiva:
a) objetiva direta
b) predicativa
c) completiva nominal
d) subjetiva
e) apositiva

418) Tinha esperança *de que chegaria a tempo*. Oração subordinada substantiva:
a) completiva nominal
b) objetiva indireta
c) predicativa
d) subjetiva
e) apositiva

419) Assinale o exemplo de oração substantiva objetiva indireta.
a) Esperamos **que a prova seja anulada**.
b) Estava convencido **de que era importante**.
c) Hélio se queixava **de que não tinha amigos**.
d) O certo é **que muitos o apoiariam**.
e) Tenho receio **de que não haja vagas**.

420) Só não há oração objetiva direta em:
a) Suponho que Marília está doente.
b) Veja para onde ele vai.
c) Sinto que vou desmaiar.
d) Helena prefere que não a procurem em casa.
e) Sua resposta foi que se esforçasse mais.

421) Só não há oração subjetiva em:
a) Percebemos de imediato que alguma coisa não ia bem.
b) É necessário que continuemos.
c) Basta que me sigam.
d) Urge que nos apressemos.
e) Parecia que tudo estava bem.

422) Não há dúvida *de que estarei lá*. Oração substantiva:
a) subjetiva
b) completiva nominal
c) objetiva indireta
d) predicativa
e) apositiva

423) Só me faltava isto: *que ele perdesse as cópias*. Oração substantiva:
a) objetiva direta
b) predicativa
c) completiva nominal
d) subjetiva
e) apositiva

424) Certifiquei-me *de que haveria reunião*. Oração substantiva:
a) completiva nominal
b) objetiva direta
c) objetiva indireta
d) subjetiva
e) predicativa

425) Ignoro *a quem ele mandou o livro*. Oração substantiva:
a) objetiva indireta
b) completiva nominal
c) objetiva direta
d) apositiva
e) predicativa

426) *Como estava escuro*, peguei o guarda-chuva. Oração subordinada adverbial:
a) temporal
b) condicional
c) comparativa
d) causal
e) final

427) *Assim que chegou*, foi ao escritório. Oração subordinada adverbial:
a) conformativa
b) proporcional
c) temporal
d) causal
e) final

428) *Quanto mais estudava*, mais aprendia. Oração subordinada adverbial:
a) condicional
b) proporcional
c) temporal
d) consecutiva
e) concessiva

162 ■ Série Impetus Concursos — *Português para Concursos*

429) ***Segundo nos disseram***, tudo foi cancelado. Oração adverbial:
a) conformativa
b) consecutiva
c) comparativa
d) final
e) concessiva

430) Assinale a oração subordinada adverbial concessiva.
a) Corre mais **que um coelho**.
b) **Mal acabou a luz**, começou a confusão.
c) **Embora estivesse descontente**, não abandonava a companhia.
d) **Se deixarem**, eu irei.
e) Não fui lá **porque estive doente**.

431) Aponte o oração adverbial consecutiva.
a) Era tranquila **como o pai**.
b) Falou alto **para que todos escutassem**.
c) Era tal sua preocupação, **que ficou em casa**.
d) **Já que pediram**, lerei novamente.
e) Agiu **como lhe fora recomendado**.

432) Desça daí ***para que possamos conversar***. Oração adverbial:
a) temporal
b) conformativa
c) consecutiva
d) final
e) causal

433) ***Desde que a conheci***, não tenho dormido. Oração adverbial:
a) concessiva
b) condicional
c) causal
d) temporal
e) proporcional

434) ***Uma vez que houve tantas faltas***, a reunião foi adiada. Oração adverbial:
a) temporal
b) consecutiva
c) causal
d) condicional
e) concessiva

163

435) Assinale a alternativa em que está errada a classificação da oração adverbial.
- a) Era tão grande nossa vontade, **que falamos com o diretor**. – consecutiva.
- b) **Enquanto o pai pintava a varanda**, o menino jogava bola. – temporal
- c) **Doente que estivesse**, não perderia o encontro. – concessiva
- d) **Apenas nos viu**, foi para dentro. – causal
- e) **Sem que cada um se esforce**, isso não será possível. – condicional

436) Vi pessoas _que choravam_. Oração subordinada:
- a) substantiva objeta direta
- b) adverbial consecutiva
- c) adjetiva restritiva
- d) adverbial temporal
- e) adjetiva explicativa

437) Assinale a oração coordenada sindética explicativa.
- a) **Depois que saíram**, tudo serenou.
- b) Gritou, **mas ninguém ouviu**.
- c) A máquina parou **porque faltou luz**.
- d) Trabalhou demais; **estava, pois, esgotado**.
- e) Ela chorou, **porque eu vi**.

438) É bom _que me respeitem_. Oração subordinada:
- a) substantiva predicativa
- b) adverbial temporal
- c) adjetiva restritiva
- d) substantiva subjetiva
- e) substantiva completiva nominal

439) Esqueceu-se _que era cardíaco_. Oração subordinada:
- a) substantiva objeta indireta
- b) adverbial causal
- c) adjetiva explicativa
- d) substantiva objetiva direta
- e) adverbial final

440) Lendo, você entenderá. A oração reduzida classifica-se como:
- a) substantiva subjetiva
- b) adverbial condicional
- c) adverbial conformativa
- d) adjetiva restritiva
- e) adverbial causal

441) A oração reduzida que aparece em "Deixaram-no falar" é subordinada:
- a) adverbial final
- b) adverbial causal
- c) substantiva subjetiva
- d) adverbial condicional
- e) substantiva objetiva direta

164 ■ Série Impetus Concursos — *Português para Concursos*

442) Assinale o erro na análise da oração reduzida.
a) Vi um garoto chorando. (adverbial condicional)
b) É importante estudar. (substantiva subjetiva)
c) Trouxe o anel, entregando-o à mãe. (coordenada aditiva)
d) Estava ansioso por voltar. (substantiva completiva nominal)
e) Meu desejo é encontrá-la. (substantiva predicativa))

443) Assinale o erro na análise da oração destacada.
a) Há sentimentos **que aproximam o homem de Deus**. (subordinada adjetiva restritiva)
b) "Vim, vi, **venci.**" (coordenada assindética)
c) Ficou doente, **por não se alimentar direito**. (subordinada adverbial causal reduzida de infinitivo)
d) Fiquem calmos, **porque tudo se resolverá**. (coordenada sindética explicativa)
e) Quanto mais fala, **mais fica rouco**. (subordinada adverbial proporcional)

444) (AMAN) No seguinte grupo de orações destacadas:
1. **É bom <u>que você venha</u>.**
2. **<u>Chegados que fomos</u>, entramos na escola.**
3. **Não esqueças <u>que és falível</u>.**
temos orações subordinadas, respectivamente:
a) objetiva direta, adverbial temporal, subjetiva
b) subjetiva, objetiva direta, objetiva direta
c) objetiva direta, subjetiva, adverbial temporal
d) subjetiva, adverbial temporal, objetiva direta
e) predicativa, objetiva direta, objetiva indireta

445) (UFV-MG) As orações subordinadas substantivas que aparecem nos períodos abaixo são todas subjetivas, EXCETO:
a) Decidiu-se que o petróleo subiria de preço.
b) É muito bom que o homem, vez por outra, reflita sobre sua vida.
c) Ignoras quanto custou meu relógio?
d) Perguntou-se ao diretor quando seríamos recebidos.
e) Convinha-nos que você estivesse presente à reunião.

446) (FUVEST-SP) Classifique as orações em destaque do período abaixo:
"<u>Ao analisar o desempenho da economia brasileira</u>, os empresários afirmaram <u>que os resultados eram bastante razoáveis</u>, uma vez que a produção não aumentou, mas também não caiu."
a) principal – subordinada adverbial final
b) subordinada adverbial temporal – subordinada adjetiva restritiva
c) subordinada adverbial temporal – subordinada substantiva objetiva direta
d) subordinada adverbial temporal – subordinada substantiva subjetiva
e) principal – subordinada substantiva objetiva direta

Renato Aquino ■ **165**

447) **(UM-SP) No período "Era tal a serenidade da tarde, que se percebia o sino de uma freguesia distante, dobrando a finados", a segunda oração é:**

a) subordinada adverbial causal

b) subordinada adverbial concessiva

c) subordinada adverbial consecutiva

d) subordinada adverbial condicional

e) subordinada adverbial temporal

448) **(FACENS-SP) No período "Paredes ficaram tortas, animais enlouqueceram e as plantas caíram", temos:**

a) duas orações coordenadas assindéticas e uma oração subordinada substantiva

b) três orações subordinadas substantivas

c) três orações coordenadas

d) quatro orações

e) uma oração principal e duas orações subordinadas

449) **(CÂM.MUN.-RIO) Como se classificam, respectivamente, as orações do período *É consenso nacional a necessidade de levar a educação formal e não formal a todos os brasileiros*. (1.1)?**

a) principal – subordinada substantiva completiva nominal

b) principal – subordinada substantiva objetiva indireta

c) coordenada assindética – coordenada sindética aditiva

d) coordenada assindética – coordenada justaposta

e) principal – subordinada adjetiva apositiva

450) **(UFPA) Há no período uma oração subordinada adjetiva.**

a) Ele falou que compraria a casa.

b) Não fale alto, que ela pode ouvir.

c) Vamos embora, que o dia está amanhecendo.

d) Em time que ganha não se mexe.

e) Parece que a prova não está difícil.

451) **(FMU-SP) Em "Apenas na manhã seguinte, que era sábado, conhecemos com detalhes os planos industriais do primo Basílio", temos, do ponto de vista sintático:**

a) um período simples.

b) um período composto por subordinação, cuja oração principal é "Apenas na manhã seguinte", com verbo subentendido.

c) um período composto por subordinação, cuja oração principal é "Apenas na manhã seguinte conhecemos com detalhes os planos industriais do primo Basílio".

d) um período composto por coordenação e subordinação.

e) um período composto por subordinação, cuja oração principal é "Conhecemos com detalhes os planos industriais do primo Basílio".

166 ■ Série Impetus Concursos — *Português para Concursos*

452) (UFV-MG) No seguinte período:
"Choveu durante a noite, *porque as ruas estão molhadas*", a oração destacada é:
a) subordinada adverbial consecutiva
b) coordenada sindética explicativa
c) subordinada adverbial causal
d) coordenada sindética conclusiva
e) subordinada adverbial concessiva

453) (FMU-SP) No texto "Um se encarrega *de comprar camarões*", a oração destacada é:
a) subordinada substantiva completiva nominal, reduzida de gerúndio
b) subordinada substantiva objetiva direta, reduzida de infinitivo
c) subordinada substantiva subjetiva, reduzida de gerúndio
d) subordinada substantiva objetiva indireta, reduzida de infinitivo
e) subordinada substantiva apositiva, reduzida de infinitivo

454) (FUVEST-SP) No período "É possível *discernir no seu percurso momentos de rebeldia contra a estandardização e o consumismo*", a oração destacada é:
a) subordinada adverbial causal, reduzida de particípio
b) subordinada objetiva direta, reduzida de infinitivo
c) subordinada objetiva direta, reduzida de particípio
d) subordinada substantiva subjetiva, reduzida de infinitivo
e) subordinada substantiva predicativa, reduzida de infinitivo

455) (UFV-MG) "Um dia, *como lhe dissesse* que iam dar o passarinho, *caso continuasse a comportar-se mal*, correu para a área e abriu a porta da gaiola." (Paulo Mendes Campos)
As orações destacadas são, respectivamente, subordinadas adverbiais:
a) causal e condicional
b) comparativa e causal
c) conformativa e concessiva
d) condicional e concessiva
e) comparativa e conformativa

456) (T.JUST.-RJ) Nos períodos abaixo, que oração destacada tem sua classificação indicada corretamente?
a) "Era grande tosse dos pobres, sintoma e denúncia da silicose **que os roía**." – oração subordinada adverbial modal.
b) "contou-me um amigo uma história exemplar, **que teria ocorrido na cidade mineira de Nova Lima, por volta dos anos 30**" – oração subordinada adjetiva explicativa
c) "É claro **que a criminalidade, enquanto sintoma, tem de ser adequadamente combatida por medidas policiais enérgicas** – oração subordinada substantiva objetiva direta
d) "**Os ingleses, dessa forma, uniram o útil ao agradável** – oração coordenada assindética
e) "A criminalidade está para a patologia social **assim como a tosse convulsiva para a silicose** – oração subordinada adverbial proporcional

457) (CÂM.DEP.) Parando a chuva a tempo, / iremos todos à sua festa.

A relação existente entre as duas orações, separadas por barras no período acima, é de:

a) tempo

b) causa

c) condição

d) concessão

458) (CÂM.DEP.) Puxando o menino, firmemente, as rédeas, / o alazão recuou três passos.

A relação existente entre as duas orações, separadas por barras no período acima, é de:

a) causa

b) concessão

c) proporção

d) condição

Capítulo 12

COLOCAÇÃO PRONOMINAL

CAPÍTULO 12

COLOCAÇÃO PRONOMINAL

■ Na forma verbal simples

■ Emprego da próclise

Próclise é a colocação do pronome átono antes do verbo. Ocorre quando alguma palavra atrai o pronome. Possuem essa característica:

1) Os pronomes indefinidos, relativos e interrogativos.
   Ex.: Alguém me chama.
   O livro que lhe emprestei é ótimo.
   Quem o chamou?

2) Os advérbios que não peçam pausa.
   Ex.: Aqui se trabalha.
   Mas: Aqui, trabalha-se.

3) As conjunções subordinativas:
   Ex.: Quando te encontrei, já era tarde.
   Obs.: Também se usa próclise nas frases optativas (exprimem desejo) e quando há gerúndio precedido pela preposição EM.
   Ex.: Deus te ajude!
   Em se falando de esportes, ele se alegrou.

■ Emprego da ênclise

Ênclise é a colocação do pronome depois do verbo. Ocorre quando nenhuma palavra exige a próclise. Assim temos:

1) No início do período.
   Ex.: Respondeu-me com precisão.

2) Em orações iniciadas por gerúndio.
   Ex.:   Paulo sairá, levando-te com ele.

3) Com o verbo no imperativo afirmativo.
   Ex.:   Meu filho, diga-me uma coisa.

■ Emprego da mesóclise

Mesóclise é a colocação do pronome dentro do verbo. Ocorre com o verbo no futuro do presente ou do pretérito, quando não há nenhuma palavra exigindo a próclise.
   Ex.:   Encontrá-lo-ei em casa.
   Mas: Nunca o encontrarei em casa.

■ Próclise facultativa

É facultativo o uso da próclise nos seguintes casos:
1) Com os substantivos.
   Ex.:   Paulo se levantou. Paulo levantou-se.

2) Com os pronomes pessoais e os demonstrativos.
   Ex.:   Ele o trouxe. Ele trouxe-o.
            Isto me agrada. Isto agrada-me.

3) Com as conjunções coordenativas.
   Ex.:   Chegou tarde, mas me encontrou. Chegou tarde, mas encontrou-me.

4) Com o infinitivo pessoal precedido de **não**.
   Ex.:   Não lhe falamos do problema para não o incomodar.
            Não lhe falamos do problema para não incomodá-lo.

■ Colocação nas locuções verbais

A colocação pronominal vai depender, aqui, de estar o verbo principal no gerúndio, no infinitivo ou no particípio. Assim, temos:
1) Com infinito ou gerúndio.
   Ex.:   Desejo escrever-lhe. (certo)
            Desejo-lhe escrever. (certo)
            Desejo lhe escrever. (errado)
            Lhe desejo escrever. (errado)

172 ■ Série Impetus Concursos — *Português para Concursos*

Havendo palavra que atraia o pronome, temos as seguintes possibilidades:
Nunca lhe desejo escrever.
Nunca desejo escrever-lhe.

Obs.: O emprego do gerúndio é rigorosamente igual ao do infinito.

2) Com particípio.
Ex.: Tinha escrito-lhe. (errado)
Tinha-lhe escrito. (certo)
Tinha lhe escrito. (errado)
Lhe tinha escrito. (errado)

Havendo palavra que atraia o pronome, temos uma única possibilidade de construção:
Nunca lhe tinha escrito.

Obs.: Com preposição entre o auxiliar e o principal, há duas construções possíveis.
Ex.: Deixou de lhe falar.
Deixou de falar-lhe

■ Observações finais

➡ Como se viu pelos exemplos, infinito e gerúndio admitem ênclise; particípio, não.

➡ Segundo a gramática tradicional, consideramos errada a colocação do pronome átono solto entre dois verbos. No entanto, há uma tendência muito grande de aceitar-se como válida tal colocação. Muitas bancas de concurso têm considerado correto tal emprego. Assim, só por eliminação é possível resolver uma questão em que ocorra o pronome entre os dois verbos sem prender-se ao auxiliar.
Ex.: Preciso-lhe dizer algo. (certo)
Preciso lhe dizer algo. (certo ou errado)

➡ Com duas palavras atrativas, pode o pronome ficar entre elas. É o que se chama apossínclise.
Ex.: Já me não querem falar.

➡ Havendo palavra ou expressão entre vírgulas, será obrigatória a próclise, caso tenha sido usada uma palavra atrativa antes das vírgulas.
Ex.: Sempre, meus amigos, me interesso por esse assunto.

Exercícios

459) Aponte o erro de colocação pronominal.
a) Quero-lhe bem.
b) O que me disseram está errado.
c) Me empreste o lápis.
d) Embora o aguardasse, não tinha esperança.
e) Não o vi.

460) "_Farei-te_ um bom preço, mas não _me fales_ sobre isso a ninguém."
Em relação à colocação pronominal, podemos afirmar que:
a) **Farei-te** está correto.
b) **Não me fales** está errado.
c) **Não me fales** está certo, mas poderia ser **não fales-me**.
d) Não há erro de colocação.
e) **Farei-te** está errado.

461) Assinale a frase com erro de colocação.
a) Assim que o avistamos, fomos a ele.
b) Traga-me aquilo.
c) Roberto, me perdoe.
d) Fá-lo-ás sorrir de novo.
e) Espero que te avisem.

462) Aponte a frase sem erro de colocação.
a) Desejo lhe contar algo.
b) Te maltrataram?
c) Marcos levantou-se.
d) Levarei-o logo.
e) Tudo agrada-lhe naquela casa.

463) Só não há erro de colocação pronominal em:
a) Muitos aplaudiram-no.
b) A jovem que esperava-nos foi embora.
c) Tinham falado-me sobre o resultado.
d) Jamais comprá-lo-emos dele.
e) Tudo saiu conforme nos fora explicado.

174 ■ Série Impetus Concursos — *Português para Concursos*

464) A frase que contraria a norma culta quanto à colocação pronominal é:
a) Eu lhe falaria assim
b) Estou-me acostumando.
c) Eu falar-lhe-ia assim.
d) Me estou acostumando.
e) Estou acostumando-me.

465) Assinale o erro de colocação pronominal.
a) Ninguém a perturbará.
b) Se nos acompanharem, ficaremos felizes.
c) Mauro pretende te escutar.
d) Carlos havia dito-me que eu fora aprovado.
e) Deus o abençoe.

466) Quem avisou-o das instruções? Todos se ajeitaram. Continuo preparando-me. A que lhe pedi está no armário.
Quantos erros de colocação?
a) dois   d) quatro
b) nenhum   e) três
c) um

467) Segundo falaram-me, poucos erraram. Nos aborrecemos demais. Direi-o agora mesmo. Chegou cedo, lhe entregando a petição.
Quantos erros de colocação?
a) três   d) nenhum
b) quatro   e) dois
c) um

468) Assinale a frase com erro de colocação pronominal.
a) Nunca lhe tinha pedido ajuda.
b) Espero que se não faça escândalo.
c) Voltou à noite, mas se dirigiu logo à sala.
d) Em falando-se de futebol, ele é um entendido.
e) Levante-se, menino!

469) Em qual frase não se cometeu erro de colocação pronominal?
a) Fomos à porta, para que vissem-nos ali.
b) Sei que falaram-lhe de mim.
c) Antônio se atrasou.
d) Já pedes-me isso?
e) Toda aquela correria, por certo, tinha cansado-me.

Renato Aquino ■ **175**

470) Está errada a colocação da frase:
a) Isto me irrita.
b) Ignoro onde colocou-se o martelo.
c) Como nos preveniram, aqui estamos.
d) Preciso dizer-te a verdade.
e) Cada um se arranjará por si mesmo.

471) (B.BRASIL) Pronome oblíquo – colocação incorreta:
a) Preciso que venhas ver-me.
b) Procure não desapontá-lo.
c) O certo é fazê-los sair.
d) Sempre negaram-me tudo.
e) As espécies se atraem.

472) (TTN) Assinale a frase em que a colocação do pronome pessoal oblíquo _não_ obedece às normas do português padrão.
a) Essas vitórias pouco importam; alcançaram-nas os que tinham mais dinheiro.
b) Entregaram-me a encomenda ontem, resta agora a vocês oferecerem-na ao chefe.
c) Ele me evitava constantemente!... Ter-lhe-iam falado a meu respeito?
d) Estamos nos sentindo desolados: Temos prevenido-o várias vezes e ele não nos escuta.
e) O Presidente cumprimentou o Vice dizendo – Fostes incumbido de difícil missão, mas cumpriste-la com denodo e eficiência.

473) (FTU) A frase em que a colocação do pronome átono está em _desacordo_ com as normas vigentes no português padrão do Brasil é:
a) A ferrovia integrar-se-á nos demais sistemas viários.
b) A ferrovia deveria-se integrar nos demais sistemas viários.
c) A ferrovia não tem se integrado nos demais sistemas viários.
d) A ferrovia estaria integrando-se nos demais sistemas viários.
e) A ferrovia não consegue integrar-se nos demais sistemas viários.

474) (CESGRANRIO) Indique a estrutura verbal que _contraria_ a norma culta.
a) Ter-me-ão elogiado.
b) Tinha-se lembrado.
c) Teria-me lembrado.
d) Temo-nos esquecido.
e) Tenho-me alegrado.

475) (STJ) Assinale a opção em que há _erro_ de colocação pronominal, de acordo com a norma culta.
a) A primeira refere-se aos atuais mecanismos públicos e particulares.
b) São os elementos essenciais da vida, os quais não têm-nos dado a desejada segurança.
c) Consiste em nossa fraqueza de opormo-nos a uma espécie de movimento neofeudal.
d) A sociedade mostra-se perplexa com seu ajuste à eletrônica.
e) O Estado não se mostra apto para encontrar soluções.

176 ■ SÉRIE IMPETUS CONCURSOS — *Português para Concursos*

476) **(TALCRIM) Assinale dentre as alternativas apresentadas a seguir o único deslocamento do pronome átono que seria considerado** _incorreto_ **segundo os gramáticos normativos tradicionais:**

a) "(...) **ou o que se determine pelo uso outorgado**." (Art. 1250)

(...) ou o que determine-se pelo uso outorgado.

b) "(...) **não podendo usá-la senão de acordo com o contrato**, (...)" (Art. 1251)

(...) não a podendo usar senão de acordo com o contrato. (...)

c) "(...), **ainda que se possa atribuir a caso fortuito**, (...)" (Art. 1253)

(...), ainda que possa atribuir-se a caso fortuito, (...)

d) "**Se o menor, estando ausente essa pessoa, se viu obrigado a contrair** (...)" (Art. 1260, II)

Se o menor, estando ausente essa pessoa, viu-se obrigado a contrair (...)

e) "(...) **Mas, em tal caso, a execução do credor não lhes poderá ultrapassar** (...)" (Art. 1260, III)

(...) Mas, em tal caso, a execução do credor não poderá ultrapassar-lhes (...)

CAPÍTULO 13

PONTUAÇÃO

CAPÍTULO 13

PONTUAÇÃO

■ Emprego da vírgula

A vírgula corresponde a uma breve pausa. De um modo geral, podemos afirmar que:

1) Na ordem direta (sujeito, verbos, complementos ou adjuntos), não se usa a vírgula.

   Ex.: Aquela menina fez a redação no colégio.

Assim, não se separa o verbo de seu sujeito ou de seus complementos por meio de vírgula.

2) Na ordem inversa, normalmente se usa vírgula.

   Ex.: No colégio, aquela menina fez a redação.

3) Na ordem direta, haverá vírgulas quando uma expressão de valor explicativo ou adverbial ficar intercalada, separando o sujeito do verbo ou este de seus complementos.

   Ex.: Aquela menina, **aluna exemplar**, fez a redação no colégio.

Note bem: A expressão fica entre vírgulas; com apenas uma vírgula, haveria erro.

■ Principais situações de uso da vírgula

1) Para separar um aposto.

   Ex.: Teu irmão, **aluno da primeira série**, está dispensado.

2) Para separar o vocativo.

   Ex.: Aqui está, **crianças**, o que prometi.

3) Para separar as orações coordenadas, exceto as começadas por E.

   Ex.: Pintou a casa de branco, **mas não ficou satisfeito.**

4) Para separar as orações subordinadas adverbiais deslocadas.

   Ex.: **Para que o notassem**, subiu numa árvore.

Obs.: Vindo depois da principal, a vírgula torna-se facultativa.
>Ex.: Chorou muito, **porque se machucou**. Chorou muito **porque se machucou**.

5) Para separar, facultativamente, termos deslocados no período e que se pronunciam com pausa.
>Ex.: **Depois do almoço**, fomos ao cinema. (adj.adv.deslocado)
>**Depois do almoço** fomos ao cinema.

6) Para separar termos de mesmo valor usados numa coordenação.
>Ex.: Ela era **alta, bonita, simpática, sincera**.

7) Para separar orações começadas por E, quando têm sujeito diferente da primeira.
>Ex.: Antônio leu o livro, **e Paulo escreveu a carta**.
>Mas: Antônio leu o livro e escreveu a carta.

8) Para intercalar qualquer termo, normalmente de valor explicativo ou adverbial.
>Ex.: Mário trabalha muito, **ou melhor**, demais.
>Agora, **disseram eles**, precisamos sair.
>Espero que, **enquanto estejam ali**, não façam bobagens.

9) Nas datações.
>Ex.: Rio de Janeiro, 28 de junho de 1986.

10) Para indicar supressão de verbo.
>Ex.: Lúcia irá ao cinema; Carla, ao teatro. (irá)

11) Para separar conjunções adversativas e conclusivas deslocadas.
>Ex.: Falou pouco; estava, **porém**, cansado.

12) Para separar orações subordinadas adjetivas explicativas.
>Ex.: Paulo, **que estuda ali**, falará hoje.

■ Observação

Não se usa vírgula para separar:
1) O verbo de seu sujeito ou objeto.
>Ex.: Pedro, saiu cedo. (errado)
>Pedro saiu cedo. (certo)

2) O nome de seu complemento ou adjunto.
>Ex.: Tinha medo, de tudo. (errado)
>Tinha medo de tudo. (certo)

180 ■ Série Impetus Concursos — *Português para Concursos*

3) O verbo de seu predicativo.
   Ex.: Essa menina é, bastante levada. (errado)
   Essa menina é bastante levada. (certo)

4) As orações substantivas de sua principal.
   Ex.: Ele sabia, que ia conseguir. (errado)
   Ele sabia que ia conseguir. (certo)

■ Emprego do ponto e vírgula

1) Para separar dois grupos distintos de coordenação.
   Ex.: Ele trouxe coxinhas, sanduíches, pastéis; eu, refrigerantes, refrescos, pratos e copos.

2) Para separar os itens de uma enumeração.
   Ex.: O candidato precisa fazer três coisas:
   a) chegar com antecedência de uma hora;
   b) trazer identidade;
   c) trazer o material adequado para a prova.

3) Para separar as orações adversativas ou conclusivas, quando se quer alongar a pausa. Admite-se também o ponto.
   Ex.: Havia muitas pessoas à minha espera; contudo preferi ficar no escritório.

4) Para separar orações coordenadas quando a conjunção está deslocada.
   Ex.: Estudou a tarde toda; estava, portanto, preparado.

5) Para separar os considerandos de uma lei ou decreto.
   Ex.: Considerando que...;
   Considerando que...;
   Decreta que...

■ Emprego de dois-pontos

1) Antes de uma citação.
   Ex.: Disse o filósofo: "Só sei que nada sei."

2) Antes de uma enumeração.
   Ex.: Aqui nós encontramos: material de escritório, roupas, rádios etc.

Obs.: Nesse caso, o uso de dois-pontos não é obrigatório.

3) Para introduzir um aposto ou oração apositiva.
    Ex.:   Só queria algo: seu afeto.
             Desejava uma coisa: que o compreendessem.

4) Antes de um exemplo, nota, observação.
    Ex.:   Nota:
             Obs.:
             Ex.:

5) Antes de um esclarecimento.
    Ex.:   "Não foi a razão que motivou esta ternura: foi a amizade."

■ Emprego de reticências

Normalmente, usam-se reticências para indicar a interrupção de uma ideia.
    Ex.:   Estava pensando... Bem, não importa.

■ Emprego de aspas

1) No começo e no fim de uma citação ou transcrição.
    Ex.:   Algum sábio já afirmou: "Agir na paixão é embarcar durante a tempestade."

2) Para indicar gíria, estrangeirismo, neologismo.
    Ex.:   Se "pintar" uma oportunidade, estarei lá.
             Estavam no "hall" do hotel.
             O professor disse que o aluno cometera um "linguicídio."

3) Para reproduzir um erro gramatical.
    Ex.:   Vamos a "Petrópis".

■ Emprego do ponto

Serve para marcar o fim de um período.
    Ex.:   Encontramos belas flores na cesta.

Obs.: Usa-se o ponto nas abreviaturas; nunca, porém, naquelas que são símbolos técnicos de tempo, distância, peso etc.
    Ex.:   Sr., pág., apart., dr.
    Mas: m (metro ou metros), h (hora ou horas), g (grama ou gramas), min (minuto ou minutos).

Pelo que se observa, tais símbolos são escritos sempre com letras minúsculas, sem ponto e sem o S do plural.

Emprego do ponto de exclamação
De um modo geral, serve para marcar frases exclamativas.

Ex.: Não faça isso, meu filho!
Puxa! Como você é irônico!

Emprego do ponto de interrogação
Serve para marcar as frases interrogativas, nas interrogações diretas.

Ex.: Quem disse isso? (interrogação direta)
Mas: Ignoro quem disse isso. (interrogação indireta)

Emprego do travessão
1) Para destacar uma palavra ou frase.

Ex.: "Uma palavra – liberdade – te converte em escravo."

2) Para destacar nos diálogos mudança de interlocutor.

Ex.: – Posso falar-te agora?
– Aguarde só um momento.

Emprego de parênteses
Via de regra, servem para acrescentar frases, orações, expressões de valor acessório; ficam, pois, intercalados no período.

Ex.: Chegaram-se a nós algumas pessoas (será que podemos chamá-las assim?) que nos deixaram bastante confusos.

Exercícios

477) Assinale o erro de pontuação.

a) Íamos, muitas vezes, ao circo.
b) Os garotos, admirados, riam muito.
c) Apesar da chuva, fomos visitar o tio.
d) Eu, realmente preciso chegar lá.
e) Você quer colaborar com nossa campanha?

478) Assinale a alternativa sem erro de pontuação.

a) Depois do almoço, os jovens disseram, que se fosse possível, estudariam na biblioteca.
b) Depois do almoço os jovens, disseram, que, se fosse possível, estudariam, na biblioteca.
c) Depois do almoço os jovens disseram que, se fosse possível estudariam na biblioteca.
d) Depois do almoço, os jovens disseram que, se fosse possível, estudariam na biblioteca.
e) Depois do almoço os jovens disseram, que se fosse possível, estudariam na biblioteca.

479) Está certa a pontuação da frase:

a) Quê! Você não entendeu!?
b) Como você está Cristóvão?
c) Perguntou-lhe animado, como vai você?
d) Olhe bem Paulo, o que temos aqui!
e) Todos esperavam, que houvesse uma solução.

480) Está errada a pontuação em:

a) Recolheu as provas, saindo a seguir.
b) Se permitirem, voltarei.
c) Rio de Janeiro, 8 de junho de 1984.
d) Carla prima, de Lurdes, está aí.
e) Na tabuleta, lia-se: "Proibido entrada de estranhos."

481) Na frase: "Antigamente, apesar das poucas escolas, as crianças eram mais interessadas, fato que não me admira", temos:

a) uma vírgula mal colocada
b) nenhum erro de pontuação
c) duas vírgulas mal colocadas
d) a ausência de uma vírgula
e) a ausência de duas vírgulas

184 ■ Série Impetus Concursos — *Português para Concursos*

482) Trabalhou o dia todo; estava pois cansado.
   a) Faltam duas vírgulas
   b) Está mal usado o ponto-e-vírgula
   c) Falta um vírgula
   d) Falta ponto de exclamação
   e) A expressão **o dia todo** deveria estar entre vírgulas

483) Não está perfeita a pontuação da frase:
   a) D. Lúcia, pode fazer-me um favor?
   b) Cuidado, garoto.
   c) Não foram suas palavras que me convenceram: foi sua vida de realizações.
   d) Puxa! Você está mesmo com sono!
   e) Vi, naquela praia, uma mulher doente.

484) (B.BRASIL) "Os textos são bons e entre outras coisas demonstram que há criatividade." Cabem NO MÁXIMO:
   a) 3 vírgulas
   b) 4 vírgulas
   c) 2 vírgulas
   d) 1 vírgula
   e) 5 vírgulas

485) (UFPR) Na oração "Pássaro e lesma, o homem oscila entre o desejo de voar e o desejo de arrastar", Gustavo Corção empregou a vírgula:
   a) por tratar-se de antítese
   b) para indicar a elipse de um termo
   c) para separar vocativo
   d) para separar uma oração adjetiva de valor restritivo
   e) para separar aposto

486) (TTN) Das redações abaixo, assinale a que não está pontuada corretamente:
   a) Os candidatos, aguardavam ansiosos, em fila, o resultado do concurso.
   b) Em fila, os candidatos aguardavam, ansiosos, o resultado do concurso.
   c) Ansiosos, os candidatos aguardavam, em fila, o resultado do concurso.
   d) Os candidatos ansiosos aguardavam o resultado do concurso, em fila.
   e) Os candidatos, em fila, aguardavam ansiosos o resultado do concurso.

Renato Aquino ■ **185**

487) (FUVEST-SP) Assinale a alternativa em que o texto esteja pontuado corretamente.

a) "Matias, cônego honorário e pregador efetivo, estava compondo um sermão quando começou o idílio psíquico."

b) "Matias cônego honorário, e pregador efetivo estava compondo um sermão quando começou o idílio psíquico."

c) "Matias, cônego honorário e pregador efetivo estava compondo um sermão quando começou o idílio psíquico."

d) "Matias cônego honorário e pregador efetivo, estava compondo um sermão, quando, começou, o idílio psíquico."

e) "Matias, cônego honorário e, pregador efetivo, estava compondo um sermão quando começou o idílio psíquico."

488) (TRT-ES) Assinale a opção que substitui corretamente os números por vírgulas.

Para concluir (1) já que estamos falando em futuro (2) importa ressaltar que (3) o futuro não acontece espontaneamente (4) nem é mero fruto da tecnologia.

a) 1 – 2 – 3 – 4

b) 1 – 2 – 3

c) 1 – 2 – 4

d) 2 – 4

e) 3 – 4

489) (AFC) Marque o texto onde os sinais de pontuação _não_ foram adequadamente empregados.

a) A Educação de Adultos, tal como tem sido formulada – principalmente nos países subdesenvolvidos –, não objetiva necessariamente ser um programa aberto e de ofertas educacionais crescentemente expandidas e diversificadas para toda a população considerada cronologicamente adulta.

b) Esta leitura, porém, diz pouco.

c) E ao exprimir-se essa insuficiência, coloca-se a questão da necessidade de uma reflexão mais ampla sobre seu significado, ou seja, compreender o que está por trás dessa aparente simplicidade de apreensão do sentido, exclusivamente etário.

d) A Educação de Adultos, apreendida como uma categoria educacional genérica que tem a marca etária como seu traço identificatório é uma primeira leitura; que pode ser produzida a partir de sua nomenclatura.

e) O seu modo de operar – atendimento preferencial àquelas camadas sociais historicamente marginalizadas dos benefícios sociais, econômicos e culturais de sua sociedade – determina formas de intervenção educacional.

(Helena Lewin, com adaptações)

186 ■ Série Impetus Concursos — *Português para Concursos*

490) (TRT-ES) Assinale a opção que apresenta pontuação correta.

a) Assim como, a miséria foi sendo construída com a indiferença, frente à exclusão e à destruição das pessoas, a negação da miséria começa a se realizar, com a prática cotidiana, ampla e generosa da solidariedade.

b) Assim como a miséria, foi sendo construída, com a indiferença, frente à exclusão e à destruição, das pessoas, a negação da miséria começa a se realizar, com a prática cotidiana, ampla e generosa da solidariedade.

c) Assim como a miséria, foi sendo construída com a indiferença, frente à exclusão e à destruição das pessoas a negação da miséria começa a se realizar, com a prática cotidiana, ampla e generosa da solidariedade.

d) Assim, como a miséria foi sendo construída, com a indiferença frente à exclusão e à destruição das pessoas a negação da miséria, começa a se realizar com a prática cotidiana ampla e generosa da solidariedade.

e) Assim como a miséria foi sendo construída com a indiferença frente à exclusão e à destruição das pessoas, a negação da miséria começa a se realizar com a prática cotidiana, ampla e generosa da solidariedade.

(Herbert de Souza, com adaptações)

491) (P.G.REPÚBLICA) Assinale o segmento pontuado com correção.

a) Para solucionar os problemas, é preciso, antes, ter vontade de fazê-lo.

b) Para solucionar os problemas é preciso antes, ter vontade de fazê-lo.

c) Para solucionar os problemas – é preciso antes ter vontade de fazê-lo.

d) Para solucionar, os problemas, é preciso, antes, ter vontade de fazê-lo.

e) Para solucionar os problemas, é preciso antes, ter vontade de fazê-lo.

492) (T.JUST.-RJ) "No campo da educação, o brasileiro caiu na real. (1.1) O que justifica a utilização da vírgula nesse período é:

a) a linguagem figurada do primeiro termo

b) a inversão de termos da frase

c) a separação de orações

d) a repetição de termos

e) o vocativo

493) (TALCRIM) *Policarpo Quaresma, cidadão brasileiro, funcionário público...* **(1.1-2). A justificativa para o emprego de vírgulas no trecho destacado é:**

a) a intercalação de um adjunto adverbial

b) o destaque do aposto

c) a divisão de termos da mesma função

d) a separação de orações

e) a presença de um vocativo

494) (S.E.POL.CIVIL) "No Rio de Janeiro, uma senhora dirigia seu automóvel com o filho ao lado." Que outra formulação dessa frase apresenta erro de pontuação?

a) Uma senhora, no Rio de Janeiro, dirigia seu automóvel com o filho ao lado.

b) Uma senhora dirigia seu automóvel, no Rio de Janeiro, com o filho ao lado.

c) Uma senhora dirigia seu automóvel com o filho ao lado, no Rio de Janeiro.

d) No Rio de Janeiro, uma senhora, com o filho ao lado, dirigia seu automóvel.

e) Uma senhora, dirigia seu automóvel no Rio de Janeiro, com o filho ao lado.

495) (TTN) Marque o texto onde ocorre *erro* de pontuação.

a) Os estabelecimentos fundados por portugueses, lá pelos anos de 1618, começavam no Pará, quase sob o Equador, e terminavam em Cananeia, além do trópico.

b) Entre uma e outra capitania havia longos espaços desertos, de dezenas de léguas de extensão. A população de língua europeia, cabia folgadamente em cinco algarismos.

c) A camada ínfima da população era formada por escravos, filhos da terra, africanos e seus descendentes.

d) Os filhos da terra eram menos numerosos pela pouca densidade originária da população indígena, pelos grandes êxodos que os afastaram da costa, pelas constantes epidemias que os dizimaram, pelos embaraços, nem sempre inúteis, opostos ao seu escravizamento.

e) Acima desta população, sem terra e sem liberdade, seguiam-se os portugueses de nascimento ou origem, sem terra, porém livres: feitores, mestres-de-açúcar, oficiais mecânicos, vivendo dos seus salários ou do feitio de obras encomendadas.

(Capistrano de Abreu com adaptações)

496) (I.N.CÂNCER) "... em que, periodicamente, se cultuava ao deus Apolo."; qual a justificativa do emprego das vírgulas desse segmento?

a) separar o vocativo

b) indicar um aposto

c) separar elementos de mesma função sintática

d) destacar um elemento sintático deslocado

e) separar orações

497) (FUVEST-SP) Assinale a alternativa em que o texto esteja corretamente pontuado.

a) "Enquanto eu fazia comigo mesmo aquela reflexão, entrou na loja um sujeito baixo sem chapéu trazendo pela mão, uma menina de quatro anos."

b) "Enquanto eu fazia comigo mesmo aquela reflexão, entrou na loja, um sujeito, baixo, sem chapéu, trazendo pela mão, uma menina de quatro anos."

c) "Enquanto eu fazia comigo mesmo aquela reflexão, entrou na loja um sujeito baixo, sem chapéu, trazendo pela mão uma menina de quatro anos."

d) "Enquanto eu, fazia comigo mesmo, aquela reflexão, entrou na loja um sujeito baixo sem chapéu, trazendo pela mão uma menina de quatro anos."

e) "Enquanto eu fazia comigo mesmo, aquela reflexão, entrou na loja, um sujeito baixo, sem chapéu trazendo, pela mão, uma menina de quatro anos."

188 ■ Série Impetus Concursos — *Português para Concursos*

498) (TFC-RJ) Assinale o período corretamente pontuado.

a) Os carros modernos são feitos com chapas bastante flexíveis, que, num efeito sanfona, amortecem os choques nos acidentes.

b) Os carros modernos, são feitos com chapas bastante flexíveis que, num efeito sanfona, amortecem os choques nos acidentes.

c) Os carros modernos são feitos com chapas bastante flexíveis, que num efeito sanfona, amortecem os choques nos acidentes.

d) Os carros modernos são feitos, com chapas bastante flexíveis, que, num efeito sanfona, amortecem os choques nos acidentes.

e) Os carros modernos são feitos com chapas bastante flexíveis que num efeito sanfona, amortecem os choques nos acidentes.

A

APÊNDICE

APÊNDICE

⇨ Emprego de certas palavras

⇨ Emprego de iniciais maiúsculas

⇨ Plural dos compostos

⇨ Plural com metafonia

⇨ Emprego do hífen

⇨ Vícios de linguagem

⇨ Estrutura das palavras

⇨ Formação das palavras

⇨ A palavra SE

⇨ A palavra QUE

⇨ Estilística

⇨ Outros exercícios

APÊNDICE I

EMPREGO DE CERTAS PALAVRAS

■ Por que, por quê, porque, porquê

1) Usa-se **POR QUE**:
   ▷ Quando significa "por que motivo", no início ou no meio da frase. É advérbio interrogativo de causa.
   > **Ex.:** **Por que** você faltou?
   > Não me disseram **por que** ele estava lá.

   ▷ Quando significa "pelo qual" e flexões. É preposição mais pronome relativo.
   > **Ex.:** Chegou o dia **por que** eu tanto esperava.

   ▷ Quando a oração que ele inicia pode ser trocada por ISTO. Trata-se da preposição mais a conjunção integrante.
   > **Ex.:** Ele anseia **por que** todos sejam felizes.

2) Usa-se **POR QUÊ** quando significa "por que motivo", mas somente em final de frase.
   > **Ex.:** Chegaste agora **por quê**?

3) Usa-se **PORQUE** quando significa "pois" ou "para que." É conjunção.
   > **Ex.:** Chegou tarde **porque** perdeu o ônibus.
   > Trabalhou a noite toda **porque** as dúvidas fossem tiradas.

4) Usa-se **PORQUÊ** quando se trata de substantivo. Vem acompanhado de um determinante (artigo, pronome adjetivo etc.)
   > **Ex.:** Eis o **porquê** da questão.

■ Mau, mal

1) Usa-se **MAU** quando pode ser trocado por **BOM**. É adjetivo.
   Ex.:   Obtivemos um **mau** resultado.

2) Usa-se **MAL**:

   ⇨ Quando pode ser trocado por **BEM**. É advérbio ou substantivo.
      Ex.:   Ela fala **mal**.
                 Não há **mal** que sempre dure.

   ⇨ Quando pode ser trocado por **QUANDO**. É conjunção temporal.
      Ex.:   **Mal** a prova acabou, todos saíram.

   ⇨ Quando pode ser trocado por **DIFICILMENTE, A CUSTO**.
      Ex.:   Estava tão fraco, que **mal** podia caminhar.

■ Mais, mas

1) Usa-se **MAIS** quando pode ser trocado por **MENOS**. É advérbio ou pronome.
   Ex.:   Ela é **mais** alta que a irmã.
              Tenho **mais** livros que você.

2) Usa-se **MAS** quando pode ser trocado por **PORÉM** ou **COMO**. É conjunção.
   Ex.:   Correu muito, **mas** não se cansou.
              Não só estuda, **mas** também trabalha.

■ Acerca de, a cerca de, há cerca de

1) Usa-se **ACERCA DE** quando significa **SOBRE, A RESPEITO DE**.
   Ex.:   Não falava **acerca de** futebol.

2) Usa-se **A CERCA DE** quando há ideia de aproximação. **CERCA DE** quer dizer **APROXIMADAMENTE**.
   Ex.:   Ele ficou **a cerca de** cem metros.

3) Usa-se **HÁ CERCA DE** com o sentido de tempo decorrido e aproximado.
   Ex.:   Marcos voltou **há cerca de** um ano.

   Obs.: **Há** pode significar **existem**.
        Ex.:   **Há cerca de** cem pessoas ali.

■ Este, esse, aquele

1) Usa-se **ESTE** quando o objeto ou a pessoa se encontra junto da pessoa que fala.
   Ex.:   Pedro, **este** livro é seu. (o livro está na mão do falante)

2) Usa-se **ESSE** quando o objeto está com a pessoa a quem o falante se dirige.
   Ex.:   Pedro, **esse** livro é seu. (o livro está com Pedro)

3) Usa-se **AQUELE** quando o objeto está longe das duas pessoas que conversam.
   Ex.:   Pedro, **aquele** livro é seu. (o livro está longe dos dois)

Quando o problema é temporal, leva-se em conta também essa maior ou menor aproximação.

> **Ex.:**   Não quero preocupar-me com este ano. (o ano em que se encontra o falante)
> Nesse ano, nós nos conhecemos. (um ano um pouco afastado)
> Aquele ano não me sai da memória. (um ano bem afastado)

Pode-se usar **ESTE** ou **AQUELE** quando se quer fazer referência a termos expressos anteriormente, dependendo então do afastamento.

> **Ex.:**   Encontrei Carlos e João chorando. **Este**, porque foi reprovado; **aquele**, por ter perdido o material. (**este = João; aquele = Carlos**)

Obs.: **ISTO**, **ISSO** e **AQUILO** seguem o emprego de **ESTE, ESSE, AQUELE.**

4) Usa-se **ESSE (ou isso)** em relação a coisas passadas no texto (emprego anafórico); usa-se **ESTE (ou isto)** em relação a coisas que virão adiante (emprego catafórico).
   Ex.:   Paulo ofendeu o chefe. Esse foi um ato infeliz.
   Este foi um ato infeliz: Paulo ofendeu o chefe.

■ Se não, senão

1) Usa-se **SE NÃO**:
   ⇨ Quando o **SE** equivale a **caso**. Inicia oração condicional.
      Ex.:   Volte cedo, **se não** quiser apanhar.

   ⇨ Quando equivale a **OU**. Nesse caso, o verbo estará subentendido.
      Ex.:   Trarei dois livros, **se não** três. (ou três; se não trouxer três)

2) Usa-se **SENÃO**:
   ⇨ Quando significa **DO CONTRÁRIO**.
      Ex.:   Fale alto, **senão** ninguém ouvirá. (do contrário...)

Obs.: Se mudarmos a pontuação, aparecerá **SE NÃO**: Fale alto, **se não**, ninguém ouvirá. (se não falar...)

   ⇨ Quando significa **MAS SIM, PORÉM**.
      Ex.:   O que eu trouxe não era gasolina, **senão** querosene.

Exercícios

499) O erro no emprego de PORQUE está na opção:
a) Veja porque ele gritou.
b) Por que você não veio?
c) Chorou porque perdeu o brinquedo.
d) Ignoro por que ela sumiu.
e) Não sei por quê.

500) Eis a razão .... te chamei. Diga-me .... está com medo.
a) porque, porque
b) porque, por que
c) por que, por que
d) porquê, por que
e) por que, por quê

501) Está correta a frase:
a) Ele te chamou por que?
b) Todos ansiamos por que ela volte logo.
c) Carlos caiu por que foi empurrado.
d) Finalmente farei o concurso porque tanto esperava.
e) Porque você não fica?

502) Houve erro no emprego de MAU/MAL na alternativa:
a) Não era um mau sujeito.
b) Ele mau ouve as coisas que fala.
c) Passamos mal ali.
d) Não seja mau, menino.
e) Ele fala mal.

503) Só está correta a frase:
a) Você não é mal.
b) Mal cheguei, fui para o quarto.
c) Não fale mau de ninguém.
d) Minha colega escreve mau.
e) Tem um mal caráter.

504) Assinale a frase em que se usou indevidamente uma palavra.
a) Falavam a cerca de política.
b) Ele ficou a cerca de cem metros.
c) Corri, mas não fiquei cansado.
d) Corri mais que você.
e) A maledicência é um grande mal.

505) Há uma palavra usada indevidamente na opção:
a) Este lápis perto de você é o meu?
b) Não vou ao churrasco, porque não como carne.
c) Conversaremos acerca de sua promoção.
d) Ontem fez mau tempo.
e) Eis o porquê da questão.

506) (FUVEST-SP) Assinale a frase gramaticalmente correta.
a) Não sei por que discutimos.
b) Ele não veio por que estava doente.
c) Mas porque não veio ontem?
d) Não respondi porquê não sabia.
e) Eis o porque da minha viagem.

507) (UM-SP) Assinale a alternativa que apresenta erro quanto ao emprego do _porquê_.
a) Não sei por que as cousas ocultam tanto mistério.
b) Os poetas traduzem o sentido das cousas sem dizer por quê.
c) Eis o motivo porque os meus sentidos aprenderam sozinhos: as cousas têm existência.
d) Por que os filósofos pensam que as cousas sejam o que parecem ser?
e) Os homens indagam o porquê das estranhezas das cousas.

APÊNDICE II

EMPREGO DAS INICIAIS

■ Emprego das iniciais maiúsculas

1) Nos substantivos próprios de um modo geral.
   Ex.: Paulo, Luciana, Sousa, Ceará, Deus, Via-Láctea, Afrodite etc.

2) Nos nomes de vias públicas; é emprego facultativo.
   Ex.: Mora na Rua Cisplatina. (ou rua)
   Trabalhamos na Avenida Itaoca. (ou avenida)

3) No princípio de uma citação direta ou de um período.
   Ex.: Disse Jesus: "Amai-vos uns aos outros como eu vos amei."
   A criança voltou sorrindo.

4) Nos nomes de épocas notáveis e eras históricas.
   Ex.: Idade Média, Antiguidade Clássica, Era Atômica etc.

5) Nos pronomes e expressões de tratamento, com exceção de **você**.
   Ex.: Vossa Excelência, Sua Senhoria, Meritíssimo, Ilustríssimo Senhor.

Obs.:Também com maiúsculas as abreviaturas: V. Exª, V. S^{a} etc.

6) Nas expressões que designam altos postos, dignidades ou cargos.
   Ex.: Presidente da República, Papa, Governador do Estado, Ministro da
   Educação etc.

   Admitem-se as minúsculas.
   Ex.: presidente da República.

Obs.: Tomadas em sentido amplo, sem designar alguém em especial, grafam-se
   com minúscula.
   Ex.: O Brasil teve muitos presidentes.
   Ele conheceu vários papas.

7) Nos títulos de livros, jornais, revistas, produções artísticas, literárias ou científicas.
   Ex.: Gramática do Português Contemporâneo, Jornal do Brasil, Revista Filológica, Gioconda etc.

8) Nos nomes de instituições de ensino, científicas, religiosas, políticas etc.
   Ex.: Instituto de Educação, Faculdade de Filosofia, Academia de Ciências, Grupo Espírita Anália Franco, Organização das Nações Unidas etc.

9) Nos nomes dos pontos cardeais, quando designam regiões.
   Ex.: Os povos do Oriente. As nações do Leste etc.

10) Nos nomes de festas religiosas.
    Ex.: o Natal, a Páscoa etc.

11) Nos nomes que designam atos das autoridades da República, quando seguidos do numeral correspondente.
    Ex.: O Decreto n° 108, a Portaria de 28 de abril, o Regulamento n° 215 etc.

12) Na palavra **país** ou sinônimos quando aparecem no lugar do nome próprio correspondente.
    Ex.: O País espera muito de nós. (= o Brasil).

■ Emprego das iniciais minúsculas

1) Nos nomes dos meses, dos dias da semana e das estações do ano.
   Ex.: março, sábado, primavera.

2) Nos nomes dos pontos cardeais, quando designam direções ou limites geográficos.
   Ex.: Percorri o país de norte a sul.

3) Nos nomes de festas pagãs ou populares.
   Ex.: carnaval, entrudo etc.

4) Nos nomes de acidentes geográficos.
   Ex.: baía de Guanabara, oceano Atlântico, rio Amazonas etc.

Exercícios

508) **Assinale a frase com erro no emprego ou não da inicial maiúscula.**
- a) Estávamos na Idade Média.
- b) Estamos chegando a Outubro.
- c) Vi Lindolfo chorando.
- d) Aprecio muito O Guarani, de Carlos Gomes.
- e) O amor de Deus nos empurra para a frente.

509) **Estudou a Revolução francesa. Nós nos conhecemos no Natal. Aqui está o Presidente da República.**
Quanto ao emprego das iniciais maiúsculas, temos:
- a) dois erros
- b) nenhum erro
- c) três erros
- d) um erro
- e) quatro erros

510) **Aponte o erro no uso da inicial maiúscula.**
- a) Não respeitaram o Acordo Luso-Brasileiro.
- b) Comemorávamos o Sete de Setembro.
- c) Comprou a transfiguração, de Rafael.
- d) Foi grande estudioso do Romantismo.
- e) A Antiguidade Clássica legou-nos grandes obras.

511) **Aponte o erro no uso da inicial maiúscula.**
- a) Vamos à Rua do Ouvidor.
- b) Trabalha na Casa da Moeda.
- c) Sabia tudo sobre a queda da Bastilha.
- d) Lecionava no Colégio Pedro II.
- e) Em janeiro, começarei meu curso de francês.

512) **Só não há erro no emprego da maiúscula na alternativa:**
- a) Ele conversará com Vossa Majestade.
- b) Isso pertence ao tesouro Nacional.
- c) O estado irá garantir a paz.
- d) Em Roma, visitou o coliseu.
- e) Fiz uma prova sobre a Inconfidência mineira.

513) Aponte o erro no emprego da inicial maiúscula.

a) Estávamos na páscoa.

b) O Buda foi um exemplo de virtude.

c) Não perdia um número da Revista da Semana.

d) Você sabe quem foi Frederico, o Grande?

e) Não queria saber de carnaval.

514) (TCU) Escolha a opção _correta_ quanto ao emprego das letras maiúsculas e minúsculas.

a) Para deliberar, torna-se necessário conhecer a situação econômico-financeira de cada estado.

b) Este ano, a Receita Federal aumentará consideravelmente.

c) Esta decisão apoia-se no Direito adquirido previamente.

d) De acordo com a teoria estruturalista da administração esta medida faz muito sentido.

APÊNDICE III

PLURAL DOS COMPOSTOS

■ Os dois elementos variam

Nos compostos formados por substantivo mais palavra variável (adjetivo, substantivo, numeral ou pronome).

Ex.: guarda-noturno – guardas-noturnos
gentil-homem – gentis-homens
quarta-feira – quartas-feiras
meio-fio – meios-fios
couve-flor – couves-flores

■ Só o primeiro varia

1) Nos compostos em que haja preposição, clara ou oculta.
Ex.: água-de-colônia – águas-de-colônia
grão-de-bico – grãos-de-bico
cavalo-vapor – cavalos-vapor (de ou a vapor)

2) Nos compostos formados por substantivos, quando o segundo determina o primeiro (ideia de fim ou semelhança).
Ex.: manga-rosa – mangas-rosa (semelhante a rosa)
navio-escola – navios-escola (para escola)
salário-família – salários-família (para família)

Obs.: Alguns autores admitem, no português atual, a flexão dos dois elementos. É uma questão polêmica.

■ Somente o último varia

1) Nos compostos formados por adjetivos.

Ex.:   luso-brasileiro   –   luso-brasileiros

Exceção: surdo-mudo   –   surdos-mudos

2) Nos compostos formados pelas formas adjetivas GRÃO, GRÃ e BEL.

Ex.:   grão-prior   –   grão-priores
grã-cruz   –   grã-cruzes
bel-prazer   –   bel-prazeres

3) Nos compostos formados de verbo ou elemento invariável (advérbio, interjeição, prefixo etc.) mais substantivo ou adjetivo.

Ex.:   beija-flor   –   beija-flores
sempre-viva   –   sempre-vivas
vice-diretor   –   vice-diretores
ave-maria   –   ave-marias

4) Nos compostos formados por elementos onomatopaicos ou palavras repetidas.

Ex.:   reco-reco   –   reco-recos
tique-taque   –   tique-taques
bem-te-vi   –   bem-te-vis

Obs.: Tratando-se de verbo repetido, admite-se também colocar os dois elementos no plural.

Ex.:   pisca-piscas ou piscas-piscas

■ Nenhum elemento varia

1) Nos compostos de verbo e palavra invariável.

Ex.:   o ganha-pouco   –   os ganha-pouco
o pisa-mansinho   –   os pisa-mansinho
o cola-tudo   –   os cola-tudo

2) Nos compostos de verbos de sentido oposto.

Ex.:   o perde-ganha   –   os perde-ganha

3) Nas frases substantivas, que se grafam sem hífen.
Ex.: o bumba meu boi – os bumba meu boi
o disse me disse – os disse me disse

■ Observações

1) Arco-íris, louva-a-deus, sem-vergonha e sem-terra são invariáveis.
Ex.: o louva-a-deus – os louva-a-deus
o arco-íris – os arco-íris
o sem-vergonha – os sem-vergonha
o sem-terra – os sem-terra

2) Admitem mais de um plural:
Ex.: padre-nosso – padres-nossos ou padre-nossos
pai-nosso – pais-nossos ou pai-nossos
salvo-conduto – salvos-condutos ou salvo-condutos
fruta-pão – frutas-pães ou frutas-pão
xeque-mate – xeques-mates ou xeques-mate
guarda-marinha – guardas-marinhas ou guardas-marinha

3) Casos especiais:
Ex.: o bem-me-quer – os bem-me-queres
o joão-ninguém – os joões-ninguém
o lugar-tenente – os lugar-tenentes
o mapa-múndi – os mapas-múndi

■ Plural das cores

1) Quando o composto é formado por dois adjetivos, o segundo varia.
Ex.: camisas verde-escuras
blusas azul-claras

Exceções: azul-marinho e azul-celeste, que são invariáveis.
Ex.: camisas azul-marinho
roupas azul-celeste

Obs.: Se o composto for usado como substantivo, os dois elementos variam.

Ex.: os verdes-claros, os azuis-marinhos

2) Quando o composto é formado por adjetivo e substantivo ou vice-versa, nenhum elemento varia.

Ex.: calças amarelo-canário
gravatas verde-garrafa
paletós cinza-claro

Obs.: Sendo o composto usado como substantivo, os dois elementos se flexionam.

Ex.: os cinzas-claros, os verdes-garrafas

3) Se a cor for representada por uma única palavra, esta irá ao plural se for um adjetivo; sendo substantivo, ficará no singular.

Ex.: camisas cinzentas
camisas cinza

Observação final:

Ultravioleta e infravioleta são invariáveis. Infravermelho e ultravermelho flexionam-se em número e gênero.

Ex.: raios ultravioleta, radiações infravermelhas

Exercícios

515) Marque o erro na formação do plural.
a) arranha-céus
b) pedras-sabão
c) teco-tecos
d) laranja-limas
e) terças-feiras

516) Há erro de plural em:
a) couves-flores
b) grãos-de-bico
c) anglo-germânicos
d) primeiros-ministros
e) quebras-molas

517) Aponte o erro na formação do plural.
a) bem-te-vis
b) alto-relevos
c) sempre-vivas
d) mulas sem cabeça
e) gentis-homens

518) Assinale o único vocábulo composto que não possui plural.
a) sem-vergonha
b) pisca-pisca
c) rubro-negro
d) meio-fio
e) altar-mor

519) Assinale o nome composto que se flexiona em número.
a) cola-tudo
b) arco-íris
c) joão-ninguém
d) vai-volta
e) bumba meu boi

Renato Aquino ■ 205

520) Coloque C (certo) ou E (errado) para o plural dos compostos e anote a opção adequada.
( ) os bem-me-queres
( ) os surdos-mudos
( ) os fora-da-lei
( ) as aves-marias

a) C, C, E, C
b) E, C, E, C
c) C, E, C, E
d) E, E, C, E
e) C, C, C, E

521) Marque o erro de plural.

a) pés de moleque
b) pombos-correio
c) homens-rã
d) beija-flores
e) pisa-mansinhos

522) Só está correto o plural em:

a) altos-falantes
b) lusos-brasileiros
c) salários-família
d) decreto-leis
e) águas-marinha

523) Coloque C (certo) ou E (errado) e anote a alternativa correspondente.
( ) os pingue-pongues
( ) os lança-perfumes
( ) as vitória-régias
( ) os tique-taque

a) C, C, E, E
b) C, E, C, E
c) E, C, C, E
d) E, C, E, C
e) C, E, E, C

524) Assinale o erro de plural.

a) guardas-civis
b) guardas-florestais
c) guardas-municipais
d) guardas-chuvas
e) guarda-roupas

525) Só não admite mais de um plural a palavra:

a) salvo-conduto
b) guarda-marinha
c) lugar-tenente
d) pai-nosso
e) fruta-pão

206 ■ Série Impetus Concursos — *Português para Concursos*

526) (T.JUD.-CORREG.) "... as causas da inexistência dessa *matéria-prima*..."
As palavras compostas de substantivo + adjetivo ou vice-versa fazem o plural nos dois elementos, já que o adjetivo concorda com o substantivo. Dessa forma, o plural da palavra grifada na frase do texto é "matérias-primas". Das palavras abaixo, aquela que segue esta mesma regra para o plural é:

a) pronto-socorro

b) guarda-chuva

c) alto-falante

d) navio-vapor

e) tico-tico

527) (TALCRIM) A alternativa que apresenta a palavra com a forma de plural igual à do substantivo *tupi-guarani* é:

a) guarda-chuva

b) pão de ló

c) corre-corre

d) segunda-feira

e) pé de moleque

528) (ITA-SP) O plural de *terno azul-claro, terno verde-mar* é, respectivamente:

a) ternos azuis-claros, ternos verdes-mares

b) ternos azuis-claros, ternos verde-mares

c) ternos azul-claro, ternos verde-mar

d) ternos azul-claros, ternos verde-mar

e) ternos azuis-claro, ternos verde-mar

529) (UM-SP) Assinale a alternativa em que a flexão do substantivo composto está errada.

a) os pés-de-chumbo

b) os corre-corre

c) as públicas-formas

d) os cavalos-vapor

e) os vaivéns

530) (UFRJ) Qual o plural de *pão de ló*?

a) pães de ló

b) pãos de ló

c) pão de lós

d) pães de lós

e) pãos de lós

APÊNDICE IV

PLURAL COM METAFONIA

Algumas palavras, que no singular têm o "o" fechado, passam a ter, no plural, o "o" aberto. Eis algumas importantes:

Singular (ô)	Plural (ó)
coro	coros
corvo	corvos
destroço	destroços
forno	fornos
fosso	fossos
poço	poços
porco	porcos
rogo	rogos
troco	trocos

Já outras conservam o timbre fechado da vogal, ou seja, não têm plural com metafonia. Eis algumas que convém memorizar:

Singular (ô)	Plural (ô)
adorno	adornos
arroto	arrotos
bolso	bolsos
endosso	endossos
esgoto	esgotos
estojo	estojos
globo	globos
gosto	gostos
gozo	gozos
toldo	toldos
transtorno	transtornos

Obs.: Se a palavra for feminina, manterá o timbre fechado.

Ex.: boda (ô) – bodas (ô)

poça (ô) – poças (ô)

APÊNDICE V

EMPREGO DO HÍFEN

1) Em substantivos ou adjetivos compostos por justaposição.
   Ex.: guarda-chuva, azul-marinho

Obs.: Não se usa hífen nos compostos que têm algum elemento de ligação, a menos que sejam do campo da botânica ou da zoologia.
   Ex.: pé de moleque, mula sem cabeça, jardim de inverno
   Mas: joão-de-barro, coco-da-baía, abelha-da-terra

Exceções: água-de-colônia, arco-da-velha, cor-de-rosa, mais-que-perfeito, pé-de--meia

2) Em formas verbais com o pronome enclítico ou mesoclítico.
   Ex.: chamá-lo, vendê-lo-ei

3) Em palavras com prefixos ou falsos prefixos (radicais gregos ou latinos sem uso independente no português). Por razões didáticas, usaremos apenas a palavra **prefixo**.

Prefixos terminados por vogal

aero, agro, ante, anti, arqui, auto, bi, bio, contra, eletro, extra, fono, geo, hidro, infra, intra, retro, lipo, macro, mega, micro, mini, mono, multi, neo, penta, pluri, poli, proto, pseudo, retro, semi, sobre, supra, tele, tetra, tri, ultra etc.

Exigem hífen:

a) diante de h.
   Ex.: arqui-hipérbole, auto-hipnose, neo-helênico, semi-histórico, tri--hídrico.

b) diante da mesma vogal com que terminam.
   Ex.: auto-observação, contra-ataque, micro-ondas, anti-inflamatório

210 ■ Série Impetus Concursos — *Português para Concursos*

Não admitem hífen:

a) diante de consoante que não seja **h**; no caso de **r** ou **s**, dobram-se essas letras.
   Ex.: antedatar, anticárie, hidromassagem, sobreloja; autorretrato, ultrarrealismo, contrassenha, suprassumo

b) diante de vogal diferente daquela com que eles terminam.
   Ex.: antiaéreo, infraestrutura, microeconomia

Prefixos terminados por consoante

Aqui é necessário estudar os prefixos por grupos. Vejamos.

1) Prefixos inter, super e hiper: antes de h ou r.
   Ex.: super-homem, inter-resistente

2) Prefixos circum e pan: antes de h, vogal, m ou n.
   Ex.: circum-hospitalar, circum-murado, pan-americano, pan-negritude

3) Prefixo mal: antes de h, vogal ou l.
   Ex.: mal-humorado, mal-entendido, mal-limpo

4) Prefixos ab, ob, sob e sub: antes de h, b ou r.
   Ex.: ab-rogar, ob-repção, sob-roda, sub-reptício, sub-bibliotecário, sub--humano (variante: subumano).

5) Prefixo ad: antes de h, d ou r.
   Ex.: ad-rogar

6) Prefixos bem e sem: sempre com hífen.
   Ex.: sem-vergonha, sem-teto, bem-vindo, bem-estar

Observações:

a) Verificar se **sem** atua realmente como prefixo.
   Ex.: Há um sem-número de erros na questão.
   Mas: Era um imóvel sem número.

b) Às vezes, **bem** se une sem hífen à palavra seguinte, passando então a **ben**: benquisto, benfazer, benfazejo, benfeito, benfeitor, benfeitoria, benquerer, benquerença, benquerente. Também se escreve bem-querer, bem-querença e bem-querente.

■ Casos especiais

1) Co, re, pre, pro, des e in não admitem hífen.
   Ex.: reeditar, coautor, preestabelecer, propor, desumano, inabitado

2) Pré, pró e pós, quando acentuados, exigem hífen.
   Ex.:   pré-vestibular, pró-europeu, pós-operatório

3) Além, aquém e recém exigem hífen.
   Ex.:   além-túmulo, aquém-fronteira, recém-casado
   Obs.: Alentejo, região de Portugal, grafa-se sem hífen. Também seu derivado, alentejano.

4) Vice, vizo, ex (o que não é mais), sota e soto exigem hífen.
   Ex.:   vice-diretor, vizo-rei (português antigo), ex-prefeito, sota-proa, soto--ministro

5) No caso da sufixação, emprega-se o hífen para separar os sufixos **açu**, **guaçu** e **mirim**, de origem tupi-guarani, sempre que a palavra inicial terminar em vogal acentuada ou quando houver exigência da pronúncia; na realidade, são adjetivos usados como sufixos.
   Ex.:   andá-açu, amoré-guaçu, anajá-mirim, capim-açu

■ Observação final

Há expressões que podem vir ou não com hífen. Observe bem se se trata de um nome composto, quando então aparecerá o hífen.

   Ex.:   Ele tem uma cabra cega.
   Vamos brincar de cabra-cega. (nome de um jogo)
   Há dois pontos de ônibus nessa rua.
   Não utilizei dois-pontos na frase. (nome de um sinal de pontuação)
   Faz-me bem estar aqui com vocês.
   Lutava pelo bem-estar da família. (ou seja, o conforto)

Exercícios

531) Em que palavra foi mal empregado o hífen?

a) arqui-inimigo

b) infra-estrutura

c) pré-escolar

d) sub-bibliotecário

e) ab-rogar

532) Assinale a única palavra em que se usou corretamente o hífen.

a) pan-teísmo

b) ex-prefeito

c) proto-língua

d) poli-sílabo

e) sobre-carga

533) Está correto o emprego do hífen em:

a) ultra-romântico

b) supra-hepático

c) semi-soma

d) sub-locar

e) micro-biologia

534) A única palavra sem erro de hífen é:

a) sub-solo

b) ultra-liberal

c) extra-escolar

d) anteontem

e) semi-nu

535) Assinale o item em que as duas palavras estejam corretas quanto ao emprego do hífen.

a) reaver, auto-disciplina

b) uni-direcional, protolíngua

c) extraterreno, sub-reino

d) supracitado, superrevista

e) sobreloja, anti-aéreo

536) Só não se cometeu erro no emprego do hífen em:

a) intra-muscular

b) inter-americano

c) pan-crônico

d) bi-campeão

e) eletro-ótica

213

537) Coloque nos parênteses C (para _com hífen_) e S (para _sem hífen_).

Depois, escolha a opção adequada.

( ) **contra almirante**
( ) **circum hospitalar**
( ) **pan eslavismo**
( ) **bem aventurado**
( ) **des crer**

a) C, C, C, S, S
b) C, C, S, C, C
c) S, C, C, C, S
d) C, C, C, C, S
e) S, C, S, C, C

538) Assinale a frase com erro de hífen.

a) Ele comeu o bom-bocado.
b) Eles brincavam de cabra-cega.
c) Carlos é bem-humorado.
d) Paulo sempre foi um sem vergonha.
e) Ele não empregou ponto e vírgula.

539) Assinale o erro no emprego do hífen.

a) inter-resistente
b) coaluno
c) sobressair
d) micro-organismo
e) pseudo-sábio.

540) Só está correta a palavra:

a) infra-som
b) antisocial
c) autodidata
d) super-aquecida
e) extra-ordinário

541) Assinale a alternativa em que todas as palavras estão corretas quanto ao hífen.

a) arqui-inimigo – pré-militar – intracraniano
b) circum-adjacente – recém-nascido – pseudo-esfera
c) micro-cosmo – semideus – sub-base
d) infra-assinado – hiper-mercado – mini-série
e) supra-sumo – vice-reitor – anti-higiênico

214 ■ Série Impetus Concursos — *Português para Concursos*

542) **(T.JUST.-RJ) Qual a correta justificativa de empregar-se hífen nos vocábulos "*sexta-feira*" e "*meio-dia*"?**

a) para unir elementos dos substantivos compostos, em que se mantém a noção de composição;

b) para unir elementos dos adjetivos compostos;

c) para unir ao verbo e entre si os pronomes átonos enclíticos e mesoclíticos;

d) por exigência da pronúncia;

e) para indicar a formação de um vocábulo indicativo de tempo.

543) **(S.E.POL.CIVIL) *Segunda-feira* aparece grafado com hífen no texto. Que palavra destacada a seguir deve ser grafada sem hífen?**

a) Tratado **luso-brasileiro**.

b) Um **sem-número** de problemas

c) Candidato a **deputado-federal**.

d) O **tenente-coronel** foi eleito.

e) O **abaixo-assinado** foi enviado.

APÊNDICE VI

VÍCIOS DE LINGUAGEM

É o nome genérico de qualquer desvio da norma gramatical. Entre os principais vícios de linguagem, podemos colocar:

■ Barbarismo

É o desvio na grafia, na pronúncia ou na flexão de uma palavra. O barbarismo pode ser:

1) *Cacografia*: é a má grafia ou má flexão de uma palavra.
   Ex.: flexa – em vez de flecha
   deteu – em vez de deteve

2) *Cacoépia*: é o erro de pronúncia.
   Ex.: marvado – em vez de malvado

3) *Silabada*: é o erro de pronúncia no que toca à colocação do acento tônico de uma palavra.
   Ex.: púdico – em vez de pudico

Obs.: Também é considerado barbarismo o emprego desnecessário de palavras estrangeiras na língua, quando elas já foram aportuguesadas.
   Ex.: garage – em vez de garagem

■ Solecismo

É qualquer erro de sintaxe. Pode ser:

1) *de concordância.*
   Ex.: Haviam muitos erros – em vez de Havia muitos erros.

2) *de regência.*
   Ex.: Assistimos o filme – em vez de Assistimos ao filme.

3) *de colocação.*
   Ex.: Escreverei-te logo – em vez de Escrever-te-ei logo.

■ Ambiguidade ou anfibologia

É o duplo sentido que ocorre em função da má construção da frase.

> **Ex.:** Carlos disse ao colega que seu irmão morreu. (irmão de Carlos ou do colega?)

■ Cacofonia

Som estranho, ridículo, que surge da união de sílabas diferentes, pela proximidade de duas palavras.

> **Ex.:** Ela tinha (latinha)

Quando o som é indelicado ou até obsceno, recebe o nome especial de cacófato.

> **Ex.:** Ele nunca ganha.

Obs.: O eco, repetição de uma vogal formando rima, pode ser considerado um tipo de cacofonia.

> **Ex.:** O irmão do alemão prendeu a mão no fogão.

■ Pleonasmo vicioso ou redundância

É a repetição desnecessária de uma ideia.

> **Ex.:** Descer para baixo
> Hemorragia de sangue

■ Neologismo

Emprego de palavras que ainda não passaram oficialmente para o corpo do idioma.

> **Ex.:** Ele era um pseudomonstro.

■ Estrangeirismo

Emprego desnecessário de palavras de outra língua.

> **Ex.:** Gostei de seu novo look.

Exercícios

544) Em "Não pense nunca isso", temos um vício de linguagem conhecido como:
- a) barbarismo
- b) cacofonia
- c) solecismo
- d) pleonasmo
- e) ambiguidade

545) Em "Espera-se melhores resultados", temos exemplo de:
- a) anfibologia
- b) barbarismo
- c) eco
- d) cacófato
- e) solecismo

546) Uma frase com duplo sentido é exemplo de:
- a) solecismo
- b) hiato
- c) cacofonia
- d) ambiguidade
- e) eco

547) Ao pronunciarmos _rúbrica_ em vez de _rubrica_, cometemos um _erro_ conhecido como:
- a) silabada
- b) pleonasmo
- c) estrangeirismo
- d) solecismo
- e) cacofonia

548) A cacografia (má grafia de uma palavra) é um tipo de:
- a) hibridismo
- b) anfibologia
- c) barbarismo
- d) eco
- e) hiato

549) José quer café, não é? O vício de linguagem desta frase é:
- a) barbarismo
- b) solecismo
- c) eco
- d) cacófato
- e) pleonasmo

550) Assinale a frase com cacofonia.
- a) Ninguém viu aquilo.
- b) Carla está enferma.
- c) Nosso hino é lindo.
- d) Quero a verdade.
- e) Nós o trouxemos ontem.

218 ■ Série Impetus Concursos — *Português para Concursos*

551) O uso da expressão "prêt-à-porter" é exemplo de um vício de linguagem chamado:
a) cacófato
b) eco
c) hibridismo
d) estrangeirismo
e) solecismo

552) Os erros de regência podem ser incluídos entre:
a) os barbarismos
b) os hiatos
c) os solecismos
d) os hibridismos
e) os cacófatos

553) Em "Assustou-se com a hemorragia de sangue", temos exemplo de:
a) pleonasmo vicioso
b) hibridismo
c) barbarismo
d) anfibologia
e) hiato

554) (CÂM.DEP.) "Informamos-lhe de que a moção que os sindicalistas proporam é objeto da mais cuidadosa análise."
Do ponto de vista estilístico, a estrutura apresenta:
a) pleonasmo, barbarismo, preciosismo.
b) solecismo, pleonasmo, barbarismo.
c) cacofonia, preciosismo, pleonasmo.
d) preciosismo, barbarismo, cacofonia.
e) solecismo, cacofonia, pleonasmo.

555) (I.N.CÂNCER) O duplo sentido é muito comum nos textos de propaganda. Indique a frase a seguir em que _não_ ocorre um duplo sentido.
a) Compre nossos pneus e não fique na lona!
b) Ninguém fica frio com os cobertores Primavera!
c) Classificados de O Globo: palavra que vende!
d) Príncipe veste hoje o homem de amanhã!
e) Neste açougue a carne não é fraca!

556) (COR.GERAL-RJ) As palavras _hits_ e _big-bang_ são exemplos de:
a) nelogismos
b) estrangeirismos
c) sinônimos
d) arcaísmos
e) regionalismos

APÊNDICE VII

ESTRUTURA DAS PALAVRAS

As palavras possuem, via de regra, elementos significativos, que chamaremos de MORFEMAS

Poderíamos dividir, por exemplo, a palavra VENDÊSSEMOS da seguinte forma: VEND-Ê-SSE-MOS. Portanto, a palavra possui quatro morfemas. Sabemos que é uma flexão do verbo **vender**, pois possui o seu radical: **vend**; é da segunda conjugação, porque tem a vogal temática **e**; trata-se do imperfeito do subjuntivo, pois apresenta a desinência modo-temporal **sse**; finalmente, sabemos que está na primeira pessoa do plural, porque traz a desinência número-pessoal correspondente: **mos**.

Assim explicado, estudemos todos os morfemas possíveis.

■ Radical

É o elemento que encerra a significação básica da família de palavras. É, portanto, o que se repete nas palavras de um mesmo grupo linguístico.

		pedr	a
		pedr	eira
		pedr	ada
Ex.:	em	pedr	ar
		petr	ificar

O elemento **pedr** é o radical de todas essas palavras. Elas constituem uma família de palavras, ou palavras cognatas.

Às vezes, o radical (ou outro morfema qualquer) apresenta variantes, que recebem o nome de **alomorfes**. É o que ocorre na última palavra: **petr**, ou seja, um alomorfe do radical.

■ Afixos

São elementos que se unem ao radical para criar novas palavras. Podem ser:

1) *Prefixos*: antes do radical.

Ex.: **in**feliz, **des**crer, **bis**neto, **re**fazer

2) *Sufixos*: depois do radical.

Ex.: bel**eza**, pedr**ada**, am**or**, cheir**oso**, cas**inha**, laranj**al**, cozinh**eiro**

■ Vogal temática

É a vogal que se une ao radical, constituindo com ele o **tema** da palavra

Ex.: casar

vogal temática: a

tema: casa

A vogal temática pode ser:

1) *Nominal*: quando se liga ao nome. Há três vogais temáticas nominais: A, E, O, quando átonas e no final da palavra.

Ex.: folh**a**, pont**e**, bol**o**

Obs.: Se forem tônicas, farão parte do radical; da mesma forma, se se trata das vogais **I** e **U**.

Ex.: **café, cajá, cipó, táxi, bônus**
       R   **R**   **R**   **R**   **R**

2) *Verbal*: quando se liga ao radical de um verbo. Caracteriza as conjugações verbais. Portanto, são três: **A, E, I**.

Ex.: cant**a**r, beb**e**r, part**i**r

Quando conjugamos o verbo, a vogal temática geralmente se mantém.

Ex.: cant**a**mos, beb**e**rei, part**i**am

Também podem conservar-se em nomes derivados de verbos.

Ex.: salv**a**ção (de salvar), cas**a**mento (de casar)

Há casos em que a vogal temática aparece alterada (alomorfe da vogal temática). São eles:

1) No pretérito perfeito, 1ª conjugação, 1ª e 3ª pessoas do singular: **A** passa para **E**; **A** passa para **O**.

Ex.: am**e**i, am**o**u

2) No pretérito imperfeito, 2ª conjugação, todas as pessoas: **E** passa para **I**.

Ex.: vend**i**a, vend**i**as, vend**i**a, vend**í**amos, vend**í**eis, vend**i**am

3) No presente do indicativo, 3ª conjugação, 2ª e 3ª pessoas do singular e 3ª pessoa do plural: **I** passa para **E**.
Ex.: part**e**s, part**e**, part**e**m

4) No particípio, 2ª conjugação: **E** passa para **I**.
Ex.: vend**i**do

Importante:

Alterada ou não, a vogal que aparece depois do radical é a vogal temática.

Isso não ocorre em dois casos:
1) Na primeira pessoa do singular do presente do indicativo: O (desinência número-pessoal).
Ex.: and**o**, fal**o**, brinc**o**, ponh**o**

2) Em todo o presente do subjuntivo: A ou E (desinência modo-temporal)
Ex.: beb**a**, queir**a**, volt**e**, estud**e**

Por isso se diz que o presente do subjuntivo é atemático, ou seja, não tem vogal temática.

■ Desinências

São elementos que indicam a flexão da palavra. Podem ser:

1) *Nominais:* quando se unem aos nomes, flexionando-os em gênero e número. São as letras A (para o gênero) e S (para o número).
Ex.: menin**a** (A – desinência nominal de gênero)

livro**s** (S – desinência nominal de número)

Obs.: Para alguns autores, o O do substantivo ou adjetivo também é desinência de gênero, desde que haja oposição entre masculino e feminino. No entanto, há uma tendência maior, hoje em dia, a classificar aquele O como vogal temática.
Ex.: lob**o** – lob**a**
O – vogal temática (ou desinência de gênero)
A – desinência de gênero

Nota: Em palavras como **mares, flores** etc., a letra E pode ser classificada como vogal temática, e o S desinência de número. Para alguns, no entanto, ES é a desinência de número.

222 ■ Série Impetus Concursos — *Português para Concursos*

2) *Verbais*: unem-se aos verbos, flexionando-os em número, pessoa, tempo e modo. Assim temos:

a) *Desinências número-pessoais*: as que aparecem depois das desinências modo-temporais (quando estas existem) e indicam o número e a pessoa do verbo. São as seguintes:

> 1ª pessoa do singular: o, i (cant**o**, ame**i**)
> 2ª pessoa do singular: s, ste, es (anda**s**, parti**ste**, cantar**es**)
> 3ª pessoa do singular: u (choro**u**)
> 1ª pessoa do plural: mos (louva**mos**)
> 2ª pessoa do plural: is, stes, des (fal**ais**, volta**stes**, olhar**des**)
> 3ª pessoa do plural: m, ram, em, o (vend**em**, compra**ram**, gritar**em**, pedirã**o**).

Obs.: Na primeira e na terceira pessoas do singular, geralmente a desinência é zero (Ø).

b) *Desinências modo-temporais*: as que aparecem depois da vogal temática, quando esta existe, e se repetem em todas as pessoas, salvo os casos de alomorfia.

São as seguintes:

> Presente do indicativo: não há. (Ø).
> Pretérito perfeito: não há. (Ø).
> Pretérito imperfeito: VA, VE (1ª conj.); A, E (2ª e 3ª conjugações)
> Pretérito mais-que-perfeito: RA, RE (átonas)
> Futuro do presente: RA, RE (tônicas)
> Futuro do pretérito: RIA, RIE
> Presente do subjuntivo: E (1ª conj.); A (2ª e 3ª conjugações)
> Imperfeito do subjuntivo: SSE
> Futuro do subjuntivo: R
> Infinitivo: R
> Gerúndio: NDO
> Particípio: D, S, T.

Exemplos

fal-o	volt-a-va	cheg-a-r
fal-a-s	volt-a-va-s	cheg-a-r-es
fal-a	volt-a-va	cheg-a-r
fal-a-mos	volt-á-va-mos	cheg-a-r-mos
fal-a-is	volt-á-ve-is	cheg-a-r-des
fal-a-m	volt-a-va-m	cheg-a-r-em

Observe que, no primeiro exemplo, não há desinência modo-temporal (presente do indicativo). No segundo e no terceiro, o elemento que se repete depois da vogal temática é a desinência modo-temporal (VA, VE e R). No final, alternando-se, aparecem as desinências número-pessoais.

Finalmente, cabe aqui lembrar que as desinências do pretérito perfeito (i, ste, u, mos, stes, ram) são número-pessoais. Alguns autores as consideram acumulativas, isto é, ao mesmo tempo número-pessoais e modo-temporais. Errado é classificá-las somente como modo-temporais.

■ Vogal e consoante de ligação

São elementos sem valor significativo que ligam dois outros morfemas, facilitando a pronúncia.

Ex.: gasômetro, alvinegro, pontiagudo, cafezinho, paulada, cafeteira

Vistos, dessa forma, os morfemas, relacionamos abaixo os principais prefixos gregos e latinos que possuem significação idêntica. Eis o quadro, que convém memorizar:

Gregos	Latinos	Significação	Exemplos
a, an	des, in	negação	anemia, descrer
anfi	ambi	duplicidade	anfíbio, ambidestro
anti	contra	posição contrária	antiaéreo, contrapor
apó	ab, abs	afastamento	apogeu, abdicar
cata	de	para baixo	catacumba, depenar
di	bi, bis	duas vezes	digrama, biforme
diá, meta	trans	através; mudança	diâmetro, metamorfose, transformação
endo	intra	interno; para dentro	endovenoso, intramuros
epi	super, sobre	posição acima	epígrafe, superfície
eu	bene	bem, bom	eufonia, benefício
hemi	semi	metade	hemisfério, semideus
hiper	super, sobre	excesso	hipertenso, superfino
hipo	sub	posição abaixo	hipótese, subterrâneo
para	ad	proximidade	paralela, adnominal
peri, anfi	circum	em torno de	perímetro, circunver
poli	multi, pluri	multiplicidade	polícromo, multiforme
pro	ante, pre	posição anterior	prólogo, prefácio
sin	cum	reunião	sinfonia, condomínio

Principais sufixos

GREGOS

⇨ IA: ciência, técnica. (Geometria, Geologia, Astronomia)

⇨ ISMO, ISTA: seita, doutrina. (socialismo, socialista)

⇨ ISTA: profissão. (dentista, pianista)

⇨ ITE: inflamação. (otite, pleurite)

⇨ IZ(AR): ação causadora. (formalizar, realizar)

⇨ OSE: doença. (esclerose, tuberculose)

⇨ TÉRIO: lugar. (necrotério, batistério)

LATINOS

⇨ ADA: ação ou resultado de ação. (paulada, facada)

⇨ ADA: coleção. (boiada, papelada)

⇨ AGEM: coleção. (folhagem, ramagem)

⇨ AL: coleção. (bananal, laranjal)

⇨ ANO, ÃO: naturalidade. (americano, romano, serrano, vilão)

⇨ ÃO, ARÃO, ALHÃO: aumentativo (caldeirão, casarão, grandalhão)

⇨ DADE: qualidade, estado. (lealdade, raridade)

⇨ DOURO: lugar. (bebedouro, babadouro)

⇨ EC(ER): ação que principia. (anoitecer, escurecer)

⇨ EJ(AR): ação que se repete. (gotejar, apedrejar)

⇨ ENSE, ÊS: naturalidade. (cearense, português)

⇨ EZ, EZA: qualidade, estado. (nobreza, palidez)

⇨ MENTE: modo. (facilmente, corajosamente)

⇨ OR: agente. (pintor, cantor)

⇨ UDO: cheio de. (peludo, barbudo)

Exercícios

557) Em _louvássemos,_ a desinência modo-temporal é:
a) mos
b) a
c) louv
d) sse
e) va

558) Em qual palavra abaixo se destacou a vogal temática?
a) vendiAm
b) continUam
c) corrEndo
d) andO
e) falastE

559) Em _deslealdade,_ o morfema _dade_ é:
a) sufixo
b) radical
c) prefixo
d) desinência
e) um pedaço do radical

560) Análise correta da palavra _cafezal_:
a) caf – radical
b) l – sufixo
c) z – consoante de ligação
d) e – vogal temática
e) ezal – sufixo

561) Assinale a palavra que possui prefixo e sufixo.
a) descrer
b) ilegalmente
c) amoroso
d) árvore
e) impor

562) Em _andou_ o morfema _o_ é:
a) vogal de ligação
b) desinência número-pessoal
c) desinência modo-temporal
d) sufixo verbal
e) alomorfe da vogal temática

563) Qual a desinência modo-temporal de _comprarmos_?
a) a
b) mos
c) o segundo r
d) ar
e) s

226 ■ Série Impetus Concursos — *Português para Concursos*

564) Form*oso*, moç*a*, perc*o*. Os elementos destacados são, respectivamente:

a) sufixo, vogal temática, vogal temática

b) desinência nominal, desinência nominal, desinência número-pessoal

c) sufixo, desinência nominal, desinência número-pessoal

d) desinência número-pessoal, vogal temática, desinência número-pessoal

e) sufixo, sufixo, vogal temática

565) Assinale a palavra com vogal temática.

a) fez

b) quero

c) bebamos

d) olhei

e) cantemos

566) Qual palavra abaixo possui vogal de ligação?

a) pintor

b) folhagem

c) reizinho

d) realidade

e) caju

567) Na palavra lob*o*, o elemento mórfico destacado é:

a) vogal temática

b) desinência de número

c) vogal de ligação

d) desinência número-pessoal

e) parte do radical

568) Aponte a palavra com prefixo.

a) pobreza

b) secular

c) marinho

d) amor

e) transandino

569) Assinale o item em que se destacou o radical da palavra.

a) FALaremos

b) caMInhamos

c) PUXARAM

d) DEIXAVas

e) SEGUIam

570) Em sai*a*mos, o elemento destacado é:

a) vogal temática

b) vogal de ligação

c) parte do radical

d) desinência modo-temporal

e) sufixo verbal

571) Só não há vogal temática na palavra:

a) casamento

b) salvação

c) folha

d) cipó

e) pente

Renato Aquino ■ 227

572) **(EPCAR) Não há correspondência de sentido entre os prefixos gregos e latinos na opção:**
a) **anfi**teatro – **circun**ferência
b) **anti**aéreo – **contra**torpedeiro
c) **eu**caristia – **bene**mérito
d) **hipó**tese – **sobre**loja
e) **diá**fano – **trans**parente

573) **(EPCAR) Não há correspondência de sentido entre os prefixos gregos e latinos na alternativa:**
a) hipo e sub
b) hiper e ultra
c) para e justa
d) epi e super
e) anti e pro

574) **(T.JUST.-RJ) Qual das palavras abaixo _não_ possui um sufixo?**
a) educação
b) brasileiro
c) remédio
d) social
e) sociedade

575) **(FATEC-SP) Nas palavras _poliglota_, _tecnocracia_, _acrópole_, _demagogo_ e _geografia_ encontramos elementos gregos que têm as seguintes significações, respectivamente:**
a) garganta, ciência, cidade, conduzo, terra
b) língua, governo, civilização, enganar, terra
c) muitas, deus, alto, povo, planeta
d) língua, governo, alto, povo, terra
e) muitas, poder, cidade, diabo, tratado

576) **(T.JUST.-RJ) Assinale a palavra abaixo que não inclui, de algum modo, um radical grego em sua formação.**
a) crônica
b) política
c) tragicômico
d) patologia
e) fastígio

577) **(T.JUST.-RJ) _Silicose_ é um vocábulo que apresenta o sufixo _ose_ indicativo de doença. Em que palavra abaixo esse mesmo sufixo tem valor diferente?**
a) trombose
b) tuberculose
c) dermatose
d) diagnose
e) psicose

578) **(T.JUST.-RJ) Que palavra abaixo apresenta uma classificação errada do elemento estrutural em destaque?**
a) criminal(i)dade – vogal de ligação
b) adequad(a)mente – vogal temática

228 ■ Série Impetus Concursos — *Português para Concursos*

c) convulsiv(a) – desinência de gênero
d) estru(i)ndo – vogal temática
e) cegu(eira) – sufixo

579) (CÂM.MUN.-RIO) Na palavra *consenso* (1.1), o prefixo *con-* tem valor de *companhia, concomitância*. Indique o item em que o valor semântico do prefixo destacado está incorretamente dado.
a) **ambi**destro – duplicidade
b) **cis**andino – posição aquém
c) **em**beber – movimento para fora
d) **intra**muscular – posição interior
e) **pro**gredir – movimento para frente

580) (T.JUST.-RJ) Na palavra "*supostamente*", como deve ser classificado o elemento morfológico *a*, em termos diacrônicos?
a) desinência de gênero
b) vogal temática
c) desinência de número
d) sufixo
e) desinência modo-temporal

581) (TALCRIM) O termo *redefinição* é estruturalmente formado por:
a) prefixo – radical – vogal temática – sufixo
b) radical – sufixo – vogal temática – sufixo
c) prefixo – radical – sufixo
d) radical – vogal de ligação – sufixo
e) prefixo – radical – vogal de ligação – desinência

582) (TALCRIM) A alternativa que tem uma palavra com significado idêntico ao elemento *poli*, na palavra *polissintetismo*, é:
a) polimorfismo
b) politização
c) impolido
d) politicalha
e) policiamento

583) (FUVEST-SP) As palavras: adivinhar – adivinho – adivinhação têm a mesma raiz, por isso são cognatas. Assinalar a alternativa em que *não* ocorrem três cognatos.
a) alguém – algo – algum
b) ler – leitura – lição
c) ensinar – ensino – ensinamento
d) candura – cândido – incandescência
e) viver – vida – vidente

> **APÊNDICE**
> **VIII**

FORMAÇÃO
DAS PALAVRAS

1) *Simples*: é a palavra que possui apenas um radical.
   Ex.: mar, florista, beleza

2) *Composta*: é aquela que possui mais de um radical.
   Ex.: beija-flor, passatempo

3) *Primitiva*: é aquela que não se formou de nenhuma outra palavra.
   Ex.: pedra, bola, doce

4) *Derivada*: é aquela que se formou de uma outra, geralmente por meio de um afixo.
   Ex.: pedreira, bolada, docinho

■ Derivação

1) *Prefixal*: por meio de um prefixo.
   Ex.: **in**feliz, **re**por

2) *Sufixal*: por meio de um sufixo.
   Ex.: leal**dade**, pint**or**

3) *Prefixal e sufixal*: por meio de prefixo e sufixo.
   Ex.: **in**feliz**mente**, **des**leal**dade**

4) *Parassintética*: por meio de um prefixo e um sufixo colocados ao mesmo tempo; não se pode retirar nem um nem outro.
   Ex.: empobr**ecer**, **des**alm**ado** (não existe empobre, pobrecer, desalma, almado)

5) *Regressiva*: quando há uma diminuição da palavra; geralmente, trata-se de substantivos derivados de verbos, por isso mesmo dizendo-se também derivação deverbal.
   Ex.: luta (de lutar), ajuste (de ajustar), canto (de cantar)

230 ■ Série Impetus Concursos — *Português para Concursos*

Podemos também citar as palavras **sarampo** (de sarampão), **gajo** (de gajão) e **boteco** (de botequim).

Obs.: Se o substantivo designa um objeto, é ele a palavra primitiva.

Ex.: âncora – ancorar (ancorar: derivado por sufixação)

martelo – martelar (martelar: derivado por sufixação)

■ Composição

1) *Por justaposição*: quando não há perda ou acréscimo de fonemas nos elementos que compõem a palavra. A acentuação de cada um é mantida. Pode haver ou não o hífen.

Ex.: couve-flor, passaporte, girassol, bem-me-quer

2) *Por aglutinação*: quando há alteração fonética em um dos elementos. Jamais haverá hífen. É comum o aparecimento da vogal de ligação **i**.

Ex.: planalto, alvinegro, pontiagudo, embora, petróleo, cabisbaixo

Obs.: A acentuação é única, recaindo no segundo radical.

■ Outros processos

1) *Abreviação*: emprego de parte da palavra, geralmente uma ou duas sílabas.

Ex.: foto, cine, Flu, pólio, pneu

Obs.: Não confundir com abreviatura; esta não é uma palavra, tem geralmente uma sílaba quebrada e termina por um ponto.

Ex.: apart., sr., pág.

2) *Reduplicação ou redobro*: consiste na reduplicação do elemento, geralmente com fins onomatopaicos.

Ex.: reco-reco, zunzum, tique-taque, papai (afetividade)

3) *Conversão ou derivação imprópria*: consiste na mudança da classe ou subclasse de uma palavra.

Ex.: Que triste palavra é um **não**! (de advérbio a substantivo)

O senhor **Nogueira** chegou. (de substantivo comum a próprio)

4) *Hibridismo*: união de elementos provenientes de línguas diferentes. A palavra híbrida pode ser composta ou derivada.

Ex.: sociologia (latim e grego), cosmonauta (grego e latim), automóvel (grego e latim), decímetro (latim e grego), burocracia (francês e grego), abreugrafia (português e grego), caiporismo (tupi e grego)

Exercícios

584) Indique o exemplo de aglutinação.
a) beija-flor
b) saudação
c) reizinho
d) planalto
e) bisneto

585) Assinale a única palavra que não é exemplo de sufixação.
a) boiada
b) compor
c) justiça
d) febril
e) formoso

586) Só não há palavra formada por parassíntese em:
a) ajoelhar
b) expatriado
c) emagrecer
d) enferrujar
e) escurecer

587) Assinale a palavra derivada regressiva.
a) o corte
b) grandeza
c) pedrada
d) o cantar
e) caçador

588) Em _inutilidade_, temos:
a) sufixação
b) prefixação
c) parassíntese
d) aglutinação
e) prefixação e sufixação

589) Aponte o exemplo de justaposição.
a) embora
b) vinagre
c) somente
d) girassol
e) florido

590) Qual palavra não exemplifica o processo de formação conhecido como abreviação?
a) cine
b) moto
c) rato
d) pólio
e) pneu

232 ■ Série Impetus Concursos — *Português para Concursos*

591) Assinale a palavra que não serve como exemplo de hibridismo.
a) biologia
b) televisão
c) sociologia
d) cosmonauta
e) goleiro

592) Relacione as duas colunas e assinale a opção adequada.
1) enjaular
2) maldade
3) teco-teco
4) boquiaberto
5) passaporte
6) super-homem

( ) sufixação
( ) prefixação
( ) aglutinação
( ) parassíntese
( ) justaposição
( ) reduplicação

a) 2, 6, 1, 4, 5, 3
b) 6, 2, 4, 1, 3, 5
c) 2, 6, 4, 1, 5, 3
d) 2, 6, 4, 5, 1, 3
e) 2, 6, 1, 5, 4, 3

593) Só uma palavra abaixo não é híbrida. Aponte-a.
a) automóvel
b) decímetro
c) caiporismo
d) burocracia
e) cronômetro

594) Aponte a palavra primitiva.
a) porta
b) anormal
c) pesqueiro
d) pintor
e) gasoso

595) Só não há aglutinação em:
a) viandante
b) bananal
c) fidalgo
d) petróleo
e) cabisbaixo

596) Na frase: "O <u>sorrir</u> da criança me encanta", a palavra destacada é exemplo de:
a) palavra primitiva
b) sufixação
c) abreviação
d) conversão ou derivação imprópria
e) reduplicação

597) Assinale o item em que todas as palavras são compostas por aglutinação.
a) couve-flor, certeza, planalto
b) manobrar, boquiaberto, pernilongo
c) rubro-negro, gasômetro, histórico
d) busca-pé, desalmado, gozador
e) alvinegro, madrepérola, cisalpino

598) **(B.BRASIL) A palavra "AGUARDENTE" formou-se por:**
a) hibridismo
b) aglutinação
c) justaposição
d) parassíntese
e) derivação regressiva

599) **(AMAN) Que item contém somente palavras formadas por justaposição?**
a) desagradável – completamente
b) vaga-lume – pé-de-cabra
c) encruzilhada – humanidade
d) supersticiosa – valiosas
e) desatarraxou – estremeceu

600) **(FUVEST-SP) Assinalar a alternativa em que a primeira palavra apresenta sufixo formador de advérbio e a segunda, sufixo formador de substantivo:**
a) perfeitamente – varrendo
b) provavelmente – erro
c) lentamente – explicação
d) atrevimento – ignorância
e) proveniente – furtado

601) **(UFMG) Em que alternativa a palavra em destaque resulta de derivação imprópria?**
a) Às sete horas da manhã começou o trabalho principal: a **votação**.
b) Pereirinha estava mesmo com a razão. Sigilo... Voto secreto... **Bobagens**, bobagens!
c) Sem radical **reforma** da lei eleitoral, as eleições continuariam sendo uma farsa!
d) Não chegaram a trocar um **isto** de prosa, e se entenderam.
e) Dr. Osmírio andaria **desorientado**, senão bufando de raiva.

602) **(T.CONTAS-ES) O vocábulo _televisão_ é um _hibridismo_, já que contém elementos de línguas diversas; assinale o item em que o vocábulo dado também pode ser visto como hibridismo.**
a) perfume
b) catálogo
c) burocracia
d) hipopótamo
e) antropófago

603) **(I.N.CÂNCER) A palavra _entoação_ foi formada por:**
a) derivação sufixal
b) deriv. prefixal e sufixal
c) parassíntese
d) aglutinação
e) justaposição

604) **(STJ) O adjetivo _nacional_ é da mesma família de palavras do substantivo _nação_; em que item abaixo uma das palavras citadas não pertence à mesma família das demais?**
a) pensamento – pensativo – impensado – pensante
b) inteiro – integral – integridade – desintegrar
c) pedreira – depredar – pedraria – empedrar
d) trânsito – transeunte – transitório – transitável
e) amor – amado – amante – amável

234 ■ Série Impetus Concursos — *Português para Concursos*

605) **(S.E.POL.CIVIL)** *Tevê* **é uma forma abreviada de** *televisão*; **qual das palavras destacadas a seguir também é uma abreviação?**
a) bom
b) pneu
c) só
d) um
e) caso

606) **(S.E.POL.CIVIL) O vocábulo** *pesquisa* **(1.3) é formado por derivação regressiva; em que item a seguir a palavra destacada é formada por esse mesmo processo?**
a) Houve erros de **previsão** grosseiros.
b) O motivo é **evidente**.
c) O **eleitor** poderia ir à praia.
d) O **estudo** dos resultados mostrou falhas.
e) O **feriado** das eleições foi aproveitado.

607) **(T.JUST.-RJ) Qual o processo de formação de** *"manifesto"* **(1.17)?**
a) derivação prefixal
b) composição por justaposição
c) composição por aglutinação
d) derivação parassintética
e) derivação regressiva

608) **(UNESP) As palavras** *perda*, *corredor* **e** *saca-rolha* **são formadas, respectivamente, por:**
a) derivação regressiva, derivação sufixal, composição por justaposição
b) derivação regressiva, derivação sufixal, derivação parassintética
c) composição por aglutinação, derivação parassintética, derivação regressiva
d) derivação parassintética, composição por justaposição, composição por aglutinação
e) composição por justaposição, composição por aglutinação, derivação prefixal

609) **(T.JUST.-RJ) Que palavra a seguir é formada com a ajuda de um sufixo?**
a) violência
b) mentalidade
c) tranquila
d) proteção
e) calçada

610) **(FUVEST-SP) Assinale a alternativa em que uma das palavras não é formada por prefixação.**
a) readquirir, predestinado, propor
b) irregular, amoral, demover,
c) remeter, conter, antegozar
d) irrestrito, antípoda, prever
e) dever, deter, antever

611) **(TALCRIM) ...... (1.4-5). A denominação do processo de formação de palavras originado da troca de classes, como o que está presente em** *o falar* **e** *o escrever*, **é:**
a) composição por justaposição
b) composição por aglutinação
c) derivação regressiva
d) derivação imprópria
e) hibridismo

APÊNDICE

IX

A PALAVRA SE

■ Partícula apassivadora ou pronome apassivador

Usada com verbos transitivos diretos ou transitivos diretos e indiretos, formando a voz passiva sintética ou pronominal. Admite a mudança para a passiva analítica.

Ex.: Estudou-se a matéria. (a matéria foi estudada)

Obs.: Nesse caso, o que parece ser objeto direto é o sujeito da oração. Cuidado, pois, com a concordância!

Ex.: Leu-se o livro. Leram-se os livros.

■ Símbolo ou índice de indeterminação do sujeito

Usado com verbos que não sejam transitivos diretos, constituindo um caso de sujeito indeterminado. O verbo fica sempre na 3ª pessoa do singular.

Ex.: Necessita-se de leis. (verbo transitivo indireto)
Não se lê mais como antigamente. (verbo intransitivo)
Ficou-se triste. (verbo de ligação)

Obs.: Com verbo transitivo direto, haverá símbolo de indeterminação do sujeito se o objeto estiver preposicionado.

Ex.: Puxou-se da espada. (SE: símbolo de indeterminação do sujeito)
Mas: Puxou-se a espada. (SE: partícula apassivadora)

■ Pronome reflexivo

Usado para formar a voz reflexiva, ou seja, quando o sujeito pratica e sofre a ação verbal. Já que é pronome, tem função sintática. Pode ser:

a) *Sujeito de infinitivo*: com verbo causativo ou sensitivo.

Ex.: Deixou-se ficar na poltrona.

Obs.: Causativos: mandar, deixar, fazer; sensitivos: ver, sentir, ouvir. Nos dois casos, quando seguidos de infinitivo.

236 ■ Série Impetus Concursos — *Português para Concursos*

b) *Objeto* direto.
   Ex.:   Ele se penteou.

c) *Objeto* indireto.
   Ex.:   Aquela moça se atribui muita importância.

■ Conjunção subordinativa condicional
Iniciando uma oração subordinada adverbial condicional. Equivale a CASO.
   Ex.:   Se você permitir, eu me inscreverei.

■ Conjunção subordinativa integrante
Quando inicia oração subordinada substantiva.
   Ex.:   Veja se ele chegou. (Veja ISTO)

■ Parte integrante do verbo
Quando o verbo é conjugado com o pronome, sem que este represente o seu complemento.
   Ex.:   Ele se queixou da prova. (verbo essencialmente pronominal)
            Ele se esqueceu da prova. (verbo acidentalmente pronominal)

■ Partícula expletiva ou de realce
Quando pode ser retirada da frase, sem alterar-lhe o sentido ou a análise. Tem valor enfático, apenas.
   Ex.:   "Vai-se a primeira pomba despertada..."

■ Substantivo
Quando apresenta um determinante qualquer (artigo, pronome etc.)
   Ex.:   O se tem muitas funções.

Obs.: Como substantivo, terá uma função sintática. No exemplo acima, é o núcleo do sujeito.

Exercícios

612) **Assinale a alternativa em que o SE é partícula apassivadora.**
- a) Eles se abraçam.
- b) Fala-se muito.
- c) Via-se bem dali.
- d) Percebe-se tudo.
- e) Veja se a luz voltou.

613) **Em "Ali se fala de muitas coisas", a palavra SE é:**
- a) pronome apassivador
- b) partícula de realce
- c) pronome reflexivo
- d) símbolo de indeterminação do sujeito
- e) parte integrante do verbo

614) **Só não há símbolo de indeterminação do sujeito em:**
- a) Caminhou-se até aqui.
- b) Anseia-se por notícias.
- c) Discutir-se-ia a noite toda.
- d) Anda-se agitado.
- e) Quer-se compreensão.

615) **Se Deus quiser, eu irei.**
- a) conjunção integrante
- b) pronome reflexivo
- c) conjunção condicional
- d) partícula apassivadora
- e) símbolo de indeterminação do sujeito

616) **Assinale a frase em que o SE é pronome reflexivo funcionando como objeto indireto.**
- a) Ela se cortou com o vidro.
- b) Deixou-se levar pela mão.
- c) Queixou-se dos serviços.
- d) Ninguém se dá muito valor.
- e) Ficou-se só.

617) **Se fui aprovado ninguém sabe.**
- a) conjunção condicional
- b) pronome reflexivo
- c) partícula de realce
- d) parte integrante do verbo
- e) conjunção integrante

618) **Vai-se embora sempre que chegamos.**
- a) pronome reflexivo
- b) partícula de realce
- c) conjunção integrante
- d) índice de indeterminação do sujeito
- e) pronome apassivador

238 ■ Série Impetus Concursos — *Português para Concursos*

619) Só não há partícula apassivadora em:
a) Solicita-se calma.
b) Aqui se observam com nitidez as montanhas.
c) Não se obedeceu ao regulamento.
d) Podem-se ver algumas manchas.
e) Não se comentou a sua saída.

620) (UN.UBERLÂNDIA) Classifique o "se" na frase "Ele queixou-se dos maus tratos recebidos."
a) partícula integrante do verbo
b) conjunção condicional
c) pronome apassivador
d) conjunção integrante
e) símbolo de indeterminação do sujeito

621) (EPCAR) O _se_ é símbolo de indeterminação do sujeito na frase:
a) Não se ouvia o sino.
b) Assiste-se a espetáculos degradantes.
c) Alguém se arrogava o direito de gritar.
d) Perdeu-se um cão de estimação.
e) Não mais se falsificará tua assinatura.

622) (EPCAR) O _se_ é pronome apassivador em:
a) Precisa-se de uma secretária.
b) Proibiram-se as saídas.
c) Assim se vai ao fim do mundo.
d) Nada conseguiria, se não fosse esforçado.
e) Eles se propuseram um acordo.

623) (PUC-SP) Nos trechos:
"_Se_ eu convencesse Madalena... _Se_ lhe explicasse..."
"Ouviam-_se_ as pancadas do pêndulo, ouviam-_se_ muito bem..."
a partícula _se_ é, respectivamente:
a) conjunção, pronome apassivador
b) pronome recíproco, conjunção
c) conjunção, índice de indeterminação do sujeito
d) pronome reflexivo, conjunção
e) conjunção, pronome reflexivo

Renato Aquino ■ **239**

624) (T.JUST.-RJ) Na frase "*O médico vê-se estendido no chão; a paciente aproximou-se da mesa.*" o *se* é respectivamente:
a) pronome apassivador e pronome reflexivo
b) expletivo e expletivo
c) pronome apassivador e pronome apassivador
d) pronome reflexivo e pronome apassivador
e) pronome reflexivo e pronome reflexivo.

625) (CÂM.DEP.) "Não SE sabe SE há liberdade absoluta." Os vocábulos em destaque têm, respectivamente, a função de
a) indeterminar o sujeito e estabelecer uma condição à oração principal.
b) auxiliar o verbo na conjugação e estabelecer uma condição à oração principal.
c) indeterminar o sujeito e introduzir oração subordinada substantiva.
d) apassivar o sujeito e estabelecer uma condição à oração principal.
e) apassivar o sujeito e introduzir oração subordinada substantiva.

APÊNDICE X

A PALAVRA QUE

■ Pronome relativo

Quando inicia uma oração subordinada adjetiva. Equivale a **O QUAL** e flexões. Desempenha uma função sintática qualquer.

    Ex.:   O pássaro que pousou naquele galho está ferido.

    Obs.: Para saber qual a função sintática, coloca-se o antecedente em seu lugar. A função que couber ao antecedente é a função do pronome relativo. Na frase do exemplo, depois da transformação, teríamos:

O pássaro pousou naquele galho. Nesse caso, **O pássaro** é o sujeito da oração; logo, a palavra **QUE** atua como sujeito da oração adjetiva.

■ Pronome interrogativo

Usado numa frase interrogativa direta ou indireta. Tem função sintática.

    Ex.:   Que desejas aqui? (objeto direto)

           Que fruta você trouxe? (adjunto adnominal)

■ Pronome indefinido

Em frases exclamativas, sempre unido a um substantivo. É pronome adjetivo, funcionando sempre como adjunto adnominal.

    Ex.:   Que nota baixa!

■ Advérbio de intensidade

Em frases exclamativas, quando modifica um adjetivo. Equivale a QUÃO. Funciona como adjunto adverbial de intensidade.

    Ex.:   Que bela estava a noite!

■ Conjunção subordinativa consecutiva

Quando inicia oração subordinada adverbial consecutiva. Geralmente vem depois de TAL, TÃO, TANTO, TAMANHO.

Ex.: Correu tanto que caiu.

Estava tão triste que chorou.

■ Conjunção subordinativa integrante

Quando inicia oração subordinada substantiva.

Ex.: Espero que ela volte.

■ Conjunção subordinativa causal

Quando inicia oração subordinada adverbial causal. Equivale a **PORQUE**.

Ex.: Não vou à praia que o tempo está feio.

■ Conjunção subordinativa comparativa

Quando inicia oração subordinada adverbial comparativa. Aparece depois de **MAIS, MENOS** etc.

Ex.: Ela é mais alta que o irmão.

■ Conjunção subordinativa concessiva

Quando introduz uma oração subordinada adverbial concessiva. Equivale a **EMBORA**.

Ex.: Errados que estejam, devem ser compreendidos. (embora estejam errados)

■ Conjunção subordinativa final

Quando inicia uma oração subordinada adverbial final. Equivale a **PARA QUE**.

Ex.: Faço votos que alcancem seus objetivos.

■ Conjunção coordenativa explicativa

Quando inicia uma oração coordenada sindética explicativa. Equivale a **POIS** e vem geralmente depois de um verbo no imperativo.

Ex.: Não saia agora, que vai chover.

Ela chorou, que eu vi.

242 ■ Série Impetus Concursos — *Português para Concursos*

■ Conjunção coordenativa adversativa
Quando inicia oração coordenada sindética adversativa. Equivale a **MAS**.

    Ex.:   Diga isso a ele, que não a mim.

■ Interjeição
Com ponto de exclamação e acento circunflexo.

    Ex.:   Quê! Você não viu aquilo?!

■ Preposição acidental
Quando equivale a outra preposição, geralmente **DE**.

    Ex.:   Tenho que sair agora.

■ Partícula expletiva ou de realce
Quando pode ser retirado da frase, sem alterar-lhe o sentido ou a análise.

    Ex.:   Há dois dias que não saio.

Obs.: Às vezes pertence a uma locução expletiva.

    Ex.:   Nós **é que** não iremos.

■ Substantivo
Quando vem determinado por um termo qualquer. Deve ser acentuado e tem função sintática.

    Ex.:   Ela tem um quê especial.

Observações:

1) Quando objeto de referência gramatical, mesmo sendo substantivo, não deve ser acentuado. Há, no entanto, discussões em torno disso.
    Ex.:   Aquele QUE é expletivo. (Nesse caso, o ideal é grifar a palavra)

2) Se representar uma referência à letra, levará acento.
    Ex.:   O quê é a 17ª letra do nosso alfabeto.

Exercícios

626) Em "Os poucos que chegaram foram premiados", a palavra QUE é:
- a) conjunção integrante
- b) substantivo
- c) pronome relativo – sujeito
- d) pronome relativo – objeto direto
- e) pronome indefinido

627) Em "Pediram-me que lesse a ata anterior", a palavra QUE é:
- a) pronome interrogativo
- b) pronome relativo
- c) conjunção integrante
- d) advérbio de intensidade
- e) conjunção causal

628) Em "Chorou tanto que os olhos incharam", a palavra QUE é:
- a) pronome relativo – objeto direto
- b) conjunção causal
- c) conjunção integrante
- d) conjunção consecutiva
- e) pronome relativo – sujeito

629) Só não há pronome relativo na opção:
- a) Era tal seu medo que desmaiou.
- b) Tudo que fiz foi por você.
- c) A história que me contou é dolorosa.
- d) Todos que aqui estão são bem-vindos.
- e) Ali está a fotografia a que me referi.

630) Aponte a frase em que a palavra QUE é conjunção coordenativa explicativa.
- a) Peço que me compreendam.
- b) Que nota baixa!
- c) Pegue as tintas que estão no armário.
- d) Eu é que não irei.
- e) Procurem abrigo, que vem aí uma tempestade.

631) Em "Não me disseram que desejavam ali", a palavra QUE é:
- a) conjunção integrante
- b) pronome interrogativo
- c) pronome relativo
- d) conjunção explicativa
- e) preposição acidental

244 ■ Série Impetus Concursos — *Português para Concursos*

632) Assinale o erro na análise da palavra QUE.
a) Que lindos são aqueles olhos! – advérbio de intensidade
b) Não me agradou o que vi. – pronome relativo
c) Há dias que não o vejo. – partícula expletiva
d) Estávamos certos de que seríamos chamados. – conjunção integrante
e) Ele fala que deixa a gente com sono. – conjunção causal

633) Temos *que* fazer algo *que* resolva o problema. Respectivamente temos:
a) conjunção integrante – pronome relativo
b) preposição acidental – pronome relativo
c) preposição acidental – conjunção integrante
d) preposição acidental – conjunção consecutiva
e) conjunção integrante – conjunção consecutiva

634) Assinale a opção em que a palavra QUE é conjunção coordenativa.
a) Ninguém me avisou que era tarde.
b) Diga isso a outro, que não a ele.
c) Ela percebeu que fora inoportuna.
d) Olhem que cristalinas são as águas da lagoa.
e) Pedi apenas o que achei necessário.

635) Em "Que coisa feia, menino!", a palavra QUE é:
a) advérbio de intensidade
b) pronome indefinido
c) interjeição
d) preposição acidental
e) partícula expletiva

636) Em "Não trabalhamos ontem, que estávamos muito cansados", a palavra QUE é:
a) conjunção coordenativa explicativa
b) conjunção subordinativa integrante
c) pronome relativo
d) conjunção subordinativa causal
e) partícula de realce

637) Em "Triste que ficasse, não deixaria de colaborar", a palavra QUE é:
a) pronome relativo
b) preposição acidental
c) conjunção concessiva
d) conjunção integrante
e) advérbio de intensidade

638) Assinale a oração em que a palavra QUE é conjunção final.
a) Faço sinceros votos que sejam muito felizes.
b) É normal que ajam assim.
c) Disseram coisas que me aborreceram.
d) Estude, garoto, que a prova é amanhã.
e) Eis aí uma coisa em que não acredito.

639) Márcia tinha um _quê_ diferente.
a) conjunção integrante
b) pronome relativo – sujeito
c) substantivo – sujeito
d) pronome relativo – adjunto adnominal
e) substantivo – núcleo do objeto direto

640) Assinale a frase em que a palavra QUE é pronome relativo na função de complemento nominal.
a) É novo o apartamento em que moramos.
b) A prova de que se queixou foi difícil.
c) O idealista que fui não morreu.
d) Escreve poemas que a todos agradam.
e) Tiraram-nos aquilo de que mais tínhamos necessidade.

641) Só não há conjunção integrante em:
a) É certo que desejo seu bem.
b) Solicitaram que viessem todos.
c) O garoto respondeu que estava bem.
d) Seria conveniente que o jogo fosse adiado.
e) Realmente não sabemos que trabalho ela quer fazer.

642) (UFSC) No período "Avistou o pai, que caminhava para a lavoura", a palavra QUE classifica-se morfologicamente como:
a) conjunção subordinativa integrante
b) pronome relativo
c) conjunção subordinativa final
d) partícula expletiva
e) conjunção subordinativa causal

643) (COL.NAV.) Na oração "... João retirou-se, tinha _que_ sair à rua..." a palavra grifada tem o valor de:
a) um pronome relativo
b) uma preposição
c) uma conjunção integrante
d) uma conjunção explicativa
e) uma palavra explicativa

246 ■ Série Impetus Concursos — *Português para Concursos*

644) **(EPCAR) O *que* é pronome interrogativo na frase:**
   a) Os que chegaram atrasados farão prova?
   b) Se não precisas de nós, que vieste fazer aqui?
   c) Quem pode afiançar que seja ele o criminoso?
   d) Teria sido o livro que me prometeste?
   e) Conseguirás tudo que desejas?

645) **(E.T.ARS.MARINHA) "*Que* pena!" Classifica-se a palavra sublinhada como:**
   a) conjunção subordinativa integrante
   b) interjeição
   c) preposição
   d) adjetivo
   e) pronome adjetivo indefinido

APÊNDICE XI

ESTILÍSTICA

Diferentemente da Gramática Normativa, que é rígida por excelência, a Estilística apresenta ao falante variados matizes de construção, visando a maior expressividade e beleza. Pode-se dizer que ela é o estudo dessa expressividade, ora situada no fonema, ora na significação da palavra, ora na disposição da frase. Por isso, podemos falar de estilística fônica, semântica ou sintática.

Ex.: "Vozes veladas, veludosas vozes."

A repetição da consoante **v** é um recurso estilístico fônico, criando expressividade e lembrando o sussurro sugerido pelo verso.

■ Figuras de linguagem

Em Estilística, interessa-nos, em especial, o estudo das figuras, que podem ser:

■ Figuras de sintaxe ou construção

1) Elipse: omissão de um termo facilmente subentendido.
   Ex.: Gosto de você. (eu)
   A moça estava ali, os olhos postos no chão. (com)

2) Zeugma: tipo especial de elipse em que se omite um termo expresso anteriormente, geralmente o verbo.
   Ex.: Luís foi à escola; Marcos, à biblioteca. (foi)

3) Assíndeto: omissão de um conectivo coordenativo, geralmente **e**.
   Ex.: "Vim, vi, venci."

4) Polissíndeto: repetição do concectivo coordenativo (**e** ou **nem**).
   Ex.: "Trabalha, e teima, e lima, e sofre, e sua!"

5) Pleonasmo: repetição enfática de uma ideia ou termo.
   Ex.: "Cheirou os móveis com um nariz experiente."
   A grande ajuda, encontrei-a naquele dia.

Obs.: O pronome **a**, objeto direto pleonástico, é repetição de **A grande ajuda**.

248 ■ Série Impetus Concursos — *Português para Concursos*

6) Anacoluto: quebra da estrutura sintática de que resulta ficar um termo sem função na frase.
Ex.: Eu, pouco me importa esse assunto.

Obs.: O pronome **Eu** não tem função sintática. Se no lugar dele aparecesse **a mim**, teríamos um **pleonasmo**, pois a palavra **me** corresponde a **a mim**: um pode ficar no lugar do outro.

7) Silepse: concordância anormal ou ideológica.

a) De gênero
Ex.: São Paulo é bela. (a concordância é com a ideia: cidade)

b) De número.
Ex.: "Essa gente já terá vindo? Parece que não. Saíram há um bom pedaço." (A concordância se faz com a ideia de plural contida na palavra **gente**.)

c) De pessoa
Ex.: Todos precisamos trabalhar. (Por nos incluirmos na palavra **todos**, que é de 3ª pessoa, o verbo foi à 1ª pessoa.)

8) Hipérbato: mudança da ordem das palavras na frase, ou das orações no período.
Ex.: "Essas, que ao vento vêm, belas chuvas de junho."

9) Anástrofe: tipo especial de inversão entre o termo regente e o termo regido.
Ex.: "Vamos dormir dos astros sob o manto." (sob o manto dos astros)
Chorava da noite na amplidão. (na amplidão da noite)

10) Aliteração: repetição expressiva de um fonema consonantal.
Ex.: "Que a **b**risa do **B**rasil **b**eija e **b**alança."

Obs.: As vezes, a aliteração leva a uma onomatopeia, que é a representação gráfica de um som da natureza ou das coisas.
Ex.: "**R**inge e **r**ange a **r**ígida moenda." (Lembra o barulho da moenda.)

Também há onomatopeia em palavras como tique-taque, tilintar, miau, bum! etc.

11) Anáfora: repetição de um termo no início de cada verso ou frase.
Ex.: Agora preciso ver-te,
Agora desejo amar-te.

Renato Aquino ■ **249**

12) Hipálage: adjetivação de uma palavra em vez de outra.
   Ex.: O voo branco das garças. (As garças é que são brancas)

13) Enálage: uso de um tempo verbal por outro.
   Ex.: Que seria de mim, não fora sua ajuda? (**fora** no lugar de **fosse**)

14) Quiasmo: inversão e repetição de termos, com ou sem alterações.
   Ex.: "... tinha uma pedra no meio do caminho,
   no meio do caminho tinha uma pedra."
   "Uma ilusão gemia em cada canto,
   chorava em cada canto uma saudade."

■ Figuras de palavras (ou tropos)

1) Metáfora: comparação não enunciada em que não aparecem o termo comum nem o conectivo.
   Ex.: Essa menina é uma flor. (bonita como uma flor)
   Teus olhos são duas pérolas. (negros como duas pérolas)

Às vezes, não aparece também o verbo.
   Ex.: "Iracema, a virgem dos lábios de mel..." (doces como o mel)

Nem sempre é fácil perceber a comparação implícita. É o que ocorre no verso "Fecha-se a pálpebra do dia." (Dia não tem pálpebra, e sim os seres vivos. Da mesma maneira que escurece quando se fecham os olhos, escurece quando morre o dia.)
   Obs.: Com o conectivo, temos comparação ou símile.
      Ex.: Ele é forte como um touro.

2) Metonímia: troca de uma palavra por outra, havendo entre elas uma relação real, objetiva. Eis alguns tipos:
   a) Não tenho um **teto** onde morar. (a parte pelo todo)

   b) Gosto de ler **Castro Alves**. (o autor pela obra)

   c) O **homem**, fisicamente falando, é mortal. (o singular pelo plural)

   d) Devemos respeitar a **velhice**. (o abstrato pelo concreto)

   e) Coma outro **prato** antes de sair. (o continente pelo conteúdo)

   f) Ao longe soava o **bronze**. (a matéria pelo objeto)

   Obs.: Alguns tipos de metonímia eram chamados de sinédoque, principalmente com a ideia de diminuição ou aumento. Atualmente, prefere-se a classificação de metonímia.

250 ■ Série Impetus Concursos — *Português para Concursos*

3) Catacrese: uso especial, por analogia, de uma palavra, devido à falta ou desconhecimento do termo apropriado.

Ex.: **dente** de alho
barriga da perna
Leito do rio
Embarcar num avião. (literalmente: entrar num barco)

4) Sinestesia: mistura de sentidos.

Ex.: som colorido (audição e visão)
Cheiro frio (olfato e tato)

5) Perífrase: substituição de um nome por uma expressão que o identifique.

Ex.: Naquela jaula, estava o rei dos animais. (leão)
Ele conheceu o Poeta dos Escravos. (Castro Alves)

Obs.: Alguns autores chamam de **antonomásia** a perífrase que substitui nome próprio.

■ Figuras de pensamento

1) Prosopopeia ou personificação: atribuição a seres inanimados ou a animais de ações próprias do ser humano.

Ex.: Até as flores sorriram para ela.
"Ao longe, o mar na solidão gemendo..."

2) Hipérbole: exagero para valorizar a ideia.

Ex.: "O povo estourava de riso."
"Eu tenho amor maior que o mundo."

3) Eufemismo: suavização de uma ideia desagradável.

Ex.: Você não foi feliz na prova.
Vossa Excelência está faltando com a verdade.

4) Antítese: emprego de palavras ou expressões de sentido contrário.

Ex.: "Como era possível **beleza** e **horror**, **vida** e **morte** harmonizarem-se assim no mesmo quadro?"
"... que recompensa os **bons**, que os **maus** castiga."

5) Apóstrofe: invocação de alguém ou alguma coisa personificada.

Ex.: "Levantai-vos, heróis do novo mundo."
"Deus, ó Deus, onde estás que não respondes?"

6) Gradação: ideias apresentadas em progressão, com aumento ou diminuição da intensidade. Há, pois, dois tipos:

a) Gradação ascendente ou clímax: aumento de intensidade.

Ex.: Ele anda, corre, voa.

b) Gradação descendente ou anticlímax: diminuição de intensidade.

Ex.: "Eu era pobre. Era um subalterno. Era nada."

Exercícios

646) Em "Seus olhos são dois céus em miniatura.", temos:

a) metonímia

b) eufemismo

c) metáfora

d) prosopopeia

e) pleonasmo

647) Professor, sempre o fui.
A figura presente na frase acima é:

a) catacrese

b) pleonasmo

c) anacoluto

d) metáfora

e) eufemismo

648) "Saiba morrer o que viver não soube."
Neste verso do poeta português Bocage, temos um exemplo de:

a) metonímia

b) sinestesia

c) pleonasmo

d) silepse

e) antítese

649) O esforço molhou-lhe o rosto.
Exemplo de:

a) anacoluto

b) elipse

c) metáfora

d) hipérbole

e) metonímia

650) Enterrou um espinho no dedo.
A frase acima exemplifica uma figura de linguagem conhecida como:

a) eufemismo

b) personificação

c) antítese

d) catacrese

e) pleonasmo

651) "Viu povos de mil climas, viu mil raças..."

a) hipérbole

b) silepse de número

c) apóstrofe

d) hipérbato

e) anacoluto

652) **Assinale o exemplo de sinestesia.**
a) O grupo se reuniu após o jantar. Conversavam alegremente.
b) "E oscila, e resvala, e tomba, e morre."
c) Ouvimos um som pesado.
d) Pisou as flores com seus pés enormes.
e) Adoro as maçãs de seu rosto.

653) **Relacione as duas colunas.**
1 – "Levantai-vos, heróis do novo mundo.!"
2 – "Na serpente de seda de teus braços..."
3 – "Boceja a esfinge colossal de pedra."
4 – "Nem tudo tinham os antigos, nem tudo temos os modernos."
( ) silepse de pessoa
( ) prosopopeia
( ) apóstrofe
( ) metáfora
a) 4,2,1,3
b) 4,3,2,1
c) 3,4,1,2
d) 4,3,1,2
e) 2,4,1,3

654) **Marque o exemplo de anacoluto.**
a) "Sofro todo o infinito universal pesar."
b) Minha vida é um livro aberto.
c) Os jardineiros estão destruindo as nossas sombras.
d) As feras, delas quero distância.
e) Passou desta para melhor.

655) **Relacione as duas colunas.**
1 – Havia flores no seu olhar, no seu olhar havia flores.
2 – "Verdes lembranças dos pastos..."
3 – "Volta aos humildes, mas felizes tetos."
4 – Tenho um milhão de coisas para fazer.
( ) hipálage
( ) quiasmo
( ) hipérbole
( ) metonímia
a) 2,1,3,4
b) 2,1,4,3
c) 1,2,4,3
d) 1,2,3,4
e) 3,1,4,2

254 ■ Série Impetus Concursos — *Português para Concursos*

656) Chorou lágrimas de sangue.
A passagem acima exemplifica as figuras:
a) perífrase e enálage
b) prosopopeia e metáfora
c) zeugma e eufemismo
d) pleonasmo e hipérbole
e) catacrese e anástrofe

657) Assinale o erro na identificação da figura.
a) Seus olhos eram belos como diamantes. (símile)
b) "Em tristes sombras morre a formosura, em contínuas tristezas, a alegria." (zeugma)
c) "Rápido o raio rútilo retalha." (aliteração)
d) Se você estivesse lá, ela ficava contente. (enálage)
e) O menino feriu o céu da boca. (prosopopeia)

658) Assinale o erro na identificação da figura.
a) "A vaia amarela dos papagaios
   Rompe o silêncio da despedida." (hipálage)
b) "Vi uma estrela tão alta!
   Vi uma estrela tão fria!
   Vi uma estrela luzindo..." (anáfora)
c) "Ó tu, que vens de longe, ó tu, que vens cansada..." (apóstrofe)
d) "Vinhas fatigada,
   E triste, e triste e fatigado eu vinha." (quiasmo)
e) "O seu filho não lhe faltam noivas." (pleonasmo)

659) "O sol é um sino de ouro que acorda os campos com sua voz dourada."
No trecho acima, pode-se identificar:
a) metonímia, pleonasmo, antítese
b) metáfora, metonímia, sinestesia
c) metáfora, prosopopeia, silepse de gênero
d) perífrase, metonímia, eufemismo
e) símile, hipérbato, sinestesia

660) Assinale o exemplo de antítese.
a) "Dizem que os cariocas somos pouco dados aos jardins públicos."
b) "Lá fora a noite é um pulmão ofegante."
c) "Eu vigio o gado, e ele me vigia a mim."
d) "Residem juntamente no teu peito
   Um demônio que ruge e um deus que chora."
e) "Longe, uma tropa trota pela estrada..."

Renato Aquino ▪ 255

661) Relacione as duas colunas:
1- Seus cabelos de neve eram vistos a distância.
2- "Qual branca vela n'amplidão dos mares."
3- "As estrelas foram chamadas e disseram – aqui estamos."
4- Os objetos estavam ao pé da estátua.
5- "Tu, que da liberdade após a guerra..."
( ) prosopopeia
( ) anástrofe
( ) metáfora
( ) catacrese
( ) metonímia

a) 3,5,1,4,2
b) 3,4,1,5,2
c) 3,5,2,4,1
d) 5,3,1,4,2
e) 2,5,1,4,3

662) (C.BOMB.-RJ) Na oração: Nas horas de inspiração, gosto de cantar Elis Regina. encontramos a seguinte figura de linguagem:

a) eufemismo
b) catacrese
c) metáfora
d) metonímia
e) prosopopeia

663) (PUC-SP) Nos trechos:
"O pavão é um arco-íris de plumas."
e
"... de tudo que ele suscita e esplende e estremece e delira..."
enquanto procedimento estilístico, temos, respectivamente:

a) metáfora e polissíndeto
b) comparação e repetição
c) metonímia e aliteração
d) hipérbole e anacoluto
e) anáfora e metáfora

664) (UM-SP) "Os adultos possuem poder de decisão; os jovens, incertezas e conflitos."
Na segunda oração do período acima, ocorreu a omissão do verbo *possuir*, modificando a estrutura sintática da frase. Tal desvio constitui uma figura de construção, reconhecida como:

a) zeugma
b) assíndeto
c) elipse
d) hipérbato
e) pleonasmo

665) (UN.TAUBATÉ-SP) No sintagma: "Uma palavra branca e fria", encontramos a figura denominada:

a) sinestesia
b) eufemismo
c) onomatopeia
d) antonomásia

APÊNDICE XII

TIPOLOGIA TEXTUAL

Existem maneiras diferentes de compor um texto. Observemos atentamente as frases seguintes.

1) Tinha cabelos negros, muito lisos e compridos, pousados delicadamente sobre ombros magros e pontudos.

2) Na escola, Orlando conversava com alguns colegas, aos quais pedia sempre explicações sobre a matéria do dia anterior.

3) Devemos respeitar a natureza, para que não se percam as condições ideais de vida que o planeta nos apresenta.

No primeiro trecho, a preocupação é mostrar detalhes físicos de alguém: os olhos e os ombros. Está sendo feita uma **descrição**.

No segundo, alguma coisa está sendo contada: o que Orlando fazia na escola. Temos uma **narração**.

No terceiro, apresenta-se uma opinião sobre algo: o respeito à natureza. Trata-se de uma **dissertação**.

■ Descrição

A descrição é um tipo de redação **centrada no objeto**. A finalidade é mostrar detalhes, como se estivesse sendo tirada uma fotografia de alguma coisa ou alguém.

> **Ex.:** "A cor, os olhos, os dentes, o cabelo – tudo nela era um encanto: olhos puxando para negros, dentes miudinhos e de uma brancura de algodão em rama, cabelos negros e luzidios como a asa da graúna – moreno-clara."
>
> (Adolfo Caminha, *in* A Normalista)

No trecho anterior, a descrição é física. Os olhos, os dentes e os cabelos são mostrados com precisão, levando o leitor provavelmente a visualizá-los durante a leitura.

> "Era ele um elegante e bonito rapaz de vinte anos, frívolo, estouvado e vaidoso, como são quase todos os jovens, mormente quando lhes coube a ventura de terem nascido de um pai rico. Não obstante esses ligeiros senões, tinha bom coração e bastante dignidade e nobreza de alma."
>
> (Bernardo Guimarães, *in* A Escrava Isaura)

Apesar de o personagem ser descrito como elegante e bonito, aqui prevalece a descrição moral: frívolo, estouvado, vaidoso: o seu lado ruim; bom coração, dignidade, nobreza de alma: o lado bom.

■ Narração

É a redação **centrada no fato, no acontecimento**. O texto é narrativo quando alguém conta alguma coisa.

Ex.:   Ontem teu irmão Antônio se perdeu no parque.

Observa-se o seguinte:

a) alguma coisa é contada: alguém se perdeu. Trata-se do **enredo**;

b) alguém conta, narra o que ocorreu. Trata-se do **narrador**;

c) o fato se dá em um determinado lugar: no parque. É o **ambiente**;

d) o fato ocorre num determinado momento: ontem. É o **tempo**;

e) há a presença de uma pessoa: Antônio. É o **personagem**.

Assim, podemos afirmar que existem elementos que compõem a narração: enredo, narrador, ambiente, tempo e personagens. É claro que num pequeno trecho, podem não aparecer todos eles, porém você identifica a narrativa pelo fato de alguma coisa estar sendo contada.

Às vezes, o narrador participa da história. É o que se conhece como **personagem--narrador**. O verbo aparece na primeira pessoa.

Ex.:   Esperei-o a noite toda.

Veja alguns exemplos literários.

I

"Aquele dia foi o de maior tristeza para a moça. Estácio passou quase todo o tempo no gabinete; nas poucas ocasiões em que se encontraram, ele só falou por monossílabos, às vezes por gestos. De tarde, acabado o jantar, Estácio desceu à chácara. Já não era só o passeio de Helena que o mortificava; ao passeio juntava-se a carta. Teria razão a tia em suas primeiras repugnâncias? Como ele fizesse essa pergunta a si mesmo, ouviu atrás de si um passo apressado e o farfalhar de um vestido."

(Machado de Assis, *in* Helena)

II

"Como da primeira vez, Augusto vê o dia amanhecer-lhe no mar; e, como na passada viagem, avista sobre o rochedo o objeto branco, que vai crescendo mais e mais, à medida que seu batelão se aproxima, até que distintamente conhece nele a elegante figura de uma mulher, bela por força; mas desta vez, não como da outra, essa figura se demora sobre o rochedo, não desaparece como um sonho, é uma bonita realidade: é d. Carolina que só desce dele para ir receber o feliz estudante que acaba de desembarcar."

(Joaquim Manuel de Macedo, *in* A Moreninha)

III

"Dias depois estava em casa de Lúcia; conversávamos tranquilamente como dois bons amigos num momento de expansão.
Ela me contara vagamente, sem indicação de datas nem de localidades, as impressões de sua infância passada no campo entre as árvores e à borda do mar; seu espírito adejava com prazer sobre essas reminiscências embalsamadas com os agrestes perfumes da mata, e por vezes a poesia da natureza fluía no seu ingênuo entusiasmo."

(José de Alencar, *in* Lucíola)

Obs.: No último texto, encontramos o personagem-narrador. Veja os verbos **estava** e **conversávamos**, bem como o pronome **me**.

■ Tipos de discurso

A fala dos personagens em uma narração chama-se **discurso**. O discurso pode ser: direto, indireto e indireto livre.

▷ Discurso direto

Ocorre quando o autor reproduz fielmente a fala do personagem. Aparecem, geralmente, os dois-pontos e o travessão. Outra característica é o emprego de um verbo de elocução (dizer, perguntar, indagar, afirmar, responder etc.).

Ex.: Pedro disse ao irmão: – Pretendo viajar logo.
Animado, o jovem afirmou: – Irei à festa com ela.
Sua mãe lhe pediu: – Volte cedo.
Carlos indagou: – Onde está o caderno?

▷ Discurso Indireto

Ocorre quando o autor diz com suas próprias palavras o que teria dito o personagem. Nesse caso, desaparecem os dois pontos e o travessão, bem como o verbo de elocução, sendo a oração que indica a fala introduzida por uma conjunção integrante.

Ex.: Pedro disse ao irmão que pretendia viajar logo.
Animado, o jovem afirmou que iria à festa com ela.
Sua mãe lhe pediu que voltasse cedo.

Obs.: Se houver palavras interrogativas (pronomes ou advérbios), elas são mantidas, não aparecendo então a conjunção integrante.
Ex.: Carlos indagou onde estava o caderno.

260 ■ Série Impetus Concursos — *Português para Concursos*

Relação entre os tempos verbais

Discurso direto	Discurso indireto
Presente do indicativo: Ele disse: – Só **estudo** à noite.	Pretérito imperfeito do indicativo; Ele disse que só **estudava** à noite
Pretérito perfeito: Ele garantiu: – **Fiz** meu trabalho.	Pretérito mais-que-perfeito Ele garantiu que **fizera** seu trabalho.
Futuro do presente: Ele afirmou: – **Pedirei** ajuda.	Futuro do pretérito: Ele afirmou que **pediria** ajuda.
Imperativo: Ele mandou: – **Digam** a verdade!	Imperfeito do subjuntivo: Ele mandou que **dissessem** a verdade.

⇨ Discurso indireto livre

Ocorre quando o autor mistura o discurso direto com o indireto. Não se usam dois-pontos, travessão, verbo de elocução, nem conjunção integrante. É como se o próprio autor estivesse falando. Trata-se de uma estruturação frasal moderna, que confere um certo dinamismo à narrativa.

> **Ex.:** O mensageiro apresentou-se adoentado para o trabalho. Meu Deus, pode ser que eu não aguente! Todos, no entanto, esperavam que aguentasse.

■ Dissertação

É a redação **centrada na ideia**. O texto é dissertativo quando o autor apresenta e defende opiniões sobre o tema abordado.

Ex.: A vida é maravilhosa porque Deus quer a nossa felicidade.

O ser humano não imagina a força do seu pensamento.

Quem trabalha progride.

Uma dissertação completa (não apenas um trecho) deve apresentar três partes distintas:

1) Introdução

Representada normalmente por um parágrafo de pequena extensão, é a apresentação de uma ideia, de uma tese, uma afirmação qualquer que será explicada nos parágrafos seguintes.

2) Desenvolvimento

Representado por um ou mais parágrafos de extensão variada, é a defesa da ideia lançada na introdução. Fase da **argumentação**, que visa, veladamente que seja, a convencer o leitor. É também conhecido como **corpo** da redação.

3) Conclusão

Também chamada **fecho**, é o final da redação. Deve ser um parágrafo curto, contendo a ideia final, marcante, em que o autor não deixa dúvidas quanto à sua posição. Pode ser um resumo do desenvolvimento, uma citação que se encaixe com perfeição no assunto abordado etc.

262 ■ Série Impetus Concursos — *Português para Concursos*

Vejamos, a seguir, exemplos de trechos dissertativos.

I

"Há de fato tanto no governo do Estado quanto na Câmara e na Prefeitura de São Paulo uma percepção da natureza dos problemas e um compromisso de ajudar a reencontrar um caminho socialmente mais justo de desenvolvimento para a cidade. Os obstáculos, mormente os financeiros, são de monta. Mas a única peça que não pode faltar, se se deseja de fato a transformação para melhor do viver em São Paulo, é a participação da população nesse processo."

(Folha de São Paulo, 25/1/2001)

II

"De acordo com a medicina oriental, a acupuntura e o *shiatsu* tratam o corpo ao fazer a energia circular corretamente pelos meridianos, canais energéticos conectados aos órgãos. Os alvos principais dessas terapias são os meridianos relacionados ao rim, à bexiga, ao baço, ao fígado, ao estômago e ao intestino."

(ISTOÉ, 7/3/2001)

III

Vivemos conjugando o tempo passado (saudade, para os românticos) e o tempo futuro (esperança, para os idealistas). Uma gangorra, como vês, cheia de altos e baixos – uma gangorra emocional. Isto acaba fundindo a cuca de poetas e sábios e maluquecendo de vez o homo sapiens. Mais felizes os animais, que, na sua gramática imediata, apenas lhes sobra um tempo: o presente do indicativo. E que nem dá tempo para suspiros...

(Mário Quintana, *in* A Vaca e o Hipogrifo)

Observações finais

⇨ Convém distinguir dois tipos de dissertação: a subjetiva e a objetiva. No primeiro caso, o autor se deixa envolver, expressando suas ideias. O verbo fica, normalmente, na primeira pessoa. No segundo, o autor defende ideias de outros, que podem até ser conceitos universais. O verbo fica na terceira pessoa. Veja os exemplos seguintes:

a) Dissertação subjetiva

"Ainda vou elaborar uma teoria provando que o caráter de um povo decorre da sua língua, e não o contrário. O constante mau humor do francês, por exemplo, é uma exigência sintática: a língua francesa soa melhor quando exprime alguma indisposição."

(Luís Fernando Veríssimo, *in* A Mesa Voadora)

b) Dissertação objetiva

"Todas as leis protetoras são ineficazes para gerar a grandeza econômica do país; todos os melhoramentos materiais são incapazes de determinar a riqueza, se não partirem da educação popular, a mais criadora de todas as forças econômicas, a mais fecunda de todas as medidas financeiras."

(Rui Barbosa, *in* Reforma do Ensino Primário)

⇨ O texto pode apresentar diferentes tipologias. Normalmente, no entanto, há evidente predominância de um sobre o outro. É comum que o próprio tema determine isso.

Ex.: Um almoço em família.

Basicamente, uma redação com esse tema será narrativa, ou seja, os fatos ocorridos durante o almoço, como as brincadeiras e as conversas, vão ser contados pelo autor. Mas nada impede o aparecimento esporádico de traços descritivos, por exemplo do ambiente onde se realiza a reunião. Ou de traços dissertativos, por exemplo ao se falar da importância de tais acontecimentos.

264 ■ Série Impetus Concursos — *Português para Concursos*

■ Coesão textual

Um texto, seja de que tipo for, é uma reunião de palavras, orações e parágrafos, ligados das mais variadas formas. A essa perfeita ligação de seus elementos constitutivos dá-se o nome de **coesão textual**.

Ex.: Gosto de você.

A preposição **de** se presta à união adequada entre o verbo e seu complemento.

Esforcei-me bastante, portanto estava preparado.

A conjunção **portanto**, conclusiva, estabelece o vínculo entre as duas orações, uma vez que a segunda expressa uma conclusão em relação ao que se afirma na primeira.

Assim, as duas frases, que possuem coesão textual, são **coerentes**, ou seja, têm **sentido lógico**.

Acontece às vezes que as frases não apresentam essa coerência, fruto da coesão textual. Os elementos não são ligados com perfeição.

Ex.: O menino correu excessivamente, porém ficou muito cansado.

A conjunção **porém**, adversativa, só pode ligar orações que apresentem alguma oposição. Vê-se, pois, que as duas partes do período apresentado não foram ligadas corretamente. Faltou coesão textual e, por consequência, o nexo, o sentido, a coerência. Podemos estruturar melhor o período, estabelecendo a coesão, de duas maneiras:

a) O menino correu excessivamente, logo (portanto, por isso, por conseguinte etc.) ficou muito cansado. A segunda oração é coordenada sindética conclusiva.

b) O menino correu excessivamente, porém não ficou muito cansado. A inclusão do **não** transforma a oração em coordenada sindética adversativa.

■ Anáfora

Utilização de um termo, chamado anafórico, em relação a algo que já apareceu no texto.

Ex.: Havia muita tensão no recinto. **Isso** nos deixava preocupados.

O viajante parecia confuso. Ofereci-**lhe**, então, um mapa muito bom.

■ Catáfora

Emprego de um termo, dito catafórico, em relação a algo que ainda vai aparecer no texto.

Ex.: **Esta** pergunta precisa ser respondida: quem será responsabilizado?
Pediu-nos **um favor especial**: que eu e toda a minha equipe fizéssemos silêncio.

Observação: Chama-se **endófora** o emprego de um termo, chamado endofórico, em relação a outro no texto. É, portanto, nome comum à anáfora e à catáfora.

Exercícios

666) **Qual a tipologia textual do trecho apresentado abaixo?**

Dona Julieta chamou os filhos mais novos para uma conversa séria. Era uma manhã de domingo, o dia estava claro e ensolarado. Pediu a eles que compreendessem a situação do pai, que não tinha no momento condição de colocá-los em uma escola melhor.

a) dissertação subjetiva

b) descrição

c) narração com alguns traços descritivos

d) dissertação objetiva com alguns traços descritivos

e) narração com alguns traços dissertativos

667) **Assinale o trecho com características dissertativas.**

a) Era um homem alto, escuro, vestindo paletó cinza-claro.

b) Encontrei os dois amigos numa pracinha perto daqui.

c) Os ajudantes levaram a mesa para o palco.

d) Nossa rua sempre foi escura, com muitas árvores nas duas calçadas.

e) É importante manter o equilíbrio, pois só assim conseguimos resolver os problemas.

668) **Marque o texto com características narrativas.**

a) O ideal é que todos colaborem. Caso contrário, o Brasil continuará sem rumo.

b) Rodrigo e Juliana estavam na sala, quando ocorreu a explosão.

c) Ela tem olhos azuis e cabelos louros. Não parece brasileira.

d) Minha casa tem dois andares. Os quartos ficam na parte de cima.

e) A inteligência humana deve ser usada para o bem.

669) **Assinale a frase que não possui coesão textual.**

a) Ainda que gritassem, ninguém atenderia.

b) Parou cedo de estudar; está, pois, com dificuldades no mercado de trabalho.

c) Não obstante ter domínio do inglês e do alemão, foi contratado imediatamente.

d) Mal cheguei, fui apresentado ao pesquisador.

e) Conquanto fale muito, jamais me perturbou.

670) Assinale o erro na mudança de discurso.
   a) – Fale mais alto, exigiu o professor.
   O professor exigiu que fale mais alto.
   b) Disse o funcionário: – Estou no banheiro.
   O funcionário disse que estava no banheiro.
   c) – Lerei o estatuto, garantiu o associado.
   O associado garantiu que leria o estatuto.
   d) O passageiro pediu que eu por favor o ajudasse.
   – Ajude, por favor, pediu-me o passageiro.
   e) O homem falou que estivera fora por mais de quinze anos.
   O homem falou: – Estive fora por mais de quinze anos.

671) Assinale a afirmativa errada.
   a) Na dissertação, o centro é a ideia.
   b) No discurso direto é empregado um verbo de elocução.
   c) Há três tipos de discurso: direto, indireto e indireto livre
   d) O texto descritivo está centrado no objeto.
   e) O personagem-narrador leva o verbo normalmente à terceira pessoa.

672) Assinale a afirmativa errada.
   a) O texto dissertativo divide-se em introdução, desenvolvimento e conclusão.
   b) O trecho seguinte não apresenta coesão textual: A não ser que estudes, serás reprovado no concurso.
   c) O texto narrativo tem como base o fato.
   d) Falta de coerência é o mesmo que falta de lógica.
   e) Um texto pode ser narrativo e apresentar elementos descritivos.

673) Marque a afirmação correta em relação ao texto abaixo:
   "Senti tocar-me no ombro; era Lobo Neves. Encaramo-nos alguns instantes, mudos, inconsoláveis. Indaguei de Virgília, depois ficamos a conversar uma meia hora. No fim desse tempo, vieram trazer-lhe uma carta; ele leu-a, empalideceu muito e fechou-a com a mão trêmula." (Machado de Assis, *in* Memórias Póstumas de Brás Cubas)
   a) É texto dissertativo com alguns elementos descritivos.
   b) Não se trata de texto narrativo, pois não há personagens.
   c) É um texto descritivo, com alguns elementos narrativos.
   d) O texto não apresenta personagem-narrador.
   e) Trata-se de uma narração, sem nenhum traço dissertativo.

268 ■ Série Impetus Concursos — *Português para Concursos*

674) **Assinale a alternativa que apresenta trecho com discurso indireto livre.**

a) – Pegue o brinquedo, disse a mãe.

b) O homem saiu tarde. Será que vou conseguir? Àquela hora seus familiares já estavam preocupados.

c) Todos garantiram que fariam o melhor possível.

d) Ela indagou na recepção como deveria se vestir.

e) Afirmou, de modo a não deixar dúvidas: – Já corrigi as provas.

675) **(AFTN) Indique a opção que completa com coerência e coesão o trecho abaixo (extraído do Manifesto dos "Pioneiros da Educação Nova").**

Na hierarquia dos problemas nacionais, nenhum sobreleva em importância e gravidade ao da educação. Nem mesmo os de caráter econômico lhe podem disputar a primazia nos planos de reconstrução nacional. Pois, se a evolução orgânica do sistema cultural de um país depende de suas condições econômicas,

a) subordina-se o problema pedagógico à questão maior da filosofia da educação e dos fins a que devem se propor as escolas em todos os níveis de ensino;

b) é impossível desenvolver as forças econômicas ou de produção sem o preparo intensivo das forças naturais;

c) são elas as reais condutoras do processo histórico de arregimentação das forças de renovação nacional;

d) o entrelaçamento das reformas econômicas e educacionais constitui fator de somenos relevância para o soerguimento da cultura nacional;

e) às quais se associam os projetos de reorganização do sistema educacional com vistas à renovação cultural da sociedade brasileira.

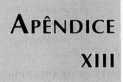

OUTROS EXERCÍCIOS

676) (ISS-RIO) Assinale o item em que há erro(s) de grafia de vocábulos correntes no Regulamento do ISS.
   a) ducha – excursões – inciso – exibição
   b) prejuízo – aferição – inverossímeis – imprenscindível
   c) inscrição – atravéz – auferir – dispensa
   d) subitem – excedente – praxe – fachada
   e) recinto – excepcional – remissão – exceções

677) (ALERJ) A alternativa em que uma das palavras abaixo se acentua por regra diferente das demais é a seguinte:
   a) "já", mês, trás
   b) "porém", deténs, convém
   c) "espontânea", vários, cárie
   d) "substituídos", reúnem, íamos
   e) "espírito", pudéssemos, farmacêutico

678) (ALERJ) Multidões, limões, foliões.
   Dos substantivos abaixo, o único que forma plural em ões, como os destacados acima, é:
   a) mamão
   b) pagão
   c) alemão
   d) cristão
   e) escrivão

679) (ALERJ) O carnaval .... se lembra meu velho avô era uma festa .... beleza estava na alegria simples e espontânea, sem sofisticação.
   A alternativa que completa corretamente as lacunas da frase acima é:
   a) de que / cuja
   b) o qual / cuja
   c) que / de cuja
   d) do qual / a cuja
   e) no qual / em cuja

270 ■ Série Impetus Concursos — *Português para Concursos*

680) (B.BRASIL) Flexão incorreta:
a) os cidadãos
b) os açúcares
c) os cônsules
d) os tóraxes
e) os fósseis

681) (B.BRASIL) Plural de substantivos – mesma pronúncia de "bolos":
a) tijolos
b) caroços
c) olhos
d) fornos
e) rostos

682) (B.BRASIL) Sentido de abundância:
a) descartada
b) laranjada
c) colherada
d) papelada
e) pincelada

683) (A.FAZ.-AM) A palavra que leva o acento gráfico pela mesma razão que _fruíram_ é:
a) vírus
b) índio
c) países
d) período
e) cíclico

684) (A.FAZ-AM) A alternativa em que há _erro_ de flexão de número é:
a) recursos hábeis
b) águas azuizinhas
c) quaisquer lugares
d) regiãozinhas hostis
e) corações incansáveis

685) (T.A.FIN-AM) A frase cuja lacuna se completa corretamente com o elemento colocado entre parênteses é:
a) O autor considera _____ o solo e a floresta amazônicos. (ameaçadas)
b) O autor considera _____ a floresta e o solo amazônicos. (ameaçados)
c) O autor considera _____ a floresta e o solo amazônico. (ameaçadas)
d) O autor considera _____ a floresta e o solo amazônico. (ameaçado)
e) O autor considera _____ o solo e a floresta amazônica. (ameaçada)

686) (FTM-ARACAJU) As mulheres da noite _____ o poeta faz alusão ajudam a colorir Aracaju, _____ coração bate de noite, no silêncio.
A alternativa que completa corretamente as lacunas da frase acima é:
a) as quais / de cujo
b) a que / no qual
c) de que / o qual
d) às quais / cujo
e) que / em cujo

Renato Aquino ■ 271

687) **(FTM-ARACAJU) A frase em que a concordância nominal _contraria_ a norma oculta é:**
a) Há gritos e vozes **trancados** dentro do peito.
b) Estão **trancados** dentro do peito vozes e gritos.
c) Mantêm-se **trancadas** dentro do peito vozes e gritos.
d) **Trancada** dentro do peito permanece uma voz e um grito.
e) Conservam-se **trancadas** dentro do peito uma voz e um grito.

688) **(FTM-ARACAJU) Das expressões sublinhadas abaixo, com as ideias de tempo ou lugar, a única que tem a função sintática do adjunto adverbial é:**
a) "Já ouvir os poetas **de Aracaju**"
b) "atravessar **os subúrbios escuros e sujos**"
c) "passar **a noite de inverno** debaixo da ponte"
d) "Queria agora caminhar com os ladrões **pela noite**"
e) "sentindo no coração as pancadas dos pés das mulheres **da noite**"

689) **(COL.NAV.) Nas palavras do texto, derivadas por sufixação, tem-se o sentido dos sufixos corretamente assinalado em:**
a) mirada: indica ação
b) comunidade: indica agente
c) misterioso: indica resultado de ação
d) amendoeira: indica qualidade em abundância
e) aragem: indica estado

690) **(COL.NAV.) "... e se ouvia a tosse de Augusto longe, longe."**
A repetição do advérbio, na passagem acima, tem valor:
a) superlativo
b) depreciativo
c) pejorativo
d) afetivo
e) pleonástico

691) **(AUX.REC.-MA) A alternativa em que há _erro_ na divisão silábica de palavras do texto é:**
a) glo-ri-o-so
b) cons-ti-tu-iu
c) a-per-fei-ço-a
d) ne-ces-si-da-de
e) a-pa-zi-gu-a-men-to

272 ■ Série Impetus Concursos — *Português para Concursos*

692) **(PUC-RS) Diferentes são os tratamentos _____ se pode submeter o texto literário. Sempre se deve aspirar, no entanto, _____ objetividade científica, fugindo _____ subjetivismo.**

a) à que, a, do

b) que, a, ao

c) à que, à, ao

d) a que, a, do

e) a que, à, ao

693) **(UFRS) Somente _____ longo prazo será possível ajustar-se esse mecanismo _____ finalidade _____ que se destina.**

a) a, à, a

b) à, a, à,

c) à, à, à

d) à, a, a

e) à, à, a

694) **(UFRS) Entregue a carta _____ homem _____ que você se referiu _____ tempos.**

a) aquele, à, à

b) àquele, à, há

c) aquele, a, a

d) àquele, à, à

e) àquele, a, há

695) **(PUC-RS) Alguns demonstram verdadeira aversão _____ exames, porque nunca se empenharam o suficiente _____ utilização do tempo _____ dispunham para o estudo.**

a) com – pela – de que

b) por – com – que

c) a – na – que

d) com – na – que

e) a – na – de que

696) **(B.BRASIL) Ortografia – Alternativa *correta*:**

a) estemporâneo

b) escomungado

c) esterminado

d) espontâneo

e) espansivo

697) **(A.FAZ.AM) Como "riqueza", escreve-se igualmente com z a seguinte palavra:**

a) holande__a

b) burgue__a

c) marque__a

d) barone__a

e) nobre__a

698) (A.FAZ.AM) A alternativa em que há erro de concordância nominal é:

a) flora e fauna amazônicas

b) majestosas florestas e rios

c) recursos e plantas amazônicas

d) majestosos recursos e florestas

e) desflorestamento e selva amazônicas

699) (B.BRASIL) Monossílabo tônico:

a) o

b) lhe

c) e

d) luz

e) com

700) (B.BRASIL) "Ande ligeiro, _Pedro_."

a) sujeito

b) objeto direto

c) vocativo

d) aposto

e) adjunto

701) (UN.UBERLÂNDIA) Das palavras abaixo relacionadas, uma não se escreve com _h_ inicial. Assinale-a.

a) hélice

b) halo

c) haltere

d) herva

e) herdade

702) (EPCAR) O orador _ratificou_ o que afirmara.

a) negou

b) corrigiu

c) frisou

d) confirmou

e) enfatizou

703) (B.BRASIL) "Saberão que nos tempos do passado o doce amor era julgado um crime."

a) 1 preposição

b) 3 adjetivos

c) 4 verbos

d) 7 palavras átonas

e) 4 substantivos

704) (B.BRASIL) Há crase:

a) Responda a todas as perguntas.

b) Avise a moça que chegou a encomenda.

c) Volte sempre a esta casa.

d) Dirija-se a qualquer caixa.

e) Entregue o pedido a alguém na portaria.

274 ■ Série Impetus Concursos — *Português para Concursos*

705) (B.BRASIL) Não varia no plural:
a) tique-taque
b) guarda-comida
c) beija-flor
d) para-lama
e) cola-tudo

706) (A.SEG.LEG.) Tendo em vista as regras de concordância nominal, podemos reconhecer um *erro* quanto à norma culta da língua na opção:
a) Os portões e as janelas estavam fechadas.
b) Estavam fechadas as janelas e os portões.
c) Ficaram fechados a janela e o portão.
d) Ficou fechada a janela e o portão.
e) Ficou fechado o portão e a janela.

707) (A.SEG.LEG.) "Há muitos sonhos em cada casa." Só ocorre erro de concordância na seguinte opção:
a) Apareciam muitos sonhos em cada casa.
b) Surgirão muitos sonhos em cada casa.
c) Haveriam muitos sonhos em cada casa.
d) Existem muitos sonhos em cada casa.
e) Nascem muitos sonhos em cada casa.

708) (FTM-ARACAJU) A alternativa em que o afixo sublinhado tem sentidos diferentes nas duas palavras é:
a) "**sub**úrbios" / **sub**sequente
b) "carroc**eiros**" / banqu**eiro**
c) "**in**finito" / **in**significante
d) "art**istas**" / contraband**ista**
e) "**des**amparados"/ **des**interesse

709) (EPCAR) Há uma forma verbal errada na alternativa:
a) queixais-vos
b) queixamos-nos
c) queixávamo-nos
d) queixáveis-vos
e) queixásseis-vos

710) (EPCAR) Está mal flexionado o adjetivo na alternativa:
a) Tecidos verde-olivas
b) Festas cívico-religiosas
c) Guardas-noturnos luso-brasileiros
d) Ternos azul-marinho
e) Vários porta-estandartes

711) **(B.BRASIL) Noite:**
- a) hiato
- b) ditongo
- c) tritongo
- d) dígrafo
- e) encontro consonantal

712) **(UFRS) Isso .... autorizava .... tomar a iniciativa.**
- a) o – à
- b) lhe – de
- c) o – de
- d) o – a
- e) lhe – a

713) **(UFRS) Se eu .... as oportunidades que a vida me ofereceu, hoje .... um homem rico.**
- a) aproveite – fora
- b) tinha aproveitado – fosse
- c) aproveitasse – fosse
- d) tivesse aproveitado – era
- e) aproveitar – seria

714) **(E.T.ARS.MARINHA) "Aprendi, _bem_ cedo, a absolver." A palavra destacada funciona como:**
- a) advérbio de tempo
- b) advérbio de intensidade
- c) advérbio de modo
- d) advérbio de lugar
- e) advérbio de afirmação

715) **(E.T.ARS.MARINHA) Assinale a alternativa incorreta.**
- a) Refiro-me àquilo que lhe contei ontem.
- b) Este é um direito que cabe à cada candidata.
- c) Nas férias faremos uma excursão à famosa Ouro Preto.
- d) Sempre chegou ao colégio às 7h 30m.
- e) Quando o navio atracou, os marinheiros ficaram felizes porque podiam ir a terra.

716) **(A.FAZ.-AM) "O rio diz para o homem o que ele deve fazer."**
Das alterações processadas na frase acima, a que contém _erro_ de regência é:
- a) O rio diz para o homem **com o** que ele deve se preocupar.
- b) O rio diz para o homem **ao que** ele deve se afastar.
- c) O rio diz para o homem **pelo** que ele deve lutar.
- d) O rio diz para o homem **no** ele deve confiar.
- e) O rio diz para o homem **do** ele deve cuidar.

276 ■ Série Impetus Concursos — *Português para Concursos*

717) **(ITA-SP) Dadas as sentenças:**
   1) **Ela comprou um livro para mim ler.**
   2) **Nada há entre mim e ti.**
   3) **Alvimar, gostaria de falar consigo.**
   verificamos que está (estão) correta(s):
   a) apenas a sentença 1
   b) apenas a sentença 2
   c) apenas a sentença 3
   d) apenas as sentenças 1 e 2
   e) todas as sentenças

718) **(CÂM.DEP.) Embora _____ o assunto, _____, para não _____.**
   a) se comente – ignore-o – te aborreceres
   b) comente-se – ignora-o – aborreceres-te
   c) se comente – ignore-o – se aborrecer
   d) comente-se – ignora-o – aborrecer-se

719) **(AFTN) Indique a sequência correta que transforma os fragmentos abaixo em um texto coeso e coerente.**
   1) **Assiste-se hoje a um momento de superação do conceito de Estado-Nação.**
   2) **Novembro de 1989. Anoitece em Berlim e milhares de pessoas se dirigem ao Muro de Berlim.**
   3) **Em questão de horas, o Muro era desfigurado, e, com ele, a ordem internacional implantada no pós-guerra.**
   4) **O fenômeno tem atraído a atenção de acadêmicos e analistas políticos de todo o mundo.**
   5) **Na nova etapa histórica que se inaugurou a partir de então, o mundo assistiu, perplexo, à desintegração da União Soviética e da Iugoslávia.**
   a) 2 – 3 – 4 – 1 – 5   d) 2 – 3 – 5 – 4 – 1
   b) 4 – 3 – 5 – 1 – 2   e) 4 – 1 – 5 – 2 – 3
   c) 1 – 4 – 5 – 2 – 3

720) **(COR.GERAL-RJ) "... 500 papéis de cartas coloridos..." O adjetivo _coloridos_ está no plural porque:**
   a) concorda com papéis e cartas
   b) concorda com papéis
   c) concorda com cartas
   d) é um exemplo de silepse de número
   e) é um exemplo de silepse de pessoa

Renato Aquino ■ 277

721) (T.JUST.-RJ) (...) "contou-me um amigo uma história exemplar" (1.1/2). "Existe em Nova Lima uma importante mina de ouro – a mina de Morro Velho -..." (1.4/5).
Qual a característica comum às duas orações acima transcritas?
a) a presença do sujeito posposto
b) o emprego de verbos transitivos diretos
c) a ausência de adjuntos adverbiais
d) o uso de ordem direta
e) a construção de orações sem sujeito

722) (TFC-RJ) Assinale a opção que completa corretamente as lacunas da frase abaixo:
"Jornais _____ diariamente _____ notícias tendenciosas não _____ prestigiados."
a) em que – se leem – devem ser
b) onde – lê-se – deve serem
c) nos quais – se leem – devem serem
d) que – se lê – devem ser
e) aonde – leem-se – deve serem

723) (TFC-RJ) Assinale o item que está correto em relação às exigências da língua escrita padrão.
a) Henri Toulouse-Lautrec, nascido na França, conferindo uma nova dimensão estética a litografia, explorando suas possibilidades cromáticas e de composição em obras sobre a vida noturna parisiense, com seus cabarés, teatros e personalidades artísticas.
b) Apesar da carreira breve – pouco mais de uma década, até à 1901, quando morreu aos 36 anos, de sífilis e de abuso do álcool – Toulouse-Lautrec deixou um notável legado de litografias, guaches, pinturas à óleo e desenhos.
c) Filho de um casal de primos de primeiro grau, de uma importante família francesa, Lautrec nasceu com uma doença genética que o castigou com dores crônicas na infância e não o deixou crescer além do correspondente à altura de um menino de 12 anos.
d) Impossibilitado muitas vezes de locomover-se, quando criança, começou à desenhar e à pintar na cama. Não largava sua caixinha de pinturas, por onde quer que fosse. Apoiado na riqueza da família, decidiu dedicar-se a arte.
e) Apesar da oposição familiar, o jovem sempre se dirigia no bairro proletário de Montmartre em buscar inspiração. Nas ruas e nos cafés repletos de artistas, dançarinas e prostitutas, Lautrec passou à vivenciar a face boêmia de Paris, representando esses personagens e locais em algumas de suas obras mais célebres.
(Jornal do Brasil – 20.7.96 – pág. 10 com adaptações)

278 ■ Série Impetus Concursos — *Português para Concursos*

724) **(CÂM.MUN.-RIO)** *Não há receitas mágicas que respondam e indiquem a fórmula para resolver tais questões.* **(1.31). Qual das afirmações a seguir, sobre um dos verbos do período, é correta?**

a) o verbo **haver** é empregado como auxiliar

b) o verbo **haver** é abundante

c) o verbo **responder** é irregular

d) o verbo **indicar** é usado como intransitivo

e) **resolver** é forma do futuro do subjuntivo

725) **(FATEC-SP) Assinale a alternativa em que o período 2 não corresponde à correta pluralização do período 1.**

a) 1. Mantenha-se calmo: não vai haver mais assalto.

2. Mantenham-se calmos: não vai haver mais assaltos.

b) 1. A notícia parece que correu muito rapidamente.

2. As notícias parece que correram muito rapidamente.

c) 1. Haja vista a ocorrência policial...

2. Haja vista as ocorrências policiais...

d) 1. É essa a objeção que se costuma fazer?

2. São essas as objeções que se costuma fazer?

e) 1. Haverá de existir solução menos traumática.

2. Haverão de existir soluções menos traumáticas.

726) **(CÂM.DEP.) Dadas as assertivas:**

1) **O mau funcionário extorquiu dinheiro do cidadão.**

2) **Passou maus bocados com os exames de infravermelho e infrasom.**

3) **Havia muitas pessoas na festa, mas poucas conhecidas.**

4) **Advém daí, todas as desgraças e infortúnios do homem.**

5) **Promoção do ano: Toalha a cinco mil cada.**

pode-se afirmar que:

a) somente 1 e 3 estão corretas.

b) somente 1, 2 e 3 estão corretas.

c) somente 1, 2, 3 e 5 estão corretas.

d) todas estão corretas.

e) todas estão incorretas.

Renato Aquino ■ **279**

727) (TTN) Assinale o único trecho inteiramente correto.

a) As regiões de um país funcionam como os jogadores de um time de futebol. Sempre há um que aparece mais; porém, ele não é nada sem os outros.

b) O país está doente e os sinais confirmam que a cada dia: a fome, a miséria, a corrupção estão cada vez mais piores em todos os setores.

c) O Brasil é um país muito grande, não só em extensão territorial mas em diversidade étinico-cultural.

d) O que seria da música brasileira sem Gil, Caetano, Milton Nascimento, e tantos grandes compositores espalhados pelo país à fora?

e) A crise política, econômica e social, afeta interesses de desenvolvimento cultural, de forma à variar as conotações e denotações da linguagem falada e escrita.

728) (CÂM.DEP.) Não _____ eu que _____ o livro; se fosse, _____

a) foi – tirou – dizer-te-ia

b) fui – tirei – dir-te-ia

c) foi – tirou – te diria

d) fui – tirei – diria-te

729) (TTN) Marque o trecho que contém _erro_ quanto _à_ sintaxe de concordância.

a) O projeto de integração que vêm realizando as frágeis democracias uruguaia, argentina e brasileira é um esforço inegavelmente significativo para o cone sul.

b) Há registros de um sistema de exames competitivos elaborado pelos chineses, há mais de 2.000 anos antes de Cristo, para selecionar crianças superdotadas.

c) Grande número de programas têm sido direcionados, nos EUA, para áreas consideradas prioritárias pelo Estado, como matemática e ciências.

d) Ignorância, preconceito e tradição mantêm vivas uma série de ideias que dificultam a implementação de programas direcionados às crianças superdotadas.

e) São extremamente importantes, para se criar um ambiente favorável ao desenvolvimento dos superdotados, a criação de uma variedade de experiências de aprendizagem enriquecedoras e estimulantes.

280 ▪ Série Impetus Concursos — *Português para Concursos*

730) **(AFTN) Assinale o trecho construído em linguagem _escorreita_, segundo o padrão oficial da língua portuguesa.**

a) Ontem, a Câmara Legislativa suspendeu o pagamento da taxa de licenciamento. Agora, todo veículo que tiver com o IPVA em dia, seguro obrigatório e nenhuma multa pendente estará automaticamente licenciado.

b) Por um erro de avaliação, o lugar reservado para a cerimônia foi o auditório da Faculdade de Ciências da Saúde, com capacidade máxima para 500 pessoas, embora houvessem mil.

c) Ao prestar depoimento, Carlos Fernando disse que agia com outro traficante, que a polícia prefere manter sigilo, para não prejudicar as investigações.

d) O manifesto defende a universidade pública e gratuita, pois é esta que pode, junto com o ensino de 1º e 2º graus e outros setores da sociedade brasileira, oferecer os conhecimentos e meios para as transformações necessárias.

e) Se ver atendidas essas reivindicações, Genebaldo acha que dá para negociar os atuais patamares de reajustes. No entanto, o parlamentar acha pouco os 20 por cento oferecidos aos servidores.

731) **(TALCRIM)** *... de pôr-nos em relação com a nossa natureza...* **(1.32); se, em lugar do pronome de primeira pessoa do plural _nos_, tivéssemos o pronome de terceira pessoa do singular masculino, na mesma função sintática, teríamos a forma:**

a) pôr-lhe

b) pô-lo

c) pôr-se

d) pô-los

e) pôr-lhes

732) **(TTN) Assinale o segmento que apresenta _defeito_ de estruturação sintática.**

a) Ligadas ou não ao mundo oficial, as pessoas envolvidas com a cultura têm de capacitar-se de que lhes cumpre atuar na divulgação das produções literárias mais expressivas.

b) Os escritores têm a consciência de um compromisso com a palavra, com a língua e também com o povo a que estão ligados, que procuram entender e cujo destino preocupa a todos.

c) Tem-se visto que os parlamentares mais ativos, devido à própria evidência a que os expõe a sua produção, atraem incumbências paralelas, como presidências de comissões, lideranças e outras.

d) A escolha da profissão, para os jovens, não é um ato simples, o qual se possa chegar sem hesitações e dúvidas.

e) Os promotores da nossa cultura devem levar a outros povos o Brasil imaginário, elaborado através de seus poetas, dos seus narradores, e sem o qual o país chamado real é quase como se não existisse.

733) (UFMG) Na frase "Maria do Carmo tinha a certeza de que estava para ser mãe", a oração em destaque é:
a) subordinada substantiva objetiva indireta
b) subordinada substantiva completiva nominal
c) subordinada substantiva predicativa
d) coordenada sindética conclusiva
e) coordenada sindética explicativa

734) (FGV-SP) Assinale a alternativa correta.
a) É aconselhavel, que as crianças viajem sempre no banco trazeiro.
b) É aconselhavel que, as crianças viagem sempre no banco traseiro.
c) É aconselhável que as crianças viajem sempre no banco traseiro.
d) É aconselhável, que as crianças viájem sempre no banco traseiro.
e) É aconselhável que, as crianças viagem sempre no banco traseiro.

735) (FGV-RJ) Assinale a alternativa que completa corretamente as frases:
I) – Cada qual faz como melhor lhe _____.
II) - O que _____ estes frascos?
III) – Neste momento os teóricos _____ os conceitos.
IV) – Eles _____ a casa do necessário.
a) convém, contêm, reveem, proveem
b) convém, contêm, reveem, provém
c) convém, contêm, revêm, provém
d) convêm, contêm, reveem, proveem
e) convêm, contêm, reveem, proveem

736) (FGV-SP) "Com___lentos e elegantes, ela procurava___ junto___ colegas."
a) gestos / insinuar-se / aos
b) gestos / incinuar-se / os
c) jestos / insinuar-se / dos
d) gestos / se insinuar / as
e) jestos / incinuar-se / das

737) (PUC-RS) Foi ___ mais de um século que, numa reunião de escritores, se propôs a maldição do cientista que reduzira o arco-íris ___ simples matéria: era uma ameaça ___ poesia.
a) a – a – à
b) há – à – a
c) há – à – à
d) a – a – a
e) há – a – à

282 ■ Série Impetus Concursos — *Português para Concursos*

738) **(FUVEST-SP) Assinale a alternativa que preenche corretamente as lacunas.**
Tomo a liberdade de levar ao conhecimento de V.Exa. que os _____ que _____
foram encaminhados defendem causa justa e ficam a depender tão somente de _____
decisão para que sejam atendidos.

a) abaixos-assinados – lhe – sua

b) abaixos-assinados – vos – vossa

c) abaixo-assinados – lhe – sua

d) abaixo-assinados – vos – vossa

e) abaixo-assinados – lhe – vossa

739) **(UM-SP) A preposição ou a locução prepositiva podem, excepcionalmente, ligar orações.**
Assinale a alternativa em que isso ocorre.

a) Por causa da chuva, ali permanecemos até a madrugada.

b) Fomos à cidade a fim de receber os documentos.

c) O professor assentou-se e discorreu longamente acerca de Aristóteles.

d) A casa devia ser construída de acordo com a planta do arquiteto.

e) Enquanto almoçávamos, os garotos se esconderam atrás da casa.

740) **(PUC-SP) "Pode-se dizer _que a tarefa crítica é puramente formal_."**
No texto acima, temos uma oração destacada que é... e um se que é...

a) substantiva objetiva direta – partícula apassivadora

b) substantiva predicativa – índice de determinação do sujeito

c) relativa – pronome reflexivo

d) substantiva subjetiva – partícula apassivadora

e) adverbial consecutiva – índice de indeterminação do sujeito

741) **(CÂM.MUN.-RIO) ... _que a percebe apenas como meio de ascensão social_... (1.32). A forma**
sublinhada é do pronome pessoal oblíquo de terceira pessoa. Que frase a seguir usa
indevidamente um dos pronomes destacados?

a) Não **lhe** agrada semelhante profecia?

b) A resposta do professor não **o** satisfez.

c) Ajudá-**lo**-ei a preparar as aulas.

d) O poeta assistiu-**a** nas horas amargas.

e) Eu **lhe** lembrarei das datas.

742) (FESP-PE) Em "tudo o que cheira a comida", o verbo rege a preposição. Em que alternativa não acontece o mesmo?

a) Isso me cheira a desonestidade.

b) Ele cheira a farsante.

c) Cheirou a flor antes de me oferecê-la.

d) Os detidos cheiravam a entorpecente.

e) A enxofre cheirava a mina.

743) (F.OBJETIVO-SP) "___ pouco ___ considerar em relação ___ quem se comporta tão ___ "

a) Há – a – à – mau

b) Há – a – a – mal

c) A – há – à – mal

d) À – à – a – mal

e) Há – à – à – mau

744) (ITA-SP) Assinale a alternativa correta.

a) Fazem anos que não te vejo.

b) Devem haver pessoas honestas lá.

c) Alvimar ou Caetano será escolhido para o cargo.

d) Aspiramos um aumento salarial melhor.

e) Custou-o a entender o que eu dizia.

745) (AFTN) Assinale o segmento que _desrespeita_ a concordância da norma padrão.

a) Caim, antes e depois de ter matado seu irmão Abel, aparece sempre como superior: sem dúvidas antes, sem arrependimentos depois.

b) Nas grandes cidades, o excesso de veículos de passageiros congestiona o trânsito principalmente por volta de meio-dia e meia, visto que bastantes pessoas deixam seu trabalho para almoçar em casa.

c) Tirante os presbíteros e acólitos, compareceram à cerimônia menos mulheres que homens.

d) Feitas as pazes, marido e mulher sentaram-se à mesa do bar da esquina e pediram duas Brahmas tão geladas quanto possíveis.

e) Os setores público e privado devem estar integrados harmonicamente no nível federal, no estadual e no municipal.

284 ■ Série Impetus Concursos — *Português para Concursos*

746) (T.CONTAS-ES) "As boas leis contribuem para que se façam outras melhores, as más levam a leis piores." Assinale o comentário *incorreto* sobre os elementos constituintes desse trecho.

a) A segunda oração do período está na voz passiva pronominal.

b) Ocorrem elementos antitéticos entre vários segmentos do trecho.

c) O adjetivo **melhores** aparece na forma plural para concordar com o objeto direto **outras**.

d) A omissão do substantivo **leis** após o adjetivo **más** se deve à preocupação com a estética da frase.

e) O processo de pronominalização evita a repetição de termos no desenvolvimento das frases.

747) (FASP) Indique a alternativa que permite preencher corretamente os espaços vazios do texto abaixo: Aguardava ___ carta ___ muito tempo e, como não chegasse, ele referia-se, ___ todo instante, ___ consequências desastrosas que ___ demora tenderia ___ provocar.

a) a – a – a – às – a – a

b) a – há – a – às – a – a

c) a – há – a – as – a – à

d) a – à – a – as – a – a

748) (S.M.ADM.-RIO) Assinale o comentário correto sobre a forma verbal presente na frase *Você foi contemplado!*

a) corresponde à forma composta do pretérito perfeito do indicativo.

b) apresenta o sujeito como agente da ação verbal.

c) constitui um predicado nominal.

d) está na voz passiva analítica.

e) faz parte de um predicado verbo-nominal.

749) (T.JUST.-RJ) "Há uma grande chance..." (1.4) e "não há remédio" (1.5). Nos dois casos o verbo *haver*:

a) é impessoal, admitindo por isso flexão em todas as pessoas.

b) admite substituição pelo verbo **ter** sem alterar o sentido do texto e sem ferir a norma gramatical.

c) é transitivo direto e aparece em orações sem sujeito.

d) é intransitivo e está anteposto ao sujeito.

e) está sempre acompanhado de predicativos.

750) (FUVEST-SP) "Quanto a mim, se *vos disser* que li o bilhete três ou quatro vezes, naquele dia, *acreditai-o*, que é verdade; se vos disser mais que o reli no dia seguinte, antes e depois do almoço, *podeis crê-lo*, é a realidade pura. Mas se vos disser a comoção que tive, *duvidai* um pouco da asserção, e *não a aceiteis* sem provas."

Mudando o tratamento para a terceira pessoa do plural, as expressões destacadas passam a ser:

a) lhes disser; acreditem-no; podem crê-lo; duvidem; não a aceitem
b) lhes disserem; acreditem-lo; podem crê-lo; duvidam; não a aceitam
c) lhe disser; acreditam-no; podem crer-lhe; duvidam; não a aceitam
d) lhe disserem; acreditam-no; possam crê-lo; duvidassem; não a aceiteis
e) lhes disser; acreditem-o; podem crê-lo; duvidem; não lhe aceitem

751) (COL.NAV.) "Calvino fez da cobrança de juros um esporte legítimo" (§ 11)

Das alterações feitas na sentença acima, aquela em que há *erro* de concordância nominal é:

a) Calvino tornou legítimo cobrarem-se juros.
b) Calvino tornou legítimos os juros cobrados.
c) Calvino tornou legítima a cobrança de juros.
d) Calvino tornou a aquisição de títulos e propriedades legítimas.
e) Calvino tornou a aquisição de títulos e propriedades algo legítimo.

752) (ESFAO) Assinale a única palavra que não tem o mesmo radical de *amiga*:

a) amigável
b) amoral
c) amável
d) desamor
e) inimigo

753) (CEF) Marque a alternativa correta, quanto à classe gramatical do *que*.

a) "Sempre se tem que começar..." (l. 1/2) preposição
b) "... vida-reflexo de tudo que os nossos olhos elegeram..." (l. 13/14) conjunção coordenativa explicativa
c) "Que imagens lindas andam nessa vida!" (l. 15) pronome substantivo indefinido
d) "Sentimos nas mãos a graça com que elas pousaram na água..." (l. 16/17) partícula expletiva
e) "... descobrimos, espantados, que a mocidade foi um jardim..." (l. 21/22) pronome relativo

286 ■ Série Impetus Concursos — *Português para Concursos*

754) **(UN.V.ALMEIDA-RIO) NÃO há sujeito (sujeito inexistente) no período da alternativa:**
   a) Em vários sentidos, creio.
   b) Falava nele de maneira diferente.
   c) Felizmente havia um outro lado.
   d) Aquilo nos dá um tipo.
   e) Aliás, repetiu isso muitas vezes, publicamente ou não.

755) **(FAE-RIO)**
   "O observador... não vê mais o perfil da capela..."
   "Descreve-a o romancista..."
   "Entretanto a igrejinha tem tanto caráter na sua simplicidade..."
   Os verbos destas frases, quanto à predicação verbal, são, respectivamente:
   a) transitivo direto / transitivo direto / transitivo direto e indireto
   b) transitivo direto e indireto / transitivo direto / transitivo indireto
   c) transitivo direto / transitivo direto e indireto / intransitivo
   d) transitivo direto / transitivo direto / transitivo direto
   e) transitivo direto e indireto / transitivo direto / transitivo direto e indireto

756) **(TRE-RIO) Das seguintes alterações processadas na pontuação de passagens do texto, aquela em que há _erro_ é:**
   a) O jeito não é uma instituição legal nem ilegal: é "paralegal". (§ 1)
   b) Estes se governam por relações voluntarísticas; aqueles, por fórmulas impositivas. (§ 2)
   c) o que nos leva ora à solução elegante e proveitosa – para os juristas – da mudança da constituição, ora a interregnos deselegantes de ditaduras inconstitucionais. (§ 6)
   d) A curto prazo, entretanto, pode gerar intolerável tensão institucional, que, não fora a válvula de escape do jeito, arriscaria perturbar o funcionamento da sociedade. (§ 10)
   e) Mas, forçoso é reconhecer, que há raízes sociológicas mais profundas. (§ 14)

757) **(ESC.NAV.) Ao lado das palavras abaixo, há a classificação do grupo vocálico existente em cada uma delas. Assinale a alternativa que contém um erro na classificação.**
   a) Ruim – ditongo nasal decrescente
   b) Anúncio – ditongo oral crescente
   c) Ideias – ditongo oral decrescente
   d) Quando – ditongo nasal crescente
   e) Constituindo – hiato

758) (TCE) Todas as frases abaixo estão corretas quanto à concordância, EXCETO uma. Assinale-a.

a) Resta ainda, em alguns trechos, áreas preservadas.

b) Foi um agrônomo pernambucano quem nos alertou sobre o que está ocorrendo.

c) A maior parte das pessoas desconhece o problema.

d) Alguns de vós acompanham o noticiário sobre o assunto.

e) Cerca de dois milhões de quilômetros quadrados viraram deserto.

759) (BANERJ) "Não só não acreditamos em mais nada ou ninguém, como tampouco nos escandalizamos ou nos indignamos." (§ 1)

Das alterações processadas na passagem acima, aquela em que ocorre substancial mudança de sentido é:

a) Não acreditamos em mais nada ou ninguém e tampouco nos escandalizamos ou nos indignamos.

b) Não acreditamos em mais nada ou ninguém, bem como não nos escandalizamos ou nos indignamos.

c) Não acreditamos em mais nada ou ninguém, nem tampouco nos escandalizamos ou nos indignamos.

d) Não apenas não acreditamos em mais nada ou ninguém, mas também nos escandalizamos ou nos indignamos.

e) Não apenas não acreditamos em mais nada ou ninguém, como tampouco nos escandalizamos ou nos indignamos.

760) (UN.E.SÁ-RIO) Assinale a alternativa correta quanto ao emprego do verbo.

a) Ele já reaviu o dinheiro do FGTS.

b) Quando reouvermos nosso dinheiro, compraremos um carro.

c) Quando ele reaver a casa, poderá mudar-se.

d) Eles reaveram tudo que foi roubado.

e) Será difícil eles reavirem o tempo perdido.

761) (AG.FAZ-RIO) Assinale a palavra correta quanto ao emprego do hífen.

a) anti-jurídico

b) anti-aéreo

c) infra-assinado

d) semi-permeável

e) neo-clássico

288 ■ Série Impetus Concursos — *Português para Concursos*

762) (F. RENDAS-RJ) "mantê-los na empresa para *fazer face às incertezas* da fatal inflação futura." (§ 7)

Das seguintes alterações da expressão sublinhada acima, aquela em que é obrigatório o emprego do acento indicativo de crase no "as" é :

a) manter permanentes as incertezas

b) tornar toleráveis as incertezas

c) levar a efeito as incertezas

d) ter em vista as incertezas

e) pôr freio as incertezas

763) (F.RENDAS-RJ) A alternativa em que ambas as palavras são proparoxítonas, devendo pois, como "álibi", acentuar-se graficamente é:

a) inaudito / maquinaria

b) rubrica / caracteres

c) interim / prototipo

d) filantropo / avaro

e) pudico / ibero

764) (FTE-MG) Examine as frases:

I – Nem todo político é _____.

II –O _____ está sempre à nossa volta.

III – Ficamos felizes _____ ouvimos a notícia.

IV – A firma possuía um _____ administrador.

V – Ele fala _____ o inglês.

A série que completa corretamente – pela ordem – as frases acima é:

a) mal, mal, mal, mau, mau

b) mau, mal, mal, mal, mal

c) mau, mal, mal, mau, mal

d) mal, mau, mal, mau, mal

e) mau, mal, mau, mau, mau

765) (TELERJ) Em quatro das opções abaixo, a palavra <u>só</u> tem o mesmo sentido e a mesma classificação. Uma das opções, apenas, diverge das demais. Assinale-a.

a) <u>Só</u> alguns têm telefone celular.

b) O telefone celular é <u>só</u> mais um meio de comunicação moderno.

c) As ligações <u>só</u> devem ser feitas quando houver necessidade.

d) Não se sinta <u>só</u>, use o telefone e aproxime-se de amigos distantes.

e) <u>Só</u> alguns números pertencem aos usuários desse sistema.

766) (ESFAO) Das orações abaixo sublinhadas, uma delas destoa das demais, quanto à função:

a) "Creio <u>que usou delas, em rapaz, entre 1801 e 1812.</u>"
b) "Se pudesse olhar para as moças, veria, ao menos, <u>que era objeto da curiosidade de todas,</u>..."
c) "Foi o Palha <u>que lhe trouxe um guarda-chuva</u>."
d) "... e saudava o amigo, dizendo-lhe <u>que viera tarde</u>."
e) "Sofia tinha ido dizer ao marido <u>que o Rubião acabara de chegar.</u>"

767) (UN.E.SÁ-RIO) Assinale a única alternativa que apresenta incorreções quanto à formação do plural:

a) papeizinhos, avozitos, razõezitas
b) pãozinhos, florezinhas, ladrãozinhos
c) amorezinhos, capelãezinhos, arvorezinhas
d) vulcõezinhos, colarezinhos, girassoizinhos
e) cafezinhos, capitãezinhos, mamõezinhos

768) (MAG.-MT) Na linguagem formal, o tratamento Vossa Senhoria leva necessariamente ao tratamento seguinte abaixo:

a) Magnificentíssimo
b) Excelentíssimo
c) Eminentíssimo
d) Ilustríssimo
e) Meritíssimo

769) (FUVEST-SP) Assinale a alternativa em que o período proposto está corretamente pontuado.

a) Neste ponto viúva amiga, é natural que lhe perguntes, a propósito da Inglaterra como é que se explica, a vitória eleitoral de Gladstone.
b) Neste ponto, viúva amiga, é natural que lhe perguntes, a propósito da Inglaterra, como é que se explica a vitória eleitoral de Gladstone.
c) Neste ponto, viúva amiga é natural que, lhe perguntes a propósito da Inglaterra, como é que se explica a vitória eleitoral, de Gladstone?
d) Neste ponto, viúva amiga, é natural, que lhe perguntes a propósito da Inglaterra, como é que, se explica a vitória eleitoral de Gladstone.
e) Neste ponto viúva amiga, é natural que lhe perguntes a propósito da Inglaterra como é, que se explica, a vitória eleitoral de Gladstone?

290 ■ Série Impetus Concursos — *Português para Concursos*

770) **(BANERJ) "Ela termina por afetar _nosso_ próprio caráter, afastando-_nos_ assim do ideal de _nos_ _tornarmos_ cada vez mais seres éticos e morais" (§ 2)**

A alternativa em que foram corretamente substituídas as formas de 1ª pessoa do plural, acima sublinhadas, pelas de 3ª pessoa do plural é:

a) Ela termina por afetar seu próprio caráter, afastando-lhes assim do ideal de se tornarem cada vez mais seres éticos e morais.

b) Ela termina por afetar-lhe o próprio caráter, afastando-os assim do ideal de se tornarem cada vez mais seres éticos e morais.

c) Ela termina por afetar-lhes o próprio caráter, afastando-os assim do ideal de se tornarem cada vez mais seres éticos e morais.

d) Ela termina por afetar o próprio caráter deles, afastando-os assim do ideal de os tornarem cada vez mais seres éticos e morais.

e) Ela termina por afetar-lhes o próprio caráter, afastando-lhes assim do ideal de os tornarem cada vez mais seres éticos e morais.

771) **(BACEN) Selecione a opção cujas palavras preenchem de forma correta as lacunas do parágrafo abaixo.**

.... **muitos meses do término da cobrança do imposto – em 31 de dezembro de 1994 – , ainda existem algumas providências .... serem tomadas. Os técnicos preparam, ... alguns meses, uma instrução normativa para obrigar as entidades filantrópicas .... se identificarem junto .... Receita.**

a) Há – à – a – à – à

b) À – há – há – à – a

c) A – à – há – à – à

d) A – a – há – a – à

e) Há – a – à – a – à

772) **(UN.V.ALMEIDA-RIO) Há ERRO de concordância (verbo sublinhado) na seguinte alternativa:**

a) De repente, ouviu-se um gemido e um grito.

b) Ele saiu de Itabira fazem muitos anos.

c) Graciliano foi um dos que mais sofreram com a ditadura.

d) Estava destruída a maioria das fotografias.

e) Mais de um poema foi publicado naquela revista.

773) **(ESPCEX) Considerando o processo de formação de palavras, relacione a coluna da direita com a da esquerda:**

1. derivação regressiva
2. prefixação
3. parassíntese
4. sufixação
5. composição por justaposição

a. subtenente
b. rejuvenescer
c. caça
d. passatempo
e. resvaladiço

Assinale a alternativa que apresenta a numeração em sequência correta:

a) a-2; b-1; c-5; d-4; e-3
b) a-2; b-3; c-1; d-5; e-4
c) a-1; b-4; c-3; d-2; e-5
d) a-4; b-3; c-1; d-2; e-5

774) **(TELERJ) O pronome relativo, indicado entre parênteses, preenche _CORRETAMENTE_ apenas uma das opções. Marque-a.**

a) O problema _____ solução fizeram alusão ainda não foi resolvido. (de cuja)
b) Saber comunicar-se é o _____ todos carecemos. (que)
c) Há situações mais sérias _____ causas nos devemos preocupar. (com cujas)
d) É de futuro o lugar _____ almejas. (a que)
e) As palestras _____ assistimos nos foram benéficas. (que)

775) **(FAE-RIO) "Lembro-me bem do Largo da Glória e da Praia da Lapa da minha meninice." Se substituirmos a expressão _lembro-me bem do_ pelo futuro do presente simples, atendendo à correta colocação pronominal, temos**

a) hei de lembrar-me bem do
b) lembrarei-me bem do
c) lembrar-me-ia bem do
d) lembraria-me bem do
e) lembrar-me-ei bem do

776) **(F.RENDAS-RJ) "empresas que não forem competentes o suficiente para se adaptarem" (§ 8) Das alterações feitas na passagem acima, aquela em que ocorre _erro_ de flexão verbal é:**

a) empresas que não se proporem ter suficiente competência para se adaptarem
b) empresas que não vierem a ter suficiente competência para se adaptarem
c) empresas que não requererem suficiente competência para se adaptarem
d) empresas que não mantiverem suficiente competência para se adaptarem
e) empresas que não antevirem suficiente competência para se adaptarem

292 ■ Série Impetus Concursos — *Português para Concursos*

777) (AFTN) Indique a letra que completa com correção gramatical e com coerência as lacunas do trecho abaixo, pela ordem de aparecimento.

Diante do aumento da população de idosos, a sociedade brasileira começa a tomar consciência de que a questão exige uma política social imediata e enérgica, que permite não só _____ e _____ condições de sobrevivência, mas _____ à comunidade e à força produtiva, _____ a completa dimensão de cidadania.

a) sustentá-los, fornecer-lhes, inserir-lhes, restituindo-lhes

b) ampará-los, dar-lhes, reintegrá-los, devolvendo-lhes

c) asilá-los, garantir-lhes, recolhê-los, subtraindo-lhes

d) acolher-lhes, garantir-lhes, introduzi-los, recambiando-lhes

e) assisti-los, prover-lhes, readmiti-los, alijando-lhes

778) (UN.LONDRINA-PR) Foram divididos .... próprios os trabalhos que .... em equipe.

a) conosco – se devem realizar

b) com nós – devem-se realizar

c) conosco – devem realizar-se

d) com nós – se devem realizar

e) conosco – devem-se realizar

779) (PUC-SP) Nas palavras *enquanto, queimar, folhas, hábil* e *grossa*, constatamos a seguinte sequência de letras e fonemas:

a) 8-7, 7-6, 6-5, 5-4, 6-5

b) 7-6, 6-6, 5-5, 5-5, 5-5

c) 8-5, 7-5, 6-4, 5-4, 5-4

d) 8-6, 7-6, 6-5, 5-4, 6-5

e) 8-5, 7-6, 6-5, 5-5, 5-5

780) (F.POST-SÃO GONÇ.) Em "Outro ato *em que* revelou alguma sabedoria foi (...)", emprega-se o pronome relativo antecedido de preposição. Uso semelhante ocorre em:

a) Perguntou-lhes o diretor em que seção trabalhava.

b) João não se lembrava de que almoçamos no mês passado.

c) Sabíamos com que arma devíamos enfrentá-los.

d) Estavam dispersos os livros a que a secretária se referia.

781) (BACEN) Assinale a opção que **NÃO** apresenta erro gramatical.

a) Se houverem muitos endossos em um mesmo cheque, este não será aceito pelos bancos.

b) Caso uma empresa esteje trabalhando com impressão de livros e jornais, ela poderá ter isenção do IPMF.

c) Se o Secretário da Receita Federal propor novas medidas de combate à sonegação, elas terão de ser amplamente divulgadas.

d) As empresas também pagarão IPMF, a menos que trabalhem com impressão de livros e jornais.

e) Caso o dinheiro ficar depositado três meses na poupança, haverá um adicional de 0,25%.

Renato Aquino ■ **293**

782) (BACEN) Assinale a alternativa que contém palavras empregadas _conotativamente._
a) A filosofia desce finalmente da torre de marfim em direção à praça pública.
b) Filosofia se diz de muitas maneiras: um livro do especialista, uma tese de doutorado, um texto didático.
c) Atitudes excêntricas do filósofo acabaram por popularizar suas ideias.
d) O sucesso de debates garante a manutenção dos programas de estudos filosóficos.
e) Passagens dos escritos dos filósofos, apesar de arbitrários, são responsáveis pelo entusiasmo dos debatedores.

783) (ESFAO) "Conversava-_se_ ali muito, à tarde, e à noite." – Num dos itens abaixo, a palavra _se_ tem classificação idêntica à da que está sublinhada no texto transcrito:
a) Queixava-_se_ muito, à tarde, do calor que fazia.
b) Nunca _se_ esqueceu dos conselhos que lhe dei.
c) Discutia-_se_ ali, à tarde, o resultado dos jogos.
d) Foi-_se_ embora sem deixar aviso.
e) Falava-_se_, à tarde, no resultado dos jogos.

784) (EFOMM) Assinale o item que contém uma forma verbal _incorreta._
a) Tirarás uma boa nota, desde que estudes bastante.
b) Aceitarei o encargo que me propuseres.
c) Se vierdes a mim, receber-vos-ei.
d) Assim que vê-lo, comunique-me.
e) É importante ires à conferência.

785) (BANERJ) O par em que a 2ª forma verbal, com pronome enclítico ou mesoclítico, deve ter acento gráfico é:
a) "creio" / crerem-no
b) "dizemos" / dir-nos-iam
c) "indignamos" / indignam-se
d) "distinguimos" / distingui-lo
e) "constituem" / constitui-la-ei

786) (SARG.-EX.) Assinale a única palavra formada por composição.
a) pontapé
b) barrigudo
c) antebraço
d) felizmente
e) enriquecer

294 ■ Série Impetus Concursos — *Português para Concursos*

787) **(F.RENDAS-RJ) Ao contrário da palavra "cartelizados" (§ 8), deve-se escrever com s a seguinte palavra:**
a) caracteri__ados
b) catequi__ados
c) carboni__ados
d) canali__ados
e) catali__ados

788) **(METRÔ-RIO) Assinale o substantivo que faz o plural, na língua culta, como *cristão/cristãos*.**
a) cidadão
b) charlatão
c) alemão
d) capitão
e) escrivão

789) **(SARG.-EX.) A sentença em que a palavra sublinhada deveria receber o acento grave indicativo da crase é:**
a) A melhor maneira de se conversar é frente a frente.
b) Nunca se assistiu a tanta penúria como agora.
c) Ainda voltarei a essa cidade.
d) Todos se sentiam a vontade para a missão.
e) Tenho horror a discussões inúteis.

790) **(TTN) Assinale o item em que a pontuação está correta.**
a) Nos últimos 25 anos os economistas vêm reconhecendo a importância do capital humano: as habilidades, os conhecimentos e, a formação educacional dos trabalhadores que utilizam o capital físico (equipamentos, máquinas e instalações). Com isso, se enfatiza a importância do investimento em educação e formação.
b) Nos últimos 25 anos os economistas vêm reconhecendo, a importância do capital humano – as habilidades, os conhecimentos e a formação educacional dos trabalhadores, que utilizam o capital físico – equipamentos, máquinas e instalações. Com isso, se enfatiza a importância do investimento em educação e formação.
c) Nos últimos 25 anos, os economistas vêm, reconhecendo a importância do capital humano: as habilidades, os conhecimentos e a formação educacional dos trabalhadores que, utilizam o capital físico (equipamentos, máquinas e instalações). Com isso se enfatiza a importância do investimento em educação, e formação.
d) Nos últimos 25 anos, os economistas vêm reconhecendo a importância do capital humano: as habilidades, os conhecimentos e a formação educacional dos trabalhadores que utilizam o capital físico (equipamentos, máquinas e instalações). Com isso, se enfatiza a importância do investimento em educação e formação.
e) Nos últimos 25 anos os economistas vêm reconhecendo a importância, do capital humano (as habilidades, os conhecimentos e a formação educacional dos trabalhadores que utilizam o capital físico – equipamentos, máquinas e instalações). Com isso se enfatiza a importância do investimento, em educação e formação.
(Folha de S. Paulo – 13.7.97, com adaptações)

791) (METRÔ-RIO) Assinale a opção em que a preposição entre parênteses _NÃO_ completa corretamente a lacuna.

a) José Pires era o homem _____ quem seu Brandão conversava. (com)
b) José Pires era o homem _____ quem seu Brandão se apegava. (por)
c) José Pires era o homem _____ quem seu Brandão confiava. (em)
d) José Pires era o homem _____ quem seu Brandão precisava. (de)
e) José Pires era o homem _____ quem seu Brandão agradecia. (a)

792) (ESC.NAV.) Assinale o par, onde se verifica _um_ erro na divisão silábica.

a) Si-lên-cio / su-bli-nhar
b) Co-ad-ju-var / su-bo-fi-ci-al
c) Fac-ci-o-so / bi-sa-vô
d) Abs-tê-mio / i-guai-zi-nhos
e) Nham-bu / ex-ce-der

793) (UN.LONDRINA-PR) ...... as providências necessárias para o saneamento da cidade.

a) Haverá de ser tomado
b) Haverão de ser tomadas
c) Haverá de serem tomadas
d) Haverão de serem tomadas
e) Haverão de ser tomado

794) (EFOMM) Assinale o item em que o termo sublinhado _NÃO_ corresponde à análise entre parênteses.

a) Realizam-se as festividades como fora prometido. (sujeito)
b) O técnico, ansioso, aguardava a chegada do time ao vestiário. (predicativo)
c) Ninguém o queria; ele, por sua vez, não queria a ninguém. (objeto direto preposicionado)
d) Apesar de seu estilo, ele cantava romântico. (adjunto adverbial)
e) O aluno foi punido pela indisciplina. (agente da passiva)

795) (C.BOMB.-RJ) Assinale a alternativa em que há emprego correto do plural dos substantivos compostos.

a) para-choque; amores-perfeitos; sempre-viva; tenentes-coronéis.
b) para-choques; amor-perfeitos; sempre-vivas; tenentes-coronel.
c) para-choques; amores-perfeito; sempre-viva; tenentes-coronéis.
d) para-choque; amores-perfeito; sempre-vivas; tenente-coronéis.
e) para-choques; amores-perfeitos; sempre-vivas; tenentes-coronéis.

296 ■ Série Impetus Concursos — *Português para Concursos*

796) (CÂM.DEP.) Entre _____ ir com vocês ou ficar na floresta, escolho a segunda opção – disse o urubu ao canário – já que entre _____ e os canários não há afinidades. Ainda assim, quando partires, leva _____ a certeza de que, para _____, decidir não foi tarefa das mais fáceis.

a) eu / mim / com você / mim

b) eu / eu / com você / eu

c) mim / eu / contigo / eu

d) mim / mim / com você / eu

e) eu / mim / contigo / mim

797) (SARG.EX.) Dos pares de palavras abaixo, aquele em que a segunda não se escreve com a mesma letra sublinhada na primeira é:

a) ve<u>z</u> / reve-ar

b) e<u>s</u>vaziar / e-tender

c) atrá<u>s</u> / retra-ado

d) propô<u>s</u> / pu-eram

e) cafe<u>z</u>inho / blu-inha

798) (ESFAO) Assinale a opção em que os elementos mórficos não estão corretamente classificados.

a) <u>transmudando</u>: TRANS: prefixo / MUD: radical / A: vogal temática / NDO: desinência modo-temporal de gerúndio.

b) <u>tranquilamente</u>: TRANQUIL: radical / A: desinência de gênero / MENTE: sufixo formador de advérbio.

c) <u>paulada</u>: PAUL: radical / ADA: sufixo formador de substantivo.

d) <u>venderei</u>: VEND: radical / VENDE: tema / E: vogal temática da 2ª conjugação / RE: variante da desinência <u>rá</u>, do futuro do presente / I: desinência da 1ª pessoa do singular.

e) <u>lobinho</u>: LOB: radical / INHO: sufixo indicador de diminutivo.

799) (TRE-RIO) "E quando os mórmons se *viram* frente ao problema de povoar um deserto, não hesitaram em sancionar a poligamia." (§ 11)

Das sentenças abaixo, construídas com verbos derivados de *ver*, aquela cuja lacuna se completa corretamente com a forma entre parênteses é:

a) Os mórmons _____ as dificuldades a serem enfrentadas. (anteveram)

b) Quando os mórmons _____ as dificuldades a enfrentar, agem corajosamente. (entrevêm)

c) Os mórmons já se tinham _____ dos recursos necessários para seguir para o deserto. (provisto)

d) Se os mórmons _____ as dificuldades que enfrentariam, talvez tivessem desistido. (prevessem)

e) Sempre que os mórmons _____ a história da colonização do deserto, sentir-se-ão honrados. (revirem)

800) (FTE-MG) As palavras não seguem a mesma regra de acentuação na opção:

a) há, está, pós.

b) provável, ônus, órgão

c) países, substituído, conteúdo.

d) cínico, político, democrático.

e) privilégio, instância, arbitrário.

801) (ESC.NAV.) Dentre as palavras abaixo, retiradas do texto, apenas uma não conta oito fonemas. Assinale a alternativa que a apresenta.

a) Lembranças

b) Linguagem

c) Eloquência

d) Horizontes

e) Levantasse

802) (TCE) Assinale a opção *INCORRETA* quanto à concordância nominal.

a) Colecionava jornais e revistas antigas.

b) Ao meio-dia e meia desceram para o almoço.

c) Tinha pelo computador sincero respeito e admiração.

d) Ela mesmo se negara a conhecê-lo melhor.

e) Quaisquer que sejam as dificuldades, tudo será resolvido.

803) (UN.LONDRINA-PR) ___ contra gosto, a comissão entregou ___ imprensa ___ listas dos aprovados.

a) A – a – as

b) A – à – às

c) A – à – as

d) À – a – às

e) À – à – às

804) (EFOMM) Dadas as orações:

1) **Que felicidade sentiu ao rever os pais!**

2) **Faz tempo que não a vejo.**

3) **Trabalha que trabalha; não consegue juntar dinheiro.**

4) **Que feliz estava a mãe ao abraçar o filho!**

5) **Inteligente que fosse não conseguia o primeiro lugar.**

A palavra *que* é respectivamente:

a) pronome, conjunção, conjunção, pronome, conjunção

b) pronome, partícula expletiva, conjunção, advérbio, conjunção

c) pronome, advérbio, pronome, advérbio, conjunção

d) advérbio, conjunção, pronome, advérbio, conjunção

e) advérbio, partícula expletiva, conjunção, advérbio, conjunção

298 ■ Série Impetus Concursos — *Português para Concursos*

805) **(TFC) Numere os períodos na ordem em que formem um texto coeso e coerente, e marque o item correspondente.**

( ) **Essa invenção permitiu o sofisticado gosto dos reis franceses de colecionar livros, e a mesma revolução que os degolou foi responsável por abrir suas coleções ao povo.**

( ) **Há cerca de 2.300 anos os homens encontraram uma maneira peculiar de guardar o conhecimento escrito juntando-o num mesmo espaço. A biblioteca foi uma entre outras das brilhantes ideias dos gregos, que permanecem até hoje.**

( ) **Apesar da resistência da Igreja, a informação começou a girar mais rápido com a invenção da imprensa de Gutenberg.**

( ) **Assim as bibliotecas passaram a ser "serviço de todos", como está escrito nos anais da maior biblioteca do mundo, a do Congresso, em Washington, que tem 85 milhões de documentos em 400 idiomas diferentes.**

( ) **Depois deles, a Idade Média trancou nos mosteiros os escritos da antiguidade clássica e os monges copistas passavam o tempo produzindo obras de arte.**

(Gazeta Mercantil / Fim de Semana de 15, 16 e 17 de agosto de 1997.)

a) 1 3 5 2 4

b) 3 2 4 5 1

c) 2 3 5 4 1

d) 4 1 3 5 2

e) 5 4 1 3 2

806) **(TCE) A opção em que as duas palavras formam o plural da mesma maneira é:**

a) ficção / alemão

b) administração / pão

c) substituição / nação

d) demonstração / capitão

e) talão / cristão

807) **(P.G.JUSTIÇA) "... ajudaram a levantar o moral das humilhações decorrentes do fato de o brasileiro ser apontado..." (l.30,33). Assinale o item em que se justifica de modo *correto* a construção "de o brasileiro" em lugar de "do brasileiro".**

a) com a presença da expressão "fato de" é impossível ocorrer a combinação de preposição + artigo;

b) trata-se de preferência do autor, já que não há nenhuma mudança de significado entre as duas construções;

c) prende-se ao fato de não poder existir combinação de preposição + artigo do substantivo que exerce a função de sujeito;

d) indica que o termo "o brasileiro" está sendo considerado em sua significação geral, ou seja, de "o povo brasileiro";

e) é uma exigência do uso culto da linguagem, que não aconselha a combinação de preposição + artigo quando esse artigo introduz uma nova oração.

808) **(TALCRIM) Que palavra a seguir é formada pelo mesmo processo empregado para formar a palavra *porta-aviões*?**

a) pós-guerra

b) pré-histórico

c) guarda-chuva

d) anormalidade

e) planalto

809) **(EPCAR)**

1- **Por que <u>caminho</u> se vai à cidade?**

2- **Necessita-se <u>de melhor orientação</u>.**

3- **Avalie-se <u>o resultado</u> da campanha.**

4- **Louve-se <u>o esforço</u> do homem para o bem.**

5- **Consolidou-se <u>o regime</u>, após a revolução.**

Pluralizando-se os elementos sublinhados acima, o verbo assume forma plural nos itens:

a) 1, 2 e 4

b) 1, 4 e 5

c) 2, 3 e 4

d) 2, 4 e 5

e) 3, 4 e 5

810) **(CEFET) Marque o item que apresenta uma oração subordinada adjetiva.**

a) "Sempre se tem que começar pelas palavras eternas." (l. 1/2)

b) "Pode-se viajar sem sonho?" (l. 2)

c) "... gosto de me perder pelos caminhos..." (l. 6/7)

d) "... tento me perder por eles..." (l. 7)

e) "Certos pedaços de música, ouvidos num dia, nunca mais esquecemos." (l. 19/20)

811) **(FOT.POL.-RJ) Um dos empregos do hífen é separar as sílabas das palavras. A alternativa em que há <u>erro</u> na divisão silábica de uma das palavras é:**

a) ne-nhu-ma / sa-bi-a

b) ad-qui-ri-ra / a-re-ia

c) pas-sas-se / a-pre-en-do

d) des-con-fi-a-do / sor-riu

e) in-ter-cep-tou / cha-te-ou

300 ■ Série Impetus Concursos — *Português para Concursos*

812) (F.RENDAS-RJ) Assalariados de renda média sofrem menos com a inflação do que as classes trabalhadoras de renda muito baixa: _____, ao contrário _____, ainda de certo modo se beneficiam de expedientes como a correção monetária de suas cadernetas de poupança.

Tendo em vista o emprego dos pronomes demonstrativos, completam-se corretamente as lacunas da sentença acima com:

a) essas / destes

b) estas / desses

c) aquelas / destes

d) estes / daquelas

e) aqueles / destas

813) (TFC) Indique o fragmento do texto abaixo que foi transcrito com *erro*.

a) A Receita Federal começa a investigar o comportamento fiscal de atletas que têm seus rendimentos publicados quase diariamente pela imprensa esportiva.

b) Os jornalistas esportivos, aliás, costumam estar mais atentos às movimentações dos cartolas do que ao que acontece dentro de campo.

c) Mais espantoso ainda é que a investigação só está em curso graças a um ofício do fisco espanhol que, no ano passado, enviou ao Brasil um documento confidencial no qual informava estar investigando operações de compra e venda de atletas do Barcelona.

d) As pistas seguidas pela Receita vão desde a suspeita de lavagem de dinheiro em transações de compra e venda de jogadores até esquemas de caixa dois de clubes e patrocinadores.

e) Os jogadores teriam, sim, contracheque, onde aparecia os descontos do imposto de renda na fonte. O problema é que esses seriam salários para o Leão ver. O grosso do pagamento seria feito às escuras.

(EXAME, 27 de agosto de 1977, com adaptações)

814) (EFOMM) Nos itens abaixo, o único em que aparece um grupo consonantal é:

a) carro, ânsia

b) sintaxe, posse

c) exceção, alheio

d) ninho, oxidar

e) descida, queijo

815) (UN.G.FILHO) Assinale a frase em que o termo sublinhado exerce a mesma função sintática que *de algum espaço* em... "obviamente precisa de algum espaço." (1º parágrafo)

a) Ele tem certeza de minha honestidade.

b) Aqui houve o desmatamento de milhões de hectares.

c) Paulo é estimado de todos.

d) Juca tinha medo de lagartixa.

e) Precisamos de ecologistas atuantes.

Renato Aquino ■ 301

816) **(BANERJ) A alternativa em que a 2ª palavra se escreve com a mesma letra ou dígrafo sublinhado na 1ª é:**

a) "exce<u>ss</u>iva" / exce___ão

b) "e<u>x</u>clusivos" / e___cusar

c) "con<u>sc</u>iência" / su___into

d) "pri<u>v</u>ilégios" / pr___sidiário

e) "escandali<u>z</u>amos" / catequi___ar

817) **(UN.LONDRINA-PR) Para _____ poder terminar a arrumação da sala, guardem _____ material em outro lugar até que eu volte a falar _____, dizendo que já podem entrar.**

a) eu – seu – com vocês

b) eu – vosso – convosco

c) eu – vosso – consigo

d) mim – seu – com vocês

e) mim – vosso – consigo

818) **(TELERJ) Ordene as frases abaixo em uma sequência tal que se constitua um texto claro e de sentido completo.**

I – Na verdade, seus integrantes até tiveram prejuízo, considerando-se o preço atingido posteriormente por esse tipo de aparelho.

II – O telefone celular começou a ser comercializado no Rio em 1989, atingindo um grupo restrito de privilegiados.

III – Por isso mesmo, é que 982 é um número que dá "status".

IV – Para compensá-los por esse contratempo, a TELERJ concedeu aos proprietários dos primeiros celulares alguns interessantes benefícios.

V – Essa elite é identificada até hoje através do prefixo de seus celulares.

VI – Embora venha aumentando gradativamente o número de usuários de telefones celulares, os portadores de um "982" são ainda vistos como pessoas especiais.

Assinale, em seguida, a opção que contém essa sequência de modo CORRETO.

a) I – VI – IV – V – II – III

b) II – V – I – IV – VI – III

c) V – III – VI – I – IV – II

d) VI – II – I – III – V – IV

e) VI – V – III – II – IV – I

819) **(F.RENDAS-SP) _____ às solicitações _____ no processo.**

a) Atenderam-se – constantes

b) Atenderam-se – constante

c) Atendeu-se – constante

d) Atendeu-se – constantes

302 ■ Série Impetus Concursos — *Português para Concursos*

820) **(FTE-MG) Examine as frases:**
I – Quero saber _____ você não esperou.
II – Conte-me _____ essa tristeza.
III – As dificuldades _____ eu passei foram muitas.
IV – Você está triste. Diga-me _____.
V – Deixem-me ir agora, _____ estou atrasado.
VI – Tudo na vida tem um _____.
A série que completa corretamente – pela ordem – as lacunas acima é:
a) porque / por que / por que / por que / porque / porquê
b) por que / porque / por que / por que / porque / porquê
c) por que / por que / porque / por quê / porque / porquê
d) por que / por que / por que / por quê / porque / porquê
e) por que / por que / por que / por quê / por que / porquê

821) **(FTE-MG) Examine este trecho:**
"____uma hora da tarde e, portanto, ____ hora marcada, frente ____frente aos herdeiros, procedeu-se ____ leitura do testamento, aberta ____ todos."
A série que completa corretamente – pela ordem – as lacunas acima é:
a) a, à, a, à, à
b) à, à, à, a, a
c) à, a, à, a, a
d) à, à, a, à, a
e) a, à, à, à, à

822) **(BACEN) Assinale o grupo de palavras que completa adequadamente as lacunas do período.**
Os contribuintes aos quais _____ fazer transferências de suas contas para as de outros devem preferir, nessas oportunidades, contas conjuntas _____ individuais. Tais operações, _____ aludimos aqui, são realizadas através de documento _____ preparação é específica.
a) convêm – que – que – de cuja.
b) convêm – do que – em que – a cuja.
c) convem – do que – que – em cuja.
d) convém – a – que – cuja.
e) convém – a – a que – cuja.

823) **(IBGE) O item em que o par de palavras NÃO está acentuado em função da mesma regra ortográfica é:**
a) própria / advertências
b) farmácia / bactérias
c) indústria / cálcio
d) importância / raízes
e) remédio / circunstância

824) (AFTN) Marque a opção que <u>*não*</u> constitui paráfrase do segmento abaixo:

"O abolicionismo, que logrou pôr fim à escravidão nas Antilhas Britânicas, teve peso ponderável na política antinegreira dos governos britânicos durante a primeira metade do século passado. Mas tiveram peso também os interesses capitalistas, comerciais e industriais, que desejavam expandir o mercado ultramarino de produtos industriais e viam na inevitável miséria do trabalhador escravo um obstáculo para este desiderato." P. Singer, *A formação da classe operária*, São Paulo, Atual, 1988, p. 44.

a) Na primeira metade do século passado, a despeito da forte pressão do mercado ultramarino em criar consumidores potenciais para seus produtos industriais, foi o movimento abolicionista o motor que pôs cobro à miséria do trabalhador escravo.

b) A política antinegreira da Grã-Bretanha na primeira metade do século passado foi fortemente influenciada não só pelo ideário abolicionista como também pela pressão das necessidades comerciais e industriais emergentes.

c) Os interesses capitalistas que buscavam ampliar o mercado para seus produtos industriais tiveram peso considerável na formulação da política antinegreira inglesa; mas, teve-o também a consciência liberal antiescravagista.

d) Teve peso considerável na política antinegreira britânica o abolicionismo. Mas as forças de mercado tiveram também peso, pois precisavam dispor de consumidores para seus produtos.

e) Ocorreu uma combinação de idealismo e interesses materiais, na primeira metade do século XIX, na formulação da política britânica de oposição à escravidão negreira.

825) (EFOMM) Marque a opção que apresenta os prefixos indicadores de: anterioridade, metade, posição superior, posição inferior.

a) prefixo, semivivo, supercílio, sotopor

b) prever, reter, transpor, supradito

c) projetar, progredir, subir, traduzir

d) retroagir, sobremesa, soterrar, ultrapassar

e) retroceder, extraviar, introduzir, perfurar

826) (AFTM-RECIFE) "Nas janelas e nas portas <u>*se*</u> penduravam as estrelas."

A colocação do pronome átono <u>*contraria*</u> a norma culta brasileira na seguinte alteração feita na frase abaixo:

a) ..... pendurar-se-iam as estrelas.

b) ..... iriam se pendurar as estrelas.

c) ..... tinham pendurado-se as estrelas.

d) ..... não poderiam pendurar-se as estrelas.

e) ..... não estavam pendurando-se as estrelas.

304 ■ Série Impetus Concursos — *Português para Concursos*

827) **(CESGRANRIO) Assinale a opção em que o vocábulo _te_ exerce a mesma função sintática que nos versos abaixo:**
"... o Partenon da glória
_Te_ guarda o louro que premia os bravos!" (versos 25-26)
a) Ele te encontrou na recepção ao presidente.
b) Ele te viu quando chegou ao escritório.
c) Ele te trouxe os livros que encomendamos.
d) Ele te avisou do perigo que corríamos.
e) Ele te aconselhou a esperar que a chuva parasse.

828) **(TFC) Assinale o item que apresenta concordância _incorreta_.**
a) As pessoas se agrupam em função de objetivos comuns em associações, federações, confederações, sindicatos, ONGs, colégios, empresas, sociedades, clubes, conselhos, fundações, institutos, etc.
b) Em qualquer uma dessas situações pressupõem-se que os grupos trabalham unidos na defesa de um ideário consubstanciado em estatutos, normas e procedimentos que determinam formas de atuação na sociedade.
c) Entre os dez setores que mais geraram empregos no Brasil, em 1996, as entidades sem fins lucrativos despontaram em primeiro lugar.
d) Além disso, possuem alto índice de trabalhadores voluntários que disponibilizam seu tempo livre em benefício de toda a sociedade, algo nada desprezível enquanto força mobilizadora.
e) A questão é como usar esse poder. Talvez nunca como neste momento a conscientização da necessidade do envolvimento do empresário na vida da comunidade tenha sido tão importante.
(Maria Christina Andrade Vieira, Gazeta Mercantil – 14 de agosto de 1997, com adaptações)

829) **(CESGRANRIO) Na frase: "O fio da ideia cresceu, engrossou e partiu-se" ocorre processo de gradação. Não há gradação em :**
a) O carro arrancou, ganhou velocidade e capotou.
b) O avião decolou, ganhou altura e caiu.
c) O balão inflou, começou a subir e apagou.
d) A inspiração surgiu, tomou conta de sua mente e frustou-se.
e) João pegou de um livro, ouviu um disco e saiu.

830) **(BANERJ) " o Mal existe e nos vem devorando _há_ muito tempo" (§ 5)**
A frase cuja lacuna deve ser preenchida com _há_, como no exemplo acima, é:
a) Daqui _____ algum tempo este país não será mais de analfabetos éticos.
b) Certamente estamos _____ pouco tempo das grandes mudanças deste fim de século.
c) Desde _____ muito os verdadeiros líderes deste país vêm falando nessa necessidade de mudanças.
d) Transportemo-nos em pensamento _____ muito tempo atrás, quando o país não estava tão anestesiado.
e) Estávamos viajando, mas chegamos _____ tempo de participar dos grandes comícios pelas eleições diretas.

Renato Aquino ■ **305**

831) **(TRE-RIO) "Comprida" (§ 10) tem significado distinto do seu parônimo "cumprida". Das sentenças abaixo, aquela em que houve _troca_ na escolha dos parônimos entre parênteses é:**
   a) O acúmulo de <u>vultosas</u> quantias era sinal de bênção divina. (vultosas/vultuosas)
   b) Muda-se a ética antes que se <u>consuma</u> a generalização do pecado. (consuma/consume)
   c) A expressão "dar um jeito" traz sempre <u>subentendida</u> a intenção de burlar a lei. (subentendida/subtendida)
   d) O descumprimento da lei dificilmente passa despercebido na "Common Law" anglo-saxônica. (desapercebido/despercebido)
   e) Antes de mais nada, faz-se necessário discriminar que leis favorecem a institucionalização do jeito. (descriminar/discriminar)

832) **(F.RENDAS-SP) É _____ prudência na interpretação dos resultados, _____ seguem _____ algumas normas.**
   a) necessária – porisso – inclusas
   b) necessário – por isso – inclusa
   c) necessária – porisso – incluso
   d) necessário – por isso – inclusas

833) **(CESGRANRIO) Assinale a opção em que a concordância nominal indicada entre parênteses NÃO é aceita pela NORMA CULTA.**
   a) Aprecio a cultura e a história _____. (europeia)
   b) Procure sempre comprar jornais e revistas _____. (brasileiros)
   c) Esses meninos estão com os pés e as mãos _____. (sujas)
   d) Encontrei _____ as cadeiras e o sofá. (reformadas)
   e) Essa professora contou-nos _____ lendas e contos. (antigos)

834) **(TCE) As letras que completam de modo correto as palavras escasse__, depre__ão, aquie__er são, respectivamente:**
   a) s – s – ss
   b) s – ss – sc
   c) s – ç – c
   d) z – ç – c
   e) z – ss – sc

835) **(FAE-RIO) "O velho edifício onde no império estava instalada a Secretaria dos Negócios Estrangeiros foi substituído pelo Palácio do Arcebispado."**
   No período acima temos duas orações que se classificam em:
   a) uma principal e outra subordinada adverbial
   b) coordenadas assindéticas
   c) uma principal e outra subordinada adjetiva
   d) uma principal e outra subordinada substantiva
   e) uma coordenada assindética e outra coordenada sindética

306 ■ Série Impetus Concursos — *Português para Concursos*

836) **(BANERJ) "Provam-se fraudes e falcatruas abomináveis" (§ 1)**

Das alterações da passagem acima, ocorre *erro* de concordância verbal na seguinte alternativa:

a) Hão de existir fraudes e falcatruas abomináveis

b) Devem ter havido fraudes e falcatruas abomináveis

c) Comenta-se haver fraudes e falcatruas abomináveis

d) Admite-se existirem fraudes e falcatruas abomináveis

e) Parece estarem existindo fraudes e falcatruas abomináveis

837) **(AFTN) Marque o texto que contém erro de morfossintaxe ou de ortografia.**

a) A situação do magistério no Brasil é preocupante. Temos, hoje, cerca de 1,3 milhões de professores no Ensino Fundamental, dos quais, aproximadamente, 41% com formação em nível de 2º Grau e 39% em nível de Licenciatura. Os demais não têm a habilitação necessária para o desempenho da função educativa.

b) As estatísticas demonstram que, do ponto de vista da titulação formal, temos obtido progresso. No entanto, questionam-se aspectos relativos ao desempenho dos professores e à qualidade da formação por eles obtida.

c) Estudos demonstram que não temos história de uma política educacional sistemática voltada para a formação de professores do Ensino Fundamental. Muito pelo contrário, tivemos sempre um divórcio entre as demandas do ensino e as instituições encarregadas da formação e a prática curricular do ensino de 1º Grau.

d) A este cenário, acrescentam-se, por último, as condições de gestão de recursos humanos dos Sistemas Educacionais, sobretudo no que tange a critérios de recrutamento e seleção. Sabemos que as práticas adotadas nem sempre se pautaram pelo mérito e, em muitos casos, desenvolveram-se sob formas clientelísticas.

e) Dentro do Plano Decenal de Educação para Todos, a formação de professores é uma questão da mais alta relevância e prioridade, que exige esforços das agências de formação, sistemas de ensino, associações de profissionais, conselhos de educação, sindicatos, enfim, de todos os segmentos interessados na construção de uma escola pública de qualidade.

(Baseado em Maria Aglaé de Medeiros Machado)

838) **(F.RENDAS-RJ) No que tange à inflação __ podemos encará-la sob dois aspectos interessantes__ é vício, acostumados que estamos a viver com ela __ é álibi, capaz de tornar justificáveis muitos de nossos erros.**

Os sinais de pontuação que preenchem de maneira correta as lacunas da sentença acima são:

a) ponto e vírgula / vírgula / ponto e vírgula

b) ponto e vírgula / dois-pontos / vírgula

c) vírgula / ponto e vírgula / dois-pontos

d) vírgula / dois-pontos / ponto e vírgula

e) vírgula / vírgula / vírgula

Renato Aquino ■ **307**

839) (F.POST.-SÃO GONÇ.) As alternativas implicam o uso de *abolir* ou de outros verbos do mesmo tipo. Aquela que possui a forma verbal recomendável segundo a norma gramatical é:

a) É imprescindível que se <u>abulam</u> as normas arbitrárias.

b) Antes de partir, o motorista <u>precaveu</u>-se contra possíveis irregularidades.

c) Muitas empresas <u>falem</u> por causa da ganância e concorrência ilícita.

d) Lisura e competência <u>adequam</u> os fiscais aos anseios dos contribuintes.

840) (UN.S.MARQUES-RIO) Assinale o pronome grifado que apresenta sentido possessivo.

a) "compreendi que não <u>nos</u> entendíamos".

b) "Padre Silvestre recebeu-<u>me</u> friamente".

c) "uma espécie de folha de papel destinada a receber as ideias confusas que <u>me</u> fervilhavam na cabeça".

d) "sentindo-<u>se</u> necessário comandava com submissão".

e) "O redator do *Cruzeiro* apresentou-<u>me</u> dois capítulos dactilografados".

841) (TTN) Assinale o item gramaticalmente correto.

a) O fato é que as respostas a essas perguntas, à primeira vista irrelevantes nos resultados macroeconômicos, pode afetar de modo fundamental o sucesso das políticas de assistência.

b) O governo é corrupto? Existe um Estado de Direito? Qual o nível de desigualdade de renda? As meninas tem acesso no ensino primário?

c) O Banco Mundial não abandonou a filosofia de livre mercado – longe disso –, mas seu novo relatório coloca questões relativas a outras dimensões da política nos países pobres.

d) O relatório conclue que não é preciso haver um Estado reduzido no mínimo, mas um Estado que funciona.

e) Política, história, instituições e leis, todos esses fatores vão determinar o bom ou mal funcionamento da economia, e não existe estratégia de desenvolvimento que seja adequada a todos os casos.

(Folha de S. Paulo – 13.7.97, com adaptações)

842) (F.RENDAS-SP) _____ crer que você tenha sido capaz de _____a aceitar o cargo.

a) Custa-me – persuadi-lo

b) Custo a – persuadir-lhe

c) Custa-me – persuadir-lhe

d) Custo a – persuadi-lo

308 ■ Série Impetus Concursos — *Português para Concursos*

843) (BANESPA) Assinale a alternativa em que o termo grifado é complemento nominal.
   a) A enchente alagou <u>a cidade.</u>
   b) Precisamos <u>de mais informações</u>.
   c) A resposta <u>ao aluno</u> não foi convincente.
   d) O professor não quis responder <u>ao aluno</u>.
   e) Muitos caminhos foram abertos <u>pelos bandeirantes</u>.

844) (FUVEST-SP) "Eu não sou o homem que tu *procuras*, mas desejava *ver-te*, ou, quando menos, possuir o *teu* retrato."
   Se o pronome *tu* fosse substituído por *Vossa Excelência*, em lugar das palavras grifadas no trecho acima transcrito teríamos, respectivamente, as seguintes formas:
   a) procurais, ver-vos, vosso.
   b) procura, vê-la, seu.
   c) procura, vê-lo, vosso.
   d) procurais, vê-la, vosso.
   e) procurais, ver-vos, seu.

845) (BANERJ) "Devemos ver no abandono e vilipêndio desses valores uma ameaça grave *a* nossa sobrevivência" (§ 3)
   Na passagem acima, o *a* sublinhado admite facultativamente o acento grave indicativo de crase, mas seria errado afirmar que a crase é sempre facultativa antes de possessivo. Das frases abaixo, aquela cuja lacuna pode ser preenchida com *a* ou *à*, facultativamente, é:
   a) Isso constitui ameaça ___ nossas vidas.
   b) Isso não chega a constituir ameaça, ___ nosso ver.
   c) Isso é uma ameaça ___ nossa hierarquia de valores.
   d) Essa hierarquia de valores é uma ameaça ___ nossa.
   e) Essa hierarquia de valores não é uma ameaça ___ Vossa Excelência.

846) (FMU-SP) Assinale a alternativa correta, considerando os aspectos de ortografia, acentuação, concordância e colocação pronominal.
   a) Porque se formam as ilhas de calor, com a redução de áreas verdes?
   b) Por quê se forma as ilhas de calor com a redução de áreas verdes?
   c) Por que formam-se as ilhas de calor, com a redução de áreas verdes?
   d) Por quê forma-se as ilhas de calor, com a redução de áreas verdes?
   e) Por que se formam as ilhas de calor, com a redução de áreas verdes?

847) (METRÔ-RIO) A palavra que deve levar acento é:
   a) cedo
   b) doce
   c) dor
   d) jovens
   e) tenis

Renato Aquino ■ **309**

848) **(UFMG) Em todas as alternativas, a expressão destacada pode ser substituída pelo pronome _lhe_, exceto em:**
a) Tu dirás **a Cecília** que Peri partiu.
b) Cecília viu perto **a Isabel**.
c) O tiro fora destinado **a Peri** por um dos selvagens.
d) Cecília recomendou **a Peri** que estivesse quieto.
e) Peri prometeu **a D. Antônio** levar-te à irmã.

849) **(UN.G.FILHO-RIO) Assinale a frase em que as DUAS palavras sublinhadas pertencem à classe gramatical indicada entre parênteses.**
a) Era evidente que ele não sabia o que fazer. (CONJUNÇÃO)
b) Existem pontos onde o rio tem pouca profundidade. (PRONOME)
c) Por aqui passava a comitiva. (PREPOSIÇÃO)
d) Na hora de pescar, o caboclo ouvia o murmurar das águas. (VERBO)
e) Todos afirmam que é muito importante preservar a natureza. (ADVÉRBIO)

850) **(TELERJ) Marque a _única_ opção em que há _erro_ de concordância nominal.**
a) Persistência é necessário para obtermos um bom resultado.
b) Já passava de meio-dia e meia quando a prova terminou.
c) As questões serão tais qual o programa.
d) Anexo à correspondência vão documentos importantes.
e) Estejamos sempre alerta para evitar contratempos maiores.

851) **(SARG.EX.) Assinale o vocábulo com ditongo nasal decrescente.**
a) quando
b) misteriosos
c) moravam
d) zangou
e) vitória

852) **(F.RENDAS-RJ) "os ganhos, ainda que mantenham sua expressão real, perdem significação numérica." (§ 11)**
Das alteração processadas na passagem acima, aquela em que ocorre substancial mudança de sentido é:
a) os ganhos, a menos que mantenham sua expressão real,...
b) os ganhos, a despeito de manterem sua expressão real,...
c) os ganhos, conquanto mantenham sua expressão real,...
d) os ganhos, apesar de manterem sua expressão real,...
e) os ganhos, mesmo mantendo sua expressão real,...

310 ■ Série Impetus Concursos — *Português para Concursos*

853) **(TCE) Assinale a frase em que NÃO deve ser usado o sinal indicativo de crase.**
a) A noite, costuma ler revistas antigas.
b) Andava a procura de um computador.
c) O dinheiro se destinava a compra de um carro.
d) Fui a praia e depois procurei-o.
e) Ficávamos frente a frente numa convivência diária.

854) **(TFC) Abaixo você tem cinco frases que formam o parágrafo inicial de um texto. Ordene-as de maneira a obter um parágrafo coeso e corente.**
1- **Assim também, se você decidir chamar a rosa por um outro nome, ainda assim ela continuará sendo uma rosa.**
2- **Quem quiser dizer o contrário que o faça.**
3- **Em resumo, o nosso país é o que é.**
4- **Isso em nada mudará essa realidade.**
5- **O Brasil é um país do Terceiro Mundo.**
a) 1, 2, 3, 4, 5
b) 3, 5, 1, 4, 2
c) 4, 5, 1, 2, 3
d) 5, 2, 4, 1, 3
e) 2, 4, 3, 5, 1

855) **(P.G.JUSTIÇA) Assinale o item em que a justificativa da acentuação gráfica da palavra destacada é *inadequada*.**
a) **país** – o "i" tônico, como 2ª vogal de um hiato, sozinho na sílaba ou seguido de "**s**", leva acento, exceto antes de "**nh**";
b) **mantém** – acento diferencial de número, para estabelecer distinção com a forma plural do mesmo tempo;
c) **comprometê-las** – palavra oxítona terminada em vogal **a**, **e**, **o**, seguida ou não de **s**, leva acento;
d) **período** – toda palavra proparoxítona leva acento;
e) **é** – monossílabo tônico terminado em **a**, **e**, **o** leva acento.

856) **(C.BOMB.-RJ) Assinale a alternativa que não obedece às regras de regência verbal.**
a) Custou-me entender a lição.
b) Prefiro o trabalho ao estudo.
c) O filme a que assisti deixou-me deprimido.
d) Custa-me crer que sejas tão mentiroso.
e) Cheguei em casa muito tarde.

Renato Aquino ■ **311**

857) (TRE-MG) Assinale a opção em que a concordância do verbo destacado está INCORRETA.

a) Informa o funcionário que hoje **é** dia 24 de setembro.

b) Só à tarde é que se **definiram** os objetivos da reunião.

c) **Devem** fazer poucos dias que ele abandonou o curso.

d) **Luta**-se bravamente contra os desmandos dos ditadores.

e) **Haviam** discutido os pontos mais importantes do programa.

858) (AFC) Marque o segmento do texto que contém *erro* de estruturação sintática ou semântica.

a) A essência intelectual de Nabuco provêm das suas origens e é por isso que nele se acentuam, mais do que o artista, o pensador político.

b) É uma tradição espiritual que ele conserva e eleva a um grau superior, ainda que a essa vocação política se alie a sensibilidade artística.

c) Ele não foi artista absoluto e exclusivo; a sua atração pela história e o culto pelo passado são manifestações de um temperamento político.

d) Nos estudos históricos, Nabuco considerava sobretudo a evolução social, a diretriz política da sociedade.

e) Herdou do pai o amor da perfeição, o gosto do conceito, a fórmula expressiva e gráfica, a que ele ajuntou a modernidade do espírito, a curiosidade cosmopolita, o sabor da novidade e o ardor romântico.

(Graça Aranha, com adaptações)

859) (TFC) Marque a opção em que aparece *erro* gramatical ou ortográfico.

Prestará contas qualquer pessoa ou *entidade pública* (1) que *se utilize*,(2) arrecade, guarde, *gerencie* (3) ou administre *dinheiros*, (4) bens ou valores públicos ou pelos quais a União responda, ou que, em nome desta, *assuma* (5) obrigações de natureza pecuniária.

a) 1

b) 2

c) 3

d) 4

e) 5

860) (AFC) Indique a sequência que preenche corretamente as lacunas.

Para os desplugados, o Finnegan's Pub, localizado numa badalada esquina da noite paulistana, é um bar como outro qualquer. Luz de penumbra, música aos berros, gente de pé com copos na mão, ele tem uma diferença em relação ____ concorrência: um computador que dá aos seus fregueses acesso ____ Internet. Em torno da máquina aglomeram-se umas cinquenta pessoas todas as noites. É muita gente para um computador só. Mas isso não impede que o bar, que começou ____ oferecer o serviço ____ nove meses, se apresente como o mais antigo cibercafé do Brasil. Não é o único. Há outros cinco bares espalhados por capitais brasileiras e um na cidade mineira de Juiz de Fora. A ideia de criar bares com terminais de computador ligados ____ Internet foi importada do Primeiro Mundo, onde eles começaram ____ surgir _____ de dois anos.

(Veja. 24/7/96)

a) à, a, a, há, a, a, há cerca

b) a, à, à, há, à, a, acerca

c) à, à, à, à, a, a, a cerca

d) à, à, a, há, à, a, há cerca

e) a, a, à, a, à, a, a cerca

312 ■ Série Impetus Concursos — *Português para Concursos*

**861) (CEF) Sua atitude impensada......... os colegas, que, ... uma nova agressão, ...
silêncio.**
a) constrangiu – receiando – manteram
b) constrangeu – receiando – mantiveram
c) constrangeu – receando – mantiveram
d) constrangeu – receiando – manteram
e) constrangiu – receando – mantiveram

862) (UM-SP) Numa das seguintes frases, há uma flexão de plural errada:
a) Os escrivães serão beneficiados por esta lei.
b) O número mais importante é o dos anõezinhos.
c) Faltam os hifens nesta relação de palavras.
d) Fulano e Beltrano são dois grandes caráteres.
e) Os répteis são animais ovíparos.

**863) (UM-SP) Apesar de vistosa, a construção acelerada daquele edifício deixou-nos insatisfeitos
novamente.**
Os termos em destaque no período são, respectivamente:
a) adjunto adnominal – objeto indireto – adjunto adverbial
b) complemento nominal – objeto direto – adjunto adverbial
c) adjunto adnominal – objeto direto – predicativo do objeto
d) complemento nominal – objeto direto – predicativo do objeto
e) adjunto adnominal – objeto indireto – adjunto adnominal

864) (FUVEST-SP) Assinale a frase correta.
a) Por que motivo você preferiu vir aqui, do que me esperar na rua?
b) Por que você preferiu vir aqui, do que me esperar na rua?
c) Porque você preferiu mais vir aqui que me esperar na rua?
d) Porque motivo você preferiu vir aqui, antes que me esperar na rua?
e) Por que motivo você preferiu vir aqui a me esperar na rua?

865) (BANESPA) Assinale a alternativa em que a concordância nominal é incorreta.
a) Gostava de usar roupas meio desbotadas.
b) Ele já está quites com o serviço militar.
c) Estejam alerta, pois os ladrões são perigosos.
d) Todos foram aprovados, salvo João e Maria.
e) Ela mesma datilografou o requerimento.

866) (TRF-RJ) ....bom atendimento...........público, dependerá o êxito da empresa.
a) Do – ao
b) Ao – do
c) Para – ao
d) Ao – para o
e) No – do

867) (CESCEM-SP) O futuro do pretérito foi usado para exprimir um ato futuro dependente de condição em:
a) Prometeu-me que jamais repetiria aquilo.
b) Ele não estaria sendo enganado?
c) Quando muito, ele teria seus trinta anos.
d) Há no museu uma caneta que teria pertencido ao presidente.
e) Perderia menos tempo cuidando de sua vida.

868) (PUC-SP) Dê a função sintática do termo destacado em:
"Voltaremos <u>pela Via Anhanguera</u>".
a) sujeito
b) objeto direto
c) agente da passiva
d) adjunto adverbial
e) aposto

869) (TRF-RJ) O poeta aspirava..........felicidade, mas sem...........volta da amada ele não...........obteria.
a) à,à,a
b) a,à,a
c) à,à,à
d) à,a,a
e) à,a,à

870) (UN.LONDRINA-PR) Assinale o período de pontuação correta.
a) De que se queixa, se sua vida parece um mar de rosas?
b) De que, se queixa, se sua vida parece um mar de rosas?
c) De que se queixa se, sua vida, parece um mar de rosas?
d) De que, se queixa, se sua vida parece, um mar de rosas?
e) De que se queixa se sua vida, parece: um mar de rosas!

314 ■ Série Impetus Concursos — *Português para Concursos*

871) (UM-SP) Aponte a frase que *não* contenha um substantivo empregado no grau diminutivo.
a) Coleciono corpúsculos significativos por princípios óbvios da minha natureza.
b) Faça questiúnculas, somente se forem suficientes para a formulação de ideias essenciais.
c) Os silvícolas optaram pelo uso da linguagem fundamentada em gestos e expressões fisionômicas.
d) O chuvisco contínuo de gracejos sentimentais perturba-me a mente cansada.
e) Esses versículos poderão complicar sua relação com os visitantes de má política.

872) (UM-SP) Aponte a alternativa correta.
a) exceção – excesso – espontâneo – espectador
b) excessão – excesso – espontâneo – espectador
c) exceção – exceço – expontâneo – expectador
d) excessão – excesso – espontâneo – expectador
e) exeção – exeço – expontâneo – expectador

873) (TRE-PE) ....que os leitores desta seção, em sua maioria, ... de uma região e um bairro...........
a) Sabe-se – procedem – periférica
b) Sabem-se – procede – periféricas
c) Sabe-se – procedem – periféricos
d) Sabem-se – procedem – periféricos
e) Sabe-se – procede – periférico

874) (UN.LONDRINA-PR) A palavra RESGATE é formada por derivação:
a) prefixal
b) sufixal
c) regressiva
d) parassintética
e) imprópria

875) (SUPLETIVO-RJ) "Embaixo há sempre coisas fabulosas na geladeira..."
A função sintática do termo destacado é:
a) objeto direto
b) objeto indireto
c) sujeito
d) predicativo
e) complemento nominal

Renato Aquino ■ 315

876) **(TRT-GO) Assinale a alternativa que contém os sinônimos mais adequados às palavras sublinhadas no trecho: "Os atos de improbidade administrativa importarão a suspensão dos direitos políticos, a perda da função pública, a indisponibilidade dos bens e o ressarcimento ao erário..." (Art. 37, XXI, § 4º, da CE)**
   a) honradez, causarão, compensação
   b) retidão, interessarão, reparação
   c) desonestidade, implicarão, indenização
   d) impropriedade, aproveitarão, estorno
   e) perversidade, convirão, retificação

877) **(UFF) Assinale a série cujos vocábulos contenham os seguintes tipos de encontros vocálicos, respectivamente: tritongo/ditongo nasal decrescente/ditongo oral crescente.**
   a) veio/cantam/água
   b) saguão/quando/oblíquo
   c) averiguei/ninguém/gratuito
   d) enxáguam/muito/quase
   e) verifiquei/mamão/vitória

878) **(ITA-SP) Dadas as afirmações:**
   1. A primeira pessoa do singular do presente do indicativo de *remediar* é *remedio*.
   2. A primeira pessoa do singular do presente do indicativo de *abolir* é *abulo*.
   3. A primeira pessoa do singular do presente do indicativo de *gerir* é *giro*.
   Verificamos que está (estão) correta(s):
   a) apenas a afirmação nº 1
   b) apenas a afirmação nº 2
   c) apenas a afirmação nº 3
   d) apenas as afirmações nº 1 e 2
   e) todas as afirmações

879) **(UM-SP) Em: "Não eram tais palavras compatíveis com sua posição", o termo em destaque é:**
   a) objeto direto
   b) objeto indireto
   c) complemento nominal
   d) sujeito
   e) agente da passiva

880) **(FATEC-SP) Em relação ao grupo de palavras: *glóbulo, papelzinho, colherzinha, minissaia, portinhola, casinha, casita, casinholo, corpúsculo, molusco, irmãozinho, papelucho, sainha, saiote, saiazinha* é correto afirmar que:**
   a) O conceito de diminutivo é dado sempre através de um sufixo.
   b) Todas as palavras estão no diminutivo.
   c) O plural do diminutivo só se faz em seu final.
   d) O sufixo diminutivo às vezes é antecedido de consoante de ligação.
   e) Têm idêntico sentido as palavras que são derivadas do mesmo radical.

316 ■ Série Impetus Concursos — *Português para Concursos*

881) (MPU) Considerando o emprego do pronome, assinale a sentença correta.

a) Visitamos a antiga fábrica e lembramo-nos de muitos colegas de trabalho.

b) Para mim atender a um chamado por anúncio, certifico-me do endereço.

c) Enviaram as encomendas e os técnicos receberam-as logo.

d) Enquanto esperávamos o professor, lemos e se distraímos muito.

e) Tenha certeza, Vossa Excelência, de que vosso pedido será atendido por mim.

882) (SUPLETIVO-MG)

1. Noto que as colegas, em sua maior parte, não......... querem bem.

2. Se ele me pedisse que ficasse, eu..........obedeceria.

3. Já não se lembra do que...........sucedeu.

4. Não mais............ esperava para o jantar.

A sequência que completa, corretamente e pela ordem, as lacunas das frases acima é:

a) o – o – o – o

b) lhe – o – o – lhe

c) o – o – lhe – lhe

d) lhe – lhe – lhe – o

e) lhe – lhe – lhe – lhe

883) (TRF-RJ) Convenceram-..............contrário.

a) no – do

b) lhe – do

c) no – o

d) lhe – o

e) lhe – ao

884) (FUVEST-SP)

1. Uma andorinha só não faz verão.

2. Nem tudo que reluz é ouro.

3. Quem semeia ventos colhe tempestades.

4. Quem não tem cão caça com gatos.

As ideias centrais dos provérbios acima são, na ordem:

a) solidariedade – aparência – vingança – dissimulação

b) cooperação – aparência – punição – adaptação

c) egoísmo – ambição – vingança – falsificação

d) cooperação – ambição – consequência – dissimulação

e) solidão – prudência – punição – adaptação

885) (UFF) Em qual das opções abaixo, o uso da preposição acarreta mudança total no sentido do verbo?

a) Usei todos os ritmos da metrificação portuguesa. / Usei de todos os ritmos da metrificação portuguesa.

b) Cuidado, não bebas esta água. / Cuidado, não bebas desta água.

c) Enraivecido, pegou a vara e bateu no animal. / Enraivecido, pegou da vara e bateu no animal.

d) Precisou a quantia que gastaria nas férias. / Precisou da quantia que gastaria nas férias.

e) A enfermeira tratou a ferida com cuidado. / A enfermeira tratou da ferida com cuidado.

886) (UM-SP) Qual dos períodos abaixo apresenta um desvio das normas propostas pela Gramática, conhecido no domínio da linguagem figurada como catacrese?

a) Os olhos piscavam mil vezes por minuto diante do horrível espetáculo.

b) Eu parece-me que vivo em função de um áspero orgulho.

c) Com o espinho enterrado no pé, levantou-se rápida à procura do pai.

d) Suas faces avermelhadas traduziam-se em chamas encolerizadas por causa dos males imaginados.

e) A perversidade secreta daquelas montanhas selvagens assustava as calmas águas do riacho.

887) (TTN) Nesta questão, marque o texto que contém erro de estruturação sintática ou de pontuação.

a) Devido a necessidade de tornar a tarefa política mais ética e saudável, tem havido significativa mobilização.

b) Os profissionais liberais têm-se mostrado conscientes e dispostos a participar do movimento pela reforma da sociedade.

c) Cidadãos e governo colocaram-se frente a frente e finalmente entraram em acordo sobre a reforma tributária.

d) Para diminuir a sonegação fiscal, o governo concede anistia a quem apresentar a retificação de sua declaração de renda.

e) O Secretário solicita a essas pessoas que recorram a profissionais credenciados para obter esclarecimentos.

888) (MPU) Na frase "Ser certinho é uma <u>acusação depreciativa</u>", a expressão sublinhada indica que ser certinho é um(a):

a) difamação valorativa

b) elogio apreciativo

c) denúncia caluniosa

d) incriminação desvalorativa

e) insulto irônico

318 ■ Série Impetus Concursos — *Português para Concursos*

889) (MACK-SP) Identifique a alternativa que contém a figura de linguagem predominante em: "Partimos todos os alunos".

a) pleonasmo

b) silepse

c) metáfora

d) metonímia

e) perífrase

890) (FGV-SP) Leia a frase a seguir:

"Mostrou-se submisso as decisões do chefe."

Nessa frase, uma falha de acentuação gráfica denuncia um erro de:

a) colocação pronominal

b) pontuação

c) regência nominal

d) regência verbal

e) concordância nominal

891) (UFRS) Há objeto direto; portanto, fica sem acento a opção:

a) Custou a menina sair de sala.

b) Compete a professora tomar providências.

c) Cumpre a moça ouvir explicação.

d) Refere-se aquela moça.

e) Cumpra aquela obrigação.

892) (UFPA) Todos os vocábulos são cognatos:

a) dourado, auricular, ourives, áureo

b) amor, amável, amigo, inimigo

c) face, fácil, facilitar, difícil

d) mudança, mudar, emudecer, imutável

e) café, cafeteira, cafezinho, cafajeste

893) (UFS.CARLOS-SP) Assinale a alternativa em que não há correspondência adequada entre a oração reduzida e a desenvolvida de cada par.

a) *Contendo as despesas*, o governo reduzirá a inflação. / *Desde que contenha as despesas*, o governo reduzirá a inflação.

b) "Abomina o espírito da fantasia, *sendo dos que mais o possuem*." (C.D.A.) / Abomina o espírito da fantasia, *embora seja um dos que mais o possuem*.

c) *Equacionando o problema*, a solução será mais fácil. / *Depois que se equaciona o problema*, a solução é mais fácil.

d) "*Julgando inúteis as cautelas*, curvei-me à fatalidade." G.R.) / *Como julguei inúteis as cautelas*, curvei-me à fatalidade.

e) *Tendo tantos amigos*, não achou quem o apoiasse. / *Quando tinha muitos amigos*, não achou quem o apoiasse.

Renato Aquino ■ **319**

894) (BANERJ) Das transformações processadas em passagens do texto, aquela que, em relação à norma culta, apresenta erro de concordância é a da seguinte alternativa:

a) "... a velha máxima aristotélica (...) tem muito de verdade..." (As velhas máximas aristotélicas têm muito de verdadeiro.)

b) "É necessário que se acredite em alguma coisa." (Há algumas coisas em que é necessário acreditar-se.)

c) "... os culpados exclusivos dessa situação são os governantes..." (São aos governantes que cabe a culpa exclusiva dessa situação.)

d) "... achamos normal que o governo nos minta rotineiramente..." (Achamos bastante normais as mentiras rotineiras do governo.)

e) "... o mal existe e nos vem devorando há muito tempo..." (Existem males que nos vêm devorando faz muitos anos.)

895) (ALERJ) Leia as frases.

I – Aceitarei os subterfúgios que me.............

II – Aceitei os subterfúgios que me..............

III – Para............ tais subterfúgios à mulher, falta algum tempo.

De acordo com a norma culta, as lacunas das frases acima devem ser preenchidas, respectivamente, com as seguintes palavras:

a) couberem / couberam / couberam

b) caberem / couberem / couberem

c) couberem / couberam / caberem

d) caberem / caberem / couberem

e) caber / couberem / couberam

896) (VUNESP-SP) Identifique a alternativa em que todas as palavras são proparoxítonas (os acentos gráficos foram omitidos):

a) ibero, pudico, prototipo, rubrica

b) filantropo, sinodo, monolito, fagocito

c) antifrase, parafrase, alibi, noctivago

d) celtibero, opimo, decano, caracteres

e) misantropo, ariete, cafila, batavo

897) (F.L.MENEGUEL-PR) Indique o substantivo que só se usa no plural.

a) lápis

b) pires

c) tênis

d) ônibus

e) idos

320 ■ Série Impetus Concursos — *Português para Concursos*

898) **(UFPR) Preencha convenientemente as lacunas das frases seguintes, indicando o conjunto obtido.**

1. A planta........frutos são venenosos foi derrubada.

2. O estado........capital nasci é este.

3. O escritor..........obra falei morreu ontem.

4. Este é o livro...........páginas sempre me referi.

5. Este é o homem...........causa lutei.

a) em cuja, cuja, de cuja, a cuja, por cuja

b) cujos, em cuja, de cuja, cujas, cuja

c) cujos, em cuja, de cuja, a cujas, por cuja

d) cujos, cuja, cuja, a cujas, por cujas

e) cuja, em cuja, cuja, cujas, cuja

899) **(UFRJ) Assinale o único exemplo em que há erro indiscutível na colocação do pronome átono.**

a) Quem lhe teria contado o segredo?

b) Quem teria lhe contado o segredo?

c) Ter-lhe-iam contado o segredo?

d) Quem teria contado-lhe o segredo?

e) O segredo, ter-lho-iam contado?

900) **(TCU) Marque a opção que apresenta emprego inadequado de sinal de pontuação.**

a) De 1880 a 1980, o Brasil e o Japão foram os países que mais cresceram no mundo.

b) Nosso país, que até 1930 podia ser considerado uma grande fazenda de café, transformou-se em 50 anos na oitava economia industrial do Ocidente.

c) O modelo de substituição de importações, comandado pelo Estado e financiado basicamente por poupança externa, foi o grande responsável por essa brilhante *performance*.

d) Em algum momento da segunda metade da década de 70, o modelo chega ao fim e o país, a partir de 1980 entra "em parafuso", perdendo seu impulso vital.

e) Não tivemos competência para formular um novo projeto, que, dentro das mudanças ocorridas no mundo, pudesse garantir-nos continuidade do crescimento.

G

GABARITO

GABARITO

1) a	26) b	51) d	76) c	101) b	126) c	151) c
2) c	27) c	52) a	77) e	102) c	127) d	152) a
3) c	28) d	53) a	78) b	103) a	128) a	153) c
4) d	29) e	54) d	79) a	104) d	129) e	154) d
5) a	30) b	55) c	80) d	105) d	130) d	155) e
6) e	31) d	56) e	81) c	106) d	131) c	156) b
7) a	32) e	57) d	82) c	107) d	132) c	157) d
8) b	33) c	58) a	83) a	108) a	133) b	158) b
9) e	34) c	59) e	84) c	109) b	134) a	159) b
10) b	35) b	60) d	85) b	110) a	135) c	160) a
11) b	36) a	61) b	86) c	111) b	136) e	161) b
12) c	37) d	62) e	87) d	112) b	137) b	162) c
13) d	38) e	63) b	88) a	113) d	138) e	163) a
14) a	39) c	64) a	89) e	114) d	139) c	164) d
15) c	40) e	65) c	90) e	115) c	140) e	165) b
16) b	41) b	66) b	91) e	116) b	141) b	166) e
17) d	42) b	67) e	92) b	117) b	142) a	167) c
18) e	43) a	68) d	93) c	118) c	143) c	168) d
19) e	44) c	69) b	94) d	119) a	144) d	169) d
20) b	45) c	70) a	95) c	120) a	145) e	170) e
21) d	46) c	71) a	96) b	121) d	146) b	171) e
22) c	47) a	72) e	97) a	122) d	147) a	172) c
23) c	48) c	73) d	98) b	123) c	148) e	173) d
24) e	49) c	74) e	99) c	124) d	149) c	174) b
25) e	50) a	75) b	100) a	125) d	150) e	175) e

176) b	206) a	236) e	266) a	296) e	326) d	356) b
177) e	207) b	237) c	267) c	297) c	327) a	357) e
178) a	208) c	238) d	268) a	298) a	328) c	358) e
179) b	209) c	239) c	269) e	299) c	329) a	359) a
180) d	210) a	240) c	270) e	300) e	330) c	360) c
181) e	211) e	241) a	271) b	301) a	331) e	361) b
182) e	212) b	242) c	272) b	302) c	332) a	362) b
183) d	213) b	243) e	273) a	303) b	333) b	363) d
184) d	214) b	244) d	274) e	304) a	334) c	364) e
185) c	215) d	245) e	275) b	305) e	335) b	365) a
186) d	216) e	246) b	276) a	306) c	336) a	366) c
187) b	217) c	247) b	277) d	307) a	337) b	367) b
188) a	218) b	248) b	278) c	308) c	338) e	368) d
189) a	219) a	249) e	279) d	309) e	339) c	369) b
190) e	220) d	250) a	280) e	310) e	340) e	370) b
191) c	221) b	251) a	281) a	311) c	341) e	371) a
192) b	222) c	252) c	282) a	312) e	342) b	372) a
193) b	223) a	253) e	283) c	313) c	343) b	373) c
194) e	224) c	254) d	284) e	314) c	344) a	374) a
195) a	225) b	255) d	285) c	315) a	345) a	375) c
196) d	226) c	256) e	286) a	316) e	346) c	376) e
197) d	227) c	257) d	287) e	317) b	347) b	377) c
198) e	228) d	258) c	288) c	318) e	348) e	378) a
199) c	229) e	259) c	289) c	319) c	349) c	379) e
200) a	230) c	260) b	290) a	320) b	350) c	380) d
201) b	231) a	261) b	291) e	321) b	351) a	381) d
202) d	232) e	262) d	292) d	322) d	352) a	382) b
203) b	233) d	263) d	293) b	323) e	353) c	383) e
204) e	234) e	264) c	294) d	324) a	354) c	384) a
205) d	235) e	265) d	295) c	325) e	355) e	385) a

324 ■ Série Impetus Concursos — *Português para Concursos*

386)d	416)b	446)c	476)a	506)a	536)e	566)d
387)c	417)d	447)c	477)d	507)c	537)d	567)a
388)e	418)a	448)c	478)d	508)b	538)d	568)e
389)a	419)c	449)a	479)a	509)d	539)e	569)a
390)b	420)e	450)d	480)d	510)c	540)c	570)d
391)c	421)a	451)c	481)b	511)c	541)a	571)d
392)a	422)b	452)b	482)a	512)a	542)a	572)d
393)e	423)e	453)d	483)b	513)a	543)c	573)e
394)e	424)c	454)d	484)c	514)a	544)b	574)c
395)e	425)c	455)a	485)e	515)d	545)e	575)d
396)c	426)d	456)b	486)a	516)e	546)d	576)e
397)b	427)c	457)c	487)a	517)b	547)a	577)d
398)e	428)b	458)a	488)c	518)a	548)c	578)b
399)b	429)a	459)c	489)d	519)c	549)c	579)c
400)c	430)c	460)e	490)e	520)e	550)c	580)a
401)d	431)c	461)c	491)a	521)e	551)d	581)a
402)a	432)d	462)c	492)b	522)c	552)c	582)a
403)d	433)d	463)e	493)b	523)a	553)a	583)e
404)b	434)c	464)d	494)e	524)d	554)b	584)d
405)c	435)d	465)d	495)b	525)c	555)d	585)b
406)a	436)c	466)c	496)d	526)a	556)b	586)e
407)b	437)e	467)b	497)c	527)d	557)d	587)a
408)c	438)d	468)d	498)a	528)d	558)c	588)e
409)d	439)a	469)c	499)a	529)b	559)a	589)d
410)c	440)b	470)b	500)c	530)a	560)c	590)c
411)a	441)e	471)d	501)b	531)b	561)b	591)a
412)e	442)a	472)d	502)b	532)b	562)e	592)c
413)b	443)e	473)b	503)b	533)b	563)c	593)e
414)d	444)d	474)c	504)a	534)d	564)c	594)a
415)e	445)c	475)b	505)a	535)c	565)d	595)b

596) d	626) c	656) d	686) d	716) b	746) c	776) a
597) b	627) c	657) e	687) e	717) b	747) b	777) b
598) b	628) d	658) e	688) d	718) c	748) d	778) d
599) b	629) a	659) b	689) a	719) d	749) c	779) d
600) c	630) e	660) d	690) a	720) b	750) a	780) d
601) d	631) b	661) a	691) e	721) a	751) d	781) d
602) c	632) e	662) d	692) e	722) a	752) b	782) a
603) a	633) b	663) a	693) a	723) c	753) a	783) e
604) c	634) b	664) a	694) e	724) b	754) c	784) d
605) b	635) b	665) a	695) e	725) d	755) d	785) e
606) d	636) d	666) c	696) d	726) a	756) e	786) a
607) e	637) c	667) e	697) e	727) a	757) a	787) e
608) a	638) a	668) b	698) e	728) b	758) a	788) a
609) c	639) e	669) c	699) d	729) e	759) d	789) d
610) e	640) e	670) a	700) c	730) d	760) b	790) d
611) d	641) e	671) e	701) d	731) b	761) c	791) b
612) d	642) b	672) b	702) d	732) d	762) e	792) a
613) d	643) b	673) e	703) e	733) b	763) c	793) b
614) e	644) b	674) b	704) b	734) c	764) c	794) e
615) c	645) e	675) b	705) e	735) a	765) d	795) e
616) d	646) c	676) c	706) a	736) a	766) c	796) e
617) e	647) b	677) d	707) c	737) e	767) b	797) e
618) b	648) e	678) a	708) a	738) c	768) d	798) c
619) c	649) e	679) a	709) b	739) b	769) b	799) e
620) a	650) d	680) d	710) a	740) d	770) c	800) a
621) b	651) a	681) e	711) b	741) e	771) d	801) c
622) b	652) c	682) d	712) d	742) c	772) b	802) d
623) a	653) d	683) c	713) d	743) b	773) b	803) c
624) e	654) d	684) d	714) b	744) c	774) c	804) b
625) e	655) b	685) b	715) b	745) d	775) e	805) d

326 ■ Série Impetus Concursos — *Português para Concursos*

806) c	820) d	834) e	848) b	862) d	876) c	889) b
807) c	821) d	835) c	849) b	863) d	877) d	890) c
808) c	822) e	836) b	850) d	864) e	878) c	891) e
809) e	823) d	837) a	851) c	865) b	879) c	892) b
810) e	824) a	838) d	852) a	866) a	880) d	893) e
811) b	825) a	839) b	853) e	867) e	881) a	894) c
812) e	826) c	840) c	854) d	868) d	882) d	895) c
813) e	827) c	841) c	855) b	869) d	883) a	896) c
814) d	828) b	842) a	856) e	870) a	884) b	897) e
815) e	829) e	843) c	857) c	871) c	885) d	898) c
816) e	830) c	844) b	858) a	872) a	886) c	899) d
817) a	831) b	845) c	859) b	873) c	887) a	900) d
818) b	832) d	846) e	860) d	874) c	888) d	
819) d	833) e	847) e	861) c	875) a		

C

COMENTÁRIOS

COMENTÁRIOS

1) a
Flexão possui sete fonemas, pois o x representa um grupo consonantal (cs).

4) d
Dígrafos rr e en (dígrafo nasal).

5) a
Na palavra **quanto**, o **n** nasala a vogal anterior, formando com ela um dígrafo nasal.

6) e
A palavra **jóquei** apresenta o ditongo **ei**. A letra **u** não é pronunciada.

8) b
Grupo com vogal repetida é sempre hiato.

9) e
Na palavra alguém, a semivogal é **u** (w), representada pela letra **m**. A palavra **quilo** não possui semivogal, pois o **qu** é dígrafo.

12) c
Dígrafos **ch**, **ss**, **rr** e **nh**.

16) b
Os encontros são **oi**, **u-í**, **u-í** e **éu**.

19) e
As paroxítonas terminadas em **ens** não levam acento.

25) e
Na palavra **moinho**, a letra **i**, embora seja tônica e segunda vogal do hiato, não é acentuada por estar seguida de **nh**. **Ilhéu** está correta porque tem o ditongo aberto **éu** na sílaba final.

28) d
Na letra **a**, **pôr** tem acento diferencial, enquanto as outras se acentuam pela regra das oxítonas; na letra **b**, **fórceps** não é proparoxítona; na letra **c**, as três

são oxítonas, porém **Piauí** leva acento por causa do hiato **u-í**; na letra **e**, as três são monossílabas, mas **réu** tem acento devido ao ditongo aberto; na letra **d**, gabarito, as palavras são acentuadas por causa das letras **i** e **u** formando hiato.

32) e

Plateia não leva acento porque é uma paroxítona cuja sílaba tônica apresenta o ditongo aberto **éi**. Só existe acento quando a sílaba tônica está no final da palavra, como em papéis.

36) a

A pronúncia correta é **zênite**, palavra proparoxítona.

41) b

Exceto a palavra ciúme, todas os vocábulos da questão podem ter ou não o acento. Na realidade, trata-se de palavras diferentes: historia (verbo historiar) e história, amem (verbo amar) e amém, numero (verbo numerar) e número, ate (verbo atar) e até.

45) c

Pôs e **três** pertencem à regra dos monossílabos tônicos.

47) a

Persegui é oxítona terminada em **i**, portanto sem acento.

50) a

Órgão e **júri** se acentuam pela regra das paroxítonas. **Baía** tem a letra **i**, tônica, como segunda vogal do hiato.

53) a

Prefixo **sub** seguido de vogal é dividido. Separação correta: su-bi-tem.

56) e

Divisões corretas: am-né-sia, pneu, que-ri-a, bi-sa-vô.

58) a

Separação correta: tungs-tê-nio.

60) d

O prefixo **sub** seguido de consoante, no caso **l**, não pode ter o **b** separado. Separação correta: sub-li-te-ra-tu-ra.

63) b

Não há sílaba sem vogal. **Pneu** é, portanto, um monossílabo. O encontro consoantal impróprio só se separa no meio da palavra. Por exemplo, ap-nei-a.

330 ■ Série Impetus Concursos — *Português para Concursos*

66) b
Separação correta: de-sas-sis-ti-do.

74) e
Os substantivos abstratos derivados de adjetivos escrevem-se com a terminação eza (ou ez): real – realeza; pálido – palidez.

75) b
Palavras erradas: giló, cangica, catequeze, polonez, lage.

77) e
As palavras que indicam feminino são grafadas com **esa**, e não **eza**.

83) a
Na letra **e** temos **femoral**, com **o**, apesar de relacionar-se com **fêmur**.

86) c
Hesitante vem de **hesitar**. Não tem relação com **êxito**.

88) a
Corrija-se para **herege** e **pretensioso**.

91) e
Corrija-se para **aterrissagem, cabeçalho, beneficente, empecilho, meteorologia, heterogeneidade**.

94) d
Corrija-se para **intenção, dissensões, excrementos** e **pesquisas**.

96) b
A palavra **exceção** vem de **exceto**. A letra **t** dá origem a **ç**. Não há nenhuma relação com **excesso**.

100) a
Mesma grafia, pronúncia diferente. Não leve em conta o acento.

107) d
A segunda oração tem uma ideia de explicação, justificativa; usam-se, dessa forma, conjunções como **pois** ou **porque**.

110) a
Estrato e **extrato** têm a mesma pronúncia, não poderiam ser parônimos. São, portanto, homônimos homófonos.

Renato Aquino ▪ **331**

113) d

Trata-se da mesma palavra, que pode ser grafada com fl (mais comum) ou fr. Para as outras alternativas, temos: deferir = aprovar, diferir = ser diferente ou adiar; amoral = sem o senso da moral, imoral = contrário à moral; eminente = importante, iminente = que está para acontecer; vultuoso = atacado de vultuosidade (um tipo de doença), vultoso = grande, expressivo.

115) c

A palavra **zênite** significa o ponto na abóbada celeste exatamente acima do observador. Por extensão, a parte mais elevada, mais destacada. Daí a resposta ser **ápice**.

117) b

Desencontrados significa **discordantes**, que seguem rumos diferentes.

125) d

Viperino é o adjetivo referente à víbora.

128) a

Flores, **frutos** e **armário**.

129) e

Justiça é substantivo; **de Deus** não é adjetivo, mas locução adjetiva.

130) d

Bruxa e **saci** são seres, mesmo que fictícios, portanto concretos; **comida** e **ar** têm matéria, portanto concretos.

131) c

Espírito, **alma**, **Deus** e semelhantes são substantivos concretos, uma vez que possuem existência independente. Abstrato é aquele que depende de outro para existir. **Bondade**, por exemplo, é abstrato, pois só existe porque há alguém que possua bondade.

136) e

É o único que só admite um artigo: o cônjuge, para o homem e para a mulher. Os demais são comuns de dois gêneros.

137) b

Elefante tem o feminino **elefanta**. É errada a palavra **elefoa**. **Aliá** é correto, mas se refere a uma espécie de elefantas, a do Sri Lanka.

140) e

A palavra **muito** acompanha o substantivo **apoio**, não podendo, por isso, ser advérbio. Trata-se de um pronome adjetivo indefinido.

332 ■ Série Impetus Concursos — *Português para Concursos*

142) a
Nas letras **b**, **c** e **d**, os pronomes são pessoais oblíquos tônicos, ou seja, precedidos de preposição (consigo = com + sigo, que não existe em separado). Na letra **e**, o pronome **te** deve ser analisado como reflexivo, embora também seja um pronome átono, uma vez que não é precedido de preposição.

145) e
É pronome relativo porque equivale a **o qual**, tendo como antecedente a palavra **tudo**, que ele substitui. Fazendo a troca, teríamos **fiz tudo**.

147) a
O pronome só é reto quando atua como sujeito ou predicativo. Na letra **a**, o pronome pessoal **ele** funciona como objeto indireto.

150) e
A palavra destacada significa **isso**, que também é pronome demonstrativo.

153) c
O termo destacado introduz a terceira oração do período (depois que o padre Cabral voltou a dizer-lhe). Não é simplesmente uma conjunção, pois é formado por duas palavras. Assim, temos uma locução conjuntiva introduzindo uma oração subordinada adverbial temporal.

155) e
A palavra **mal** não se liga a substantivo na frase, situação em que teria valor adjetivo, mas ao verbo **podia**. É, pois, um advérbio.

158) b
Expressão expletiva ou de realce é aquela destituída de significação e que pode ser retirada da frase.

165) b
Conjunção subordinativa consecutiva. Observe a correlação **tão**... **que**.

166) e
Palavra correta: **judia**.

167) c
Palavra correta: **episcopisa**.

171) e
Palavra correta: **juniores**, sem acento. Sílaba tônica: **o**.

Renato Aquino ■ **333**

172) c
As palavra terminadas em **z** fazem o plural com o acréscimo de **es**. Por isso: **arrozes**.

175) e
Nos compostos de adjetivo e substantivo, ambos variam: gentis-homens.

176) b
Cola-tudo é invariável: os cola-tudo.

179) b
Sendo substantivo, a palavra que designa cor é invariável. Por isso: sapatos gelo.

180) d
A palavra **ultravioleta** é invariável.

181) e
Processo heteronímico: masculino e feminino com radicais diferentes.

184) d
As palavras paroxítonas ou proparoxítonas terminadas em **s** são invariáveis em número: o lápis – os lápis, o ônibus – os ônibus. Já as oxítonas recebem a terminação **es**: o revés – os reveses.

190) e
Pretérito mais-que-perfeito. Observe a desinência **ra**, átona: falá**ra**mos.

192) b
O verbo **reter** é derivado de **ter**, conjugando-se igual a ele. Por isso: **reteve**.

193) b
Palavras corretas: reouve (re + houve), coubera, compuseram (com + puseram). A palavra reavenha não existe, pois reaver não possui presente do subjuntivo.

195) a
Presente do subjuntivo de **ver**: quando eu vir, quando tu vires etc.

196) d
Palavra correta: **freou**.

197) d
Palavra correta: **intervier**.

334 ■ Série Impetus Concursos — *Português para Concursos*

201) b
Haver, presente do indicativo: havemos ou hemos, haveis ou heis. **Construir**, presente do indicativo: constróis ou construi, constrói ou construi, constroem ou construem. **Acender**, particípio: acendido ou aceso.

207) b
Palavra correta: **depuser**.

209) c
O verbo **precaver-se** é defectivo, só se conjugando, em se tratando do presente do indicativo, na primeira e na segunda pessoas do plural. Não existe, portanto, a palavra **precavenho**.

210) a
Vindo é, ao mesmo tempo, gerúndio e particípio do verbo vir. Sendo Ter ou haver o verbo auxiliar, trata-se do particípio. Observe o que ocorre quando usamos um outro verbo: tinha chegado de trem (e não chegando).

214) b
A palavra **deem**, flexão de **dar**, é presente do subjuntivo. O que se pede aqui é o presente do indicativo: **leem**.

221) b
Reaver é derivado de **haver**. Como se diz **houveram**, diz-se **reouveram**, e não **reaveram**.

224) c
O verbo da oração, a locução **deveriam ter participado**, tem sujeito ativo: **apenas quatro parlamentares**. Observe que é a única frase em que não aparece o verbo **ser**, formador da voz passiva.

225) b
O pronome **bastante** acompanha substantivo e deve concordar com ele: **bastantes elogios**.

228) d
Anexo é adjetivo e se refere a **fotos**, devendo, pois, flexionar-se: **anexas**. Também se pode corrigir a frase acrescentando **em**, porque **em anexo** é invariável. Alguns autores, no entanto, consideram errada a locução **em anexo**.

229) e
Obrigado deve concordar com o substantivo ou pronome a que se refere.

Renato Aquino ■ **335**

230) c
Atente para o fato de que o enunciado fala em concordância gramatical, não valendo, ssim, a atrativa, embora a frase também fique certa.

231) a
Na letra **b**, podem-se usar as duas palavras, mas o que se quer é a frase que **só** admite a **primeira** palavra dos parênteses.

232) e
Está correta a palavra **nenhuns**, pois se trata de um pronome adjetivo, que deve concordar com o substantivo ao qual se refere. Na letra **e**, gabarito, a palavra **cebola** não está usada com o artigo **a**; assim, o adjetivo não pode flexionar-se em gênero. Frase correta: **Cebola é ótimo para gripe**.

234) e
Um e outro exige substantivo no singular. Por isso: **um e outro lado**.

237) c
Melão, palavra masculina, não permite o feminino plural. Frase certa: comprei melão e jaca saborosos (ou saborosa).

238) d
De maneira que, de modo que e **de forma que** são invariáveis. Por isso: de maneira que farei a prova.

240) c
A palavra **bastantes** acompanha o adjetivo **contrariados**; dessa forma, trata-se de advérbio de intensidade, não podendo flexionar-se. Na letra **d**, é correta a construção **A folhas vinte e uma**, bastante utilizada em cartórios.

243) e
Quando o adjetivo antecede dois substantivos, normalmente concorda com o mais próximo. Na letra **c**, isso não ocorre porque se trata, respectivamente, de nomes de parentesco e nomes próprios.

244) d
A palavra só, quando significa sozinho, é variável. Corrigindo as outras frases, temos: anexos (é adjetivo, concorda com formulários), cara (é adjetivo, concorda com ela), bastante (é advérbio, pois se liga a um adjetivo), prontos (é adjetivo, refere-se ao substantivo preparativos, com o qual concorda).

336 ■ Série Impetus Concursos — *Português para Concursos*

246) b
O sujeito do verbo **soar**, que indica horas, é **sete horas**. Por isso, deve-se dizer **soaram**.

247) b
A segunda pessoa (tu) prevalece sobre a terceira (Marcos = ele). Assim, o verbo vai à segunda pessoa do plural: sereis. Contudo, também se admite a terceira pessoa do plural: serão.

248) b
O verbo concorda com o artigo que integra o nome do livro. Por isso: **contam**.

250) a
Concordância atrativa. Também é correto Regressaram (concordância gramatical)

252) c
O verbo concorda com o primeiro pronome, quando este é singular. Na letra **a**, por se tratar do pronome **quem**, também é certo fazer a concordância com o antecedente. Dessa forma, também é correto **Fui eu quem falei**.

258) c
O verbo pede preposição. Nesse caso, o **se** é **símbolo de indeterminação do sujeito**, e o verbo deve ficar no singular. Nos outros casos, os verbos são transitivos diretos, classificando-se o **se** como **partícula apassivadora**. O que parece objeto direto é, na realidade, o sujeito. Por isso, em todas as frases o verbo deve ir ao plural.

263) d
O verbo **haverem** é auxiliar. Como o sujeito da oração é plural, o verbo naturalmente se flexiona no plural.

264) c
O verbo **parecer** não forma locução verbal nessa frase. Trata-se de duas orações. Houve a antecipação da palavra **eles**, que é o sujeito do verbo **estarem**. Pode-se perfeitamente escrever **Parece estarem eles doentes**.

265) d
A tarefa é que mantinha. Portanto o correto é **a tarefa que os mantinha juntos**.

271) b
O verbo **houveram** significa **obtiveram** e está concordando com seu sujeito, **os sentenciados**. Evidentemente não pode ficar no singular. Na letra **d** o verbo está concordando com a ideia de plural contida no coletivo

conselho. Temos aqui uma figura de linguagem conhecida como **silepse de número**. Porém, a flexão só foi possível por causa do afastamento entre as duas palavras. Seria errado, por exemplo, **o conselho se reuniram**. Também se poderia escrever **e decidiu**, desaparecendo a silepse.

273) a
A palavra **leva** concorda com **ocorrência**, núcleo do sujeito. **Existe** tem sujeito singular. **Torna** concorda com **sociedade**, antecedente do pronome **que**.

274) e
Na letra **c**, deve-se escrever **receba**, já que os pronomes de tratamento levam o verbo à terceira pessoa.

276) a
O verbo convêm deveria estar no singular (convém). Observe o seguinte: o que te convém? Responde-se: evitar atitudes como essa. Portanto, o que convém não são as atitudes, como parece.

277) d
Corrigindo os erros, temos: é necessário (o funcionamento), se submete (a área de ciências humanas), acaba (a aplicação), pode haver (a oração não tem sujeito).

280) e
Na última frase, o verbo faz está errado pois deveria concordar com seu sujeito, que é todos esses fatos. Aqui não se trata do verbo fazer indicando tempo decorrido, como ocorre em faz dez anos que não viajo (observe que são duas orações).

283) c
O termo **de professores de matemática** é objeto indireto, e não sujeito. O **se** é símbolo de indeterminação do sujeito, e o verbo fica no singular.

287) e
Quem constrói constrói alguma coisa. Qual é a coisa construída? As pontes. Logo, **as pontes** é objeto direto, e o verbo se classifica como transitivo direto.

291) e
O verbo, aqui, não é de ligação, porque não apresenta um predicativo. Trata-se de verbo intransitivo acompanhado de adjunto adverbial de lugar.

295) c
O verbo não possui complemento. O termo **um automóvel negro** é o sujeito da oração; **na esquina** é adjunto adverbial de lugar.

338 ■ Série Impetus Concursos — *Português para Concursos*

298) a
O complemento do verbo **pagar** (também perdoar) é objeto indireto se se trata de pessoa. Logo, deve-se dizer Paguei a todos os trabalhadores. Na letra **e**, **ao colégio** é objeto indireto por se tratar de pessoa jurídica, ou seja, é feito pagamento ao colégio. Também se poderia dizer **o colégio**, mas teria outro sentido: o colégio foi comprado e estaria sendo pago, da mesma forma que se paga o carro, o apartamento etc.

302) c
O verbo **referir-se** pede a preposição **a**, que se une ao **o** do pronome relativo **o qual**. Pode-se optar pelo uso de **que**, dizendo-se então **a que me refiro** (sem o acento de crase).

303) b
Na letra **e**, a frase está correta porque não temos, como parece, dois objetos indiretos. O termo **de ignorante** é predicativo do objeto indireto, ou seja, é a qualidade do **lhe**.

304) a
O verbo **achar** é transitivo direto, pedindo **o**, e não **lhe**.

306) c
Diz-se **a que ele obedecia**, uma vez que o verbo **obedecer** é transitivo indireto, pedindo a preposição **a.**

308) c
Diz-se **aonde iremos** porque o verbo ir pede a preposição **a**. Com verbos que peçam a preposição **em**, usa-se **onde**. Por exemplo: onde estamos?

309) e
Não se faz referência **de**, mas **a**. Corrija-se, pois, para **a cuja participação fizemos referência**.

312) e
Corrigindo-se os erros, temos: **se desenvolva**, **se tornasse**, **que muito difere**, **a migrar**.

315) a
Corrija-se para **Custará muito a ele me entender**.

320) b
Os verbos **assistir** (significando ver, presenciar) e **aspirar** (com o sentido de desejar) não admitem o pronome **lhe** como complemento.

Renato Aquino ■ **339**

325)   e
Quem se assusta se assusta **com**. Assim, deve-se dizer **com cuja figura as crianças se ssustavam**.

331)   e
A palavra **hora** exige **à** quando indica o momento em que ocorre alguma coisa. Pode estar clara ou oculta e com qualquer numeral, inclusive **uma**. Na letra **b**, a crase ocorre entre a preposição **a** e o **a** inicial do pronome **aquela**.

334)   c
Quando alguma palavra impede a presença do artigo, evidentemente não existe crase. **Alguma** é pronome indefinido, por isso não há o artigo definido **a**. De qualquer forma, a simples troca pelo masculino resolve o problema: **o barco nos levará a algum bairro**. Não apareceu **ao**, então não há crase.

336)   a
Observe a troca: Maria declarou-se a Pedro (ou ao Pedro). Antes de nome de pessoa, o artigo é facultativo. Portanto, se é nome de mulher, a crase é facultativa. Nas letras **b** e **c**, aparecem as locuções **à espera de** (prepositiva) e **à medida que** (conjuntiva), que são acentuadas por serem formadas com substantivos femininos. O mesmo ocorre com as locuções adverbiais, como **às claras**, **à força** etc. O detalhe é que, tratando-se de locução, não se deve tentar a troca por palavra masculina. É necessário reconhecer a locução.

337)   b
Nunca existe **à** (assim, no singular) diante de palavra plural, pois não está sendo usado o artigo.

339)   c
Não se usa **à** antes de **esta** e **essa** porque não existe o artigo. Mas a simples troca resolve o problema: **a esse vizinho**, e não **ao esse vizinho.**

341)   e
Está subentendida a palavra **moda**. Na letra **b**, há erro porque a preposição **desde** impede o acento. A única preposição que pode vir seguida de **à** é **até**; mesmo assim, a crase é facultativa.

343)   b
Só existe **à** antes de **que** ou **de**, quando equivale a **a aquela**. Por exemplo: Referi-me à que saiu (a aquela que). Outro recurso é trocar-se pelo masculino: ao que saiu. Se admite **ao**, deve-se usar **à**.

340 ■ Série Impetus Concursos — *Português para Concursos*

351) a
Na segunda frase, temos o verbo querer expressando sentimento, situação em que ele exige a preposição **a**. Pode-se entender a frase da seguinte maneira: deve-se querer à língua como se deve querer à pátria. Na terceira frase, **Azálea** é menção à forma precisa da palavra, que o povo vem pronunciando **azaleia**. Usando-se um masculino, fica mais fácil a compreensão: lêvedo está passando a levedo (e não ao levedo). Portanto, fica errado **à azaleia**.

354) c
Na primeira frase, o sujeito classifica-se como simples: eu. A palavra **oculto** não indica classificação de sujeito, apenas uma característica do sujeito simples, que pode estar oculto (subentendido, implícito na desinência verbal etc.). Na segunda, temos verbo transitivo indireto com o símbolo de indeterminação do sujeito.

359) a
O verbo **pede** é o único transitivo direto na questão. O **se** é partícula apassivadora (ou pronome apassivador), e o sujeito é simples: silêncio.

360) c
O predicado tem dois núcleos: o verbo que não é de ligação: **trabalha** e o predicativo: **zangado**. Pode-se dizer: **trabalha e está zangado**.

364) e
O termo **no amigo** completa o sentido de um nome substantivo: **confian-ça**. Não é, portanto, objeto indireto, como seria em **confiar no amigo**.

368) d
O agente da passiva se transforma no sujeito da voz ativa: **Manuel fez tudo**.

370) b
Os verbos **pegar**, **puxar**, **comer** e **beber** admitem, não exigem, a preposição **de** introduzindo seu complemento. Diz-se, então, **objeto direto preposicionado**.

376) e
A primeira oração do período é O estava certo (Aquilo estava certo). O que estava certo? **O**, que é o sujeito.

378) a
A palavra **lhe** nem sempre é objeto indireto. A frase pode ser dita da seguinte maneira: **Isto será útil a você**. O termo **a você** é complemento nominal do adjetivo **útil.** Como o **lhe** equivale a **a você**, trata-se de complemento nominal.

Renato Aquino ■ **341**

379) e

O verbo **deixar** é transitivo direto e tem como complemento a oração seguinte: **o sair**. A palavra **o** é sujeito do verbo **sair**. É o que se conhece como sujeito de infinitivo. O mesmo ocorre com os verbos **mandar**, **fazer**, **ver**, **sentir** e **ouvir**, que também não formam locução verbal com o infinitivo que se lhes segue. Sempre a oração do infinitivo será objeto direto da primeira.

382) b

Nem sempre o aposto fica entre vírgulas. Pode ficar entre travessões ou depois de dois pontos, ou mesmo não apresentar nenhum sinal de pontuação. **Iracema** é o nome do livro, classificando-se como aposto especificativo ou apelativo.

383) e

O termo **de pedra** é uma locução adjetiva, qualifica o substantivo. Assim, trata-se de adjunto adnominal. Como **coração** é substantivo concreto, não poderia estar acompanhado de complemento nominal.

385) a

Nada é a única palavra que não acompanha substantivo. É o sujeito da oração.

386) d

O termo destacado é objeto indireto.

388) e

O termo **do garoto** é ativo (o garoto pratica a ação de explicar). Nas demais alternativas, os termos destacados são passivos, sofrem a ação verbal, fato que caracteriza o complemento nominal.

389) a

A palavra **o** equivale a **coisa**, **fato**, e se refere a toda a oração. É um caso especial de aposto.

390) b

A palavra **o** é objeto direto do verbo **entender**, é a coisa entendida como sendo uma tomada de posição pessoal.

396) c

Na ordem direta: **O sol tornou-se humanizado**. O verbo é de ligação, e o termo **humanizado** é predicativo do sujeito.

398) e

Na segunda frase, sem dúvida a mais difícil, o pronome **que** substitui artilheiro, que é seu antecedente. Fazendo a troca, teríamos: julgaram ser ele

342 ■ Série Impetus Concursos — *Português para Concursos*

(= o) artilheiro, em que **artilheiro** é predicativo do sujeito (ele). Como o **que**, pronome relativo, substitui artilheiro, ele, o **que**, é predicativo do sujeito.

400) c

Colocando os versos na ordem direta, teríamos: **As margens plácidas do Ipiranga ouviram o brado retumbante de um povo heroico**.

403) d

A oração **de quem no-la doou** apresenta a combinação dos pronomes **nos** e **a**, transformado em **la**. O pronome **quem** é o sujeito da oração, **la** é a coisa doada (objeto direto) e **nos** a pessoa a quem se doou (objeto indireto).

406) a

Depois de verbo no imperativo, a palavra **que** (também porque e pois) é conjunção coordenativa explicativa. Assim, a oração é coordenada sindética explicativa.

409) d

Na alternativa **a**, a palavra **mas** não introduz ideia de adversidade, coisa contrária, mas sim de adição. Observe a correlação **Não só... mas também**, ou seja, **estuda e trabalha**. A oração é aditiva.

410) c

Na alternativa **a**, a palavra **e** significa **mas**, **porém**. Inicia oração adversativa.

412) e

A oração pode ser retirada sem prejuízo do significado da frase, e existe pausa marcada pelas vírgulas. Por fim, observe que ela se assemelha a um aposto.

413) b

É a única oração introduzida por pronome relativo.

415) e

A palavra **que** é conjunção integrante, e não pronome relativo. Nas letras **c** e **d**, aparecem dois pronomes relativos menos conhecidos: **quando** e **como**.

419) c

Nas alternativas **b** e **e**, a orações destacadas são completivas nominais, pois completam o sentido de nomes (convencido e receio).

420) e

O verbo **ser** pede oração predicativa.

Renato Aquino ■ **343**

425) c
A preposição **a** é exigência do verbo **mandou** (a quem é seu objeto indireto).
Ignoro é transitivo direto, portanto pede oração objetiva direta.

426) d
A palavra **como** pode ser trocada por **porque**.

428) b
Aumentando o estudo, aumenta o aprendizado, na mesma proporção.

429) a
Acordo entre uma oração e outra. **Segundo** significa **conforme**.

435) d
A conjunção **apenas** significa **assim que**, introduzindo oração adverbial
temporal.

437) e
A oração destacada indica uma explicação, uma justificativa para o que se
afirmou antes. Na alternativa **c**, a oração indica a causa de a máquina ter
parado. É oração adverbial causal.

439) a
A preposição **de** pode ficar subentendida nas orações objetivas indiretas e
nas completivas nominais.

441) e
A oração é **no falar**, sendo **no** o seu sujeito.

442) a
Pode-se transformar em **que chorava**. É, então, subordinada adjetiva.

443) e
A oração destacada é principal. A primeira, que tem a conjunção, é que se
classifica com adverbial proporcional.

452) b
O fato de as ruas estarem molhadas fez com que chovesse? Não. Portanto,
não se trata de oração subordinada adverbial causal.

457) c
Pode-se transformar em **Se a chuva parar a tempo**, com a conjunção
condicional **se**.

344 ■ Série Impetus Concursos — *Português para Concursos*

461) c
Verbo no imperativo afirmativo exige ênclise.

462) c
Os substantivos tornam a próclise facultativa. Na letra **a**, o pronome colocado entre os dois verbos, sem hífen, é considerado errado por alguns gramáticos, correto por outros. Como a letra **c** é, indiscutivelmente correta, não há problema na questão.

465) d
Particípio não admite ênclise. Na letra **e**, temos uma frase optativa (exprime um desejo do falante), que exige próclise. A opção **c** pode confundir, pois apresenta o pronome átono solto entre os dois verbos, uma situação polêmica. Como o erro da alternativa **d** é indiscutível, conclui-se que a **c** foi considerada correta pela banca.

467) b
Respectivamente, temos: **Segundo** é conjunção subordinativa, que exige próclise; não se começa a frase com pronome oblíquo átono; verbo no futuro do presente ou do pretérito não admite ênclise: usa-se a mesóclise; a vírgula impede a colocação proclítica do pronome, uma vez que não há palavra atrativa.

468) d
Gerúndio precedido de **em** exige próclise. Na letra **b**, temos um caso de **apossínclise**: pronome átono colocado entre duas palavras atrativas (que e não). Também se poderia dizer **que não se faça escândalo**.

471) d
Os advérbios, desde que não haja pausa, exigem próclise. Na alternativa **b**, temos um caso facultativo de próclise: infinitivo pessoal precedido de **não**. A frase está correta, mas também se poderia escrever **não o desapontar**.

473) b
O futuro do pretérito não aceita a ênclise. Observe que, na alternativa **c**, a banca do concurso considerou correta a colocação do pronome átono solto entre os dois verbos. Veja os comentários da questão 462.

477) d
Não se separa o verbo do sujeito por meio de uma vírgula.

479) a
A frase é exclamativa e interrogativa, daí os dois sinais de pontuação ao mesmo tempo.

Renato Aquino ■ **345**

483) b
A frase é exclamativa; faltou, portanto, o ponto de exclamação. Na letra **e**, o termo **naquela praia** está intercalado entre o verbo e o objeto direto, por isso ficou entre vírgulas. Nesse caso, as vírgulas são facultativas.

489) d
O trecho intercalado entre o sujeito, **A Educação de Adultos**, e o verbo, **é**, deve ficar entre vírgulas, mas usou-se apenas uma. Falta, pois, a vírgula depois da palavra **identificatório**.

494) e
O sujeito está separado do verbo por meio de uma vírgula.

499) a
Significando "por que motivo" e estando no início ou no meio da frase, escreve-se **por que**. Trata-se do advérbio interrogativo de causa.

502) b
A palavra é advérbio, pois se liga ao verbo; deve, assim, ser grafada com **l**. Só se escreve **mau** quando se trata do adjetivo, contrário de **bom**.

504) a
Com o sentido de **a respeito de**, a palavra é **acerca de**.

505) a
Se o objeto está perto da pessoa com quem se fala, o demonstrativo a ser usado é **esse**.

507) c
Pode-se trocar por **pelo qual**. Trata-se da preposição **por** mais o pronome relativo **que**. Por isso se escreve **por que**, e não **porque**.

511) c
A **Queda da Bastilha** é um fato histórico, grafado com iniciais maiúsculas.

513) a
Páscoa, como **Natal**, é festa religiosa. São palavras escritas com inicial maiúscula. O mesmo não ocorre com **carnaval**, na alternativa **e**.

516) e
Nos compostos formados por verbo mais substantivo, só o segundo elemento se flexiona. Corrija-se para **quebra-molas**.

346 ■ Série Impetus Concursos — *Português para Concursos*

519) c
É caso especial de plural de compostos. Corrija-se para **joões-ninguém**.

524) d
Nos compostos, a palavra **guarda** é invariável quando acompanha substantivo, pois se trata de um verbo (guarda-chuvas); é variável quando acompanha adjetivo, pois se trata de um substantivo (guardas-civis).

532) b
O prefixo **ex**, significando **o que não é mais**, sempre pede hífen.

533) b
Como quase todos os prefixos da língua, **supra** pede hífen antes de **h.**

537) d
O prefixo **des** nunca pede hífen.

538) d
Sem está sendo empregado aqui como prefixo: **sem-vergonha**, precedido de artigo; é substantivo, daí o hífen. Não confunda com o emprego de frases do tipo **Agiu sem vergonha alguma**, em que **sem** é uma preposição, não cabendo o hífen.

544) b
Na união das duas palavras, temos uma outra: caniço (ca nisso).

545) e
Erro de concordância, regência ou colocação chama-se **solecismo**.

553) a
Hemorragia só pode ser de **sangue**.

554) b
Erro de regência: dois objetos indiretos (solecismo), moção já quer dizer proposta (pleonasmo) e erro de flexão verbal: proporam, no lugar de propuseram (barbarismo)

558) c
É a mesma vogal do infinitivo: correr – correndo.

562) e
Alomorfe quer dizer **alteração da forma**. A vogal temática **a** passa a **e** e **o** no pretérito perfeito: andei, andou.

Renato Aquino ■ 347

565) d
Em **bebamos** e **cantemos**, ambos presente do subjuntivo, a vogal que aparece depois do radical (**a** e **e**) chama-se desinência modo-temporal, é a característica desse tempo. No presente do subjuntivo não há vogal temática.

567) a
Para alguns autores, a vogal **o**, havendo oposição com o feminino **a** (lobo – loba), é desinência de gênero. Para outros, é mesmo vogal temática.

572) d
hipo = posição inferior; **sobre** = posição superior.

578) b
Trata-se da desinência de gênero **a** da palavra **adequada**, da qual se formou o advérbio.

581) a
Eis a divisão da palavra: **re – defin – i – ção.** O morfema **i** é a vogal temática do verbo **definir**.

583) e
A palavra **vidente** não é da família de **viver**, porém da de **ver**. Na letra **d**, a raiz é **cand**, com a ideia de **brancura**, **pureza**, **limpeza pelo fogo**.

586) e
A palavra é formada de **escuro + ecer**. É um caso de sufixação.

587) a
Do verbo **cortar** formou-se o substantivo **corte**, que diminuiu. Na alternativa **d**, **o cantar** corresponde a uma mudança de classe gramatical, sem alteração alguma na forma da palavra. Ocorreu apenas o acréscimo do artigo, transformando o verbo em um substantivo. É um caso de **conversão** ou **derivação imprópria**. Se em vez de **o cantar** tivéssemos **o canto**, haveria um caso de **derivação regressiva** ou **deverbal**, como o da letra **a**.

589) d
Em **girassol** não ocorre aglutinação, pois não há alteração fonética nos elementos que formam a palavra. A presença do dígrafo **ss** é problema apenas ortográfico, para que se mantenha a pronúncia da palavra **sol** (gira sol).

591) a
Os elementos que constituem a palavra têm origem em uma única língua, no caso o grego.

348 ■ Série Impetus Concursos — *Português para Concursos*

595) b
A palavra é formada por um único radical, o da palavra **banana**, mais o sufixo **al**. É uma **derivação sufixal**.

600) c
O único sufixo em português que forma advérbios é **mente**. O substantivo **explicação** é derivado do verbo **explicar**, com o acréscimo do sufixo **ção**. Observe que a vogal temática do verbo se mantém no substantivo: **explic a ção**.

604) c
O verbo **depredar** não tem relação alguma com **pedra**.

610) e
A palavra **dever** não é derivada de **ver**. Seu radical é **dev**.

614) e
O verbo **quer** é transitivo direto, o que faz do **se** uma partícula apassivadora. O sujeito é **compreensão**.

615) c
Significando **caso**, a palavra **se** é **conjunção condicional**. Veja a troca: **caso Deus queira**.

616) d
O verbo **dar** pede dois objetos. A coisa dada, **muito valor**, é o objeto direto; a pessoa a quem se dá, **se**, é o objeto indireto.

617) e
A oração da palavra **se** é objetiva direta. Nesse caso, a palavra **se** é conjunção integrante.

620) a
O verbo é **queixar-se**, e não **queixar**.

625) e
O verbo **saber** é transitivo direto. O primeiro **se**, que pode ser trocado por **alguém**, é uma partícula apassivadora. Portanto, o sujeito da primeira oração é a oração seguinte: **se há liberdade absoluta**. Observe a troca que se pode fazer: **Não se sabe isto**. Assim, a segunda oração é subordinada substantiva subjetiva, introduzida pelo segundo **se**; ela tem valor passivo, por causa da partícula apassivadora.

Renato Aquino ■ **349**

628) d
A palavra **que** introduz uma oração com ideia de consequência. Observe a correlação **tanto... que**.

630) e
Sempre que a primeira oração tiver o verbo no imperativo, a palavra **que**, significando **porque**, será conjunção coordenativa explicativa. Veja os comentários da questão 406.

631) b
Embora a oração começada pelo **que** possa ser trocada por **isto**, não temos conjunção integrante. Se retirarmos a primeira oração, encontraremos uma pergunta: **que desejavam ali?** Temos nesse período uma interrogação indireta, e a palavra **que** é um pronome interrogativo.

632) e
Entende-se: Ele fala de **tal** modo **que** deixa a gente com sono. A segunda oração tem valor de consequência, e o **que** se classifica como conjunção consecutiva.

633) b
O primeiro **que** equivale a **de**, preposição.

634) b
Equivale a **mas**, conjunção coordenativa adversativa.

640) e
Completa o sentido da palavra **necessidade**.

641) e
É pronome interrogativo.

645) e
Acompanha um substantivo numa frase exclamativa. Se, também numa frase exclamativa, acompanhar adjetivo, será advérbio de intensidade. Por exemplo: **Que** feliz foi aquele encontro!

649) e
O que molhou o rosto foi o suor. Troca da causa pelo efeito.

650) d
Enterrar, literalmente, é **entrar na terra**, e não no dedo.

350 ■ SÉRIE IMPETUS CONCURSOS — *Português para Concursos*

652)   c
Som, captado pelo sentido da audição, não pode ser pesado. Nas outras alternativas, temos, pela ordem: silepse de número, polissíndeto, pleonasmo e metáfora.

654)   d
Nas outras alternativas, temos, pela ordem: hipérbole, metáfora, metonímia e eufemismo.

657)   e
Trata-se de uma catacrese.

658)   e
Exemplo de anacoluto. Seria pleonasmo, se aparecesse a preposiçao **a**: **Ao seu filho**...

660)   d
Nas outras alternativas, temos, pela ordem: silepse de pessoa, metáfora, pleonasmo e aliteração.

666)   c
Trata-se de uma narração pois algo está sendo contado, existe uma ação sendo desenvolvida. Há personagens. Os traços descritivos aparecem quando se fala de dia claro e ensolarado.

669)   c
Não obstante é o mesmo que **apesar de**, ou seja, cria um contraste. Existiria coesão se se dissesse **não foi contratado imediatamente**, uma vez que essa oração se oporia ao fato de ele ter domínio do inglês e do alemão.

671)   e
Como o personagem-narrador participa da trama, o normal é que o verbo seja usado na primeira pessoa.

675)   b
A letra **a** não serve como resposta porque o autor estava tratando da educação, e não de simples problemas pedagógicos, ou seja, métodos de ensino. É inadmissível a letra **c**, pois ela coloca a economia acima da educação, o que difere sobremaneira do texto apresentado. A letra **d** nega a importância da educação e da economia. A letra **e** deixaria o texto inacabado. Já que existe a conjunção **se**, seria necessário um outro verbo na alternativa, além de **associam**. Trata-se de um período quebrado.

Renato Aquino ■ **351**

679) a
Observe que o verbo é **lembrar-se**, que pede a preposição **de**, e não **lembrar**. Na segunda lacuna, aparece **cuja**, sem preposição, pois **cuja beleza** é o sujeito do verbo **estava**.

688) d
Nas alternativas **a** e **e**, os termos destacados se ligam diretamente a substantivos concretos: são adjuntos adnominais; nas alternativas **b** e **c**, os termos em destaque completam o sentido dos verbos: são objetos diretos.

694) e
Na última lacuna, usa-se **há** por se tratar de tempo decorrido. Se ainda vai acontecer, usa-se a preposição **a**. Por exemplo: **Daqui a três dias, estarei lá**.

699) d
Substantivo é sempre tônico.

701) d
Os derivados de erva grafados com **b** é que têm **h** inicial. Exemplo: **herbívoro**.

705) e
Não se flexionam no plural os compostos formados por verbo e palavra invariável.

709) b
A terminação **mos** perde o **s** diante do pronome **nos**.

716) b
Nas locuções verbais, observe sempre a regência do verbo principal. Quem se afasta se afasta de.

718) c
As conjunções subordinativas exigem próclise. Com isso, eliminam-se as alternativas **b** e **d**. A seguir aparece **ignore-o**, ou seja, verbo no imperativo afirmativo, 3ª pessoa do singular (você). Como não pode haver mudança de tratamento, o próximo verbo só pode estar nessa pessoa. Assim, preenche-se a última lacuna com **se aborrecer**.

724) b
Geralmente a abundância de um verbo ocorre no particípio, como o verbo **expulsar**: expulsado e expulso. Alguns outros são abundantes no presente do indicativo. É o caso do verbo **haver**, conjugado da seguinte maneira: hei, hás, há, havemos (ou hemos), haveis (ou heis), hão. Veja comentários da questão 201.

352 ■ SÉRIE IMPETUS CONCURSOS — *Português para Concursos*

726) a

Na segunda frase, a palavra **infrasom** está errada, pois o prefixo **infra** pede hífen antes de **h** e **a**. Corrija-se para **infrassom**. Na quarta frase, encontramos dois erros: a vírgula separando o sujeito do verbo e a falta do acento circunflexo no verbo da oração. Na última frase, o erro é o emprego de **cada** como pronome substantivo. Essa palavra sempre se liga a um substantivo (cada pessoa, cada livro), ou aparece nas locuções **cada um** e **cada qual**.

729) e

O verbo **ser** deve concordar com o núcleo do sujeito, que é **criação**. O correto seria então **É extremamente importante**...

730) d

Nas outras alternativas, temos, pela ordem, os seguintes erros: tiver (o correto é estiver), houvessem (deve-se escrever houvesse), o segundo **que** (diz-se **sobre o qual** ou **sobre quem**) e ver (corrija-se para vir).

732) d

Erro de regência verbal. Faltou a preposição **a**, exigida pelo verbo **chegar**. O correto é **ao qual se possa chegar sem hesitações e dúvidas**.

738) c

Nos compostos formados por advérbio mais palavra variável, só o segundo elemento varia: **abaixo-assinados**. Os pronomes de tratamento pedem verbos e pronomes na terceira pessoa. Dessa forma, com V. Exª são usados os pronomes **lhe** e **sua**, e não **vos** e **vossa**.

741) e

O verbo está com dois objetos indiretos. Escreve-se, com correção, **Eu o lembrarei das datas**.

745) d

A palavra **quanto** pede o adjetivo **possível** no singular. O mesmo ocorre com **o mais** e **o menos**.

751) d

A palavra **legítimas** está mal flexionada em número, uma vez que a palavra à qual ela se refere é **aquisição**. O correto é **legítima**.

753) a

Nas demais alternativas, a classificação do **que** é, pela ordem: pronome relativo, pronome indefinido, pronome relativo, conjunção integrante.

Renato Aquino ■ **353**

762) e
Observe a troca: **pôr freio aos vícios**.

765) d
A palavra **só**, aqui, equivale a **sozinho** e é adjetivo. Nas outras opções, significa **somente** e é palavra denotativa.

772) b
O verbo **fazer**, indicando **tempo decorrido ou meteorológico,** é impessoal, não admite plural. Nas alternativas **c** e **d**, os verbos poderiam ir ao plural.

774) c
Nas outras alternativas, temos, respectivamente: a cuja, de que, que, a que.

778) d
Diz-se **com nós** ou **com vós** quando existe uma palavra de reforço, como **próprios**, **mesmos** etc. Na segunda lacuna, o pronome átono **se** foi atraído pelo pronome relativo **que**, embora também se possa escrever **devem realizar-se**.

780) d
Nas outras opções, a palavra **que** é, respectivamente: pronome interrogativo (interrogação indireta), conjunção integrante, pronome interrogativo (interrogação indireta). Observe que, na alternativa **b**, se tivéssemos **não se lembrava do que**, a palavra **que** seria pronome relativo, tendo o demonstrativo **o** como antecedente.

782) a
A filosofia não pode descer de uma torre. Pode-se entender, com a frase, que os filósofos finalmente se aproximam do povo.

783) e
Trata-se de símbolo ou índice de indeterminação do sujeito. Nas outras alternativas, temos, pela ordem: parte integrante do verbo, parte integrante do verbo, partícula apassivadora, partícula expletiva ou de realce.

784) d
O futuro do subjuntivo de **ver** é **vir**, **vires** etc. Como a conjunção subordinativa **assim que** atrai o pronome átono, a forma correta só pode ser **Assim que o vir**.

789) d
Locução adverbial de modo com palavra feminina leva acento de crase: à vontade, às claras, às pressas, à força etc.

354 ■ Série Impetus Concursos — *Português para Concursos*

794)   e

Não se pode dizer que **a indisciplina puniu o aluno**, portanto não se trata de agente da passiva. A indisciplina foi a causa da punição; temos aqui um adjunto adverbial de causa.

798)   c

Separação correta: PAU: radical / L: consoante de ligação / ADA: sufixo formador de substantivo.

802)   d

Mesmo e **próprio** concordam com o substantivo ou pronome a que se referem. O correto é **ela mesma**.

808)   c

Porta-aviões e **guarda-chuva** são compostos por justaposição. Em **pós-guerra e pré-histórico**, os elementos iniciais são prefixos, tratando-se, pois, de palavras derivadas por prefixação.

810)   e

A oração **ouvidos num dia** é reduzida de particípio. Podemos torná-la desenvolvida, por meio de um pronome relativo: **que se ouviram**. Pronome relativo sempre inicia oração subordinada adjetiva.

811)   b

Note bem a separação das seguintes palavras: a-rei-a, rai-o, mei-o, pa-pa-gai-o, i-dei-a, a-poi-o. Todas elas, no final, têm ditongo decrescente mais uma vogal.

814)   d

Na palavra **oxidar**, a letra **x** representa o encontro consonantal **ks**.

817)   a

Na primeira lacuna, a palavra a ser colocada exerce a função de sujeito; só pode, então, ser **eu**. Como o verbo **guardem** é imperativo de 3ª pessoa, o pronome possessivo só pode ser **seu**. A terceira lacuna não poderia ser completada com **consigo** porque se trata de um pronome reflexivo. Dessa forma, só podemos usar **com vocês**.

822)   e

O verbo **convir** deve ser usado na 3ª pessoa do singular (convém) porque o seu sujeito é a oração começada pelo infinitivo. Todo verbo que possui sujeito oracional fica nessa pessoa.

Renato Aquino ■ **355**

824) a
Paráfrase é uma reescritura, sem alteração de sentido, de um texto qualquer. O trecho destacado nesta questão faz uma aproximação entre o movimento abolicionista e os interesses mercantis. Na letra **a**, a locução **a despeito de** na realidade cria uma oposição entre eles, desvirtuando sobremaneira o sentido original do texto-base.

826) c
Particípio não admite ênclise. Observe que na letra **b** o pronome **se** foi colocado solto entre os dois verbos, o que é condenado por muitos gramáticos. Deve-se resolver esse tipo de questão pelo critério da eliminação, uma vez que é definitivamente **inaceitável** a ênclise com o particípio.

830) c
Ideia de tempo decorrido. Na letra **d**, o verbo **transportar-se** exige a preposição **a**.

837) a
O correto é **cerca de 1,3 milhão**, ou seja, **um milhão e trezentos mil**.

841) c
Nas demais alternativas, devem ser feitas as seguintes correções, pela ordem: **podem afetar**, **têm**, **conclui** e **mau**.

847) e
Paroxítona terminada em **i** (no caso, seguida de **s**)

848) b
O termo **a Isabel** é objeto direto, devendo ser substituído por **a**, e não **lhe**. Teríamos a frase **Cecília viu-a perto**.

851) c
A terminação verbal **am** equivale a **ão**. A letra **m** representa a semivogal **u** (w).

855) b
A palavra **mantém**, que é singular, é oxítona terminada em **em**. O plural, **mantêm**, para alguns tem acento diferencial de número

856) e
Os verbos de movimento, como **chegar**, **ir**, **dirigir-se** etc., pedem adjunto adverbial de lugar introduzido pela preposição **a**. Não se diz, portanto, **ir em casa**, **chegar em casa**. Com alguns, pode haver a troca de **a** por

356 ■ Série Impetus Concursos — *Português para Concursos*

para: **ir a casa** ou **para casa**. Finalmente, convém observar que pode não se tratar de adjunto adverbial de lugar, situação em que aparecerá outra preposição. É o que ocorre em **chegar em um caminhão**, em que se emprega um adjunto adverbial de meio.

862) d
Palavra correta: **caracteres**, com a sílaba tônica **te**.

865) b
A palavra **quite** tem singular e plural: estou quite, estamos quites.

866) a
Depender de: dependerá do bom atendimento.
Atendimento a: atendimento ao público.
No primeiro caso, temos regência verbal; no segundo, nominal.

869) d
Lembre-se da troca pelo masculino: aspirava **ao** bem, logo aspirava **à** felicidade; **o** retorno da amada, logo **a** volta da amada. Na última lacuna, seria absurdo pensar em **à**, uma vez que se trata do pronome pessoal oblíquo.

871) c
Silvícola está no grau normal. É o mesmo que **indígena**.

873) c
O verbo **saber** é transitivo direto, e o **se,** uma partícula apassivadora. Fica no singular porque o seu sujeito é a oração seguinte. **Procedem**, no plural, porque o núcleo do sujeito é **leitores**. Quanto à concordância, pode-se dizer **periféricos** ou **periférico**, porém, em função das outras opções, só cabe na frase **periféricos**.

874) c
Derivada do verbo **resgatar**, com a troca de **ar** por **e**, vogal temática nominal. A palavra diminuiu.

879) c
O adjetivo **compatíveis** pede complemento: compatíveis com quê?

880) d
A letra **a** está errada porque pode haver outras situações de diminutivo: minissaia (da relação, com prefixo), livro pequeno (com adjetivo). A letra **b** tem erro pois **molusco** não é diminutivo. Há erro na letra **c** porque ele às

vezes também ocorre no meio, como **papeizinhos**; na palavra **quaisquer**, o plural se estabelece apenas no meio. A letra **e** está errada pois a palavra derivada não possui o mesmo sentido da primitiva. Terra é uma coisa; terreno, outra.

881) a
Nas outras opções, temos, pela ordem: **eu**, **as receberam** ou **receberam-nas**, **nos** e **seu**.

885) d
Precisar significa **indicar com precisão**; **precisar de**, significa **necessitar**.

887) a
Erro de crase. Corrija-se para **à necessidade**.

889) b
Sujeito **todos** levando o verbo à 1ª pessoa: concordância ideológica, ou seja, com a ideia, e não com a palavra presente na frase.

892) b
Nas outras opções, os que destoam são, pela ordem: auricular, face, emudecer e cafajeste.

894) c
Corrigindo: É aos governantes que... Temos aqui a locução expletiva ou de realce **é que**, que, como tal, pode ser retirada do texto sem alteração de sentido: Aos governantes cabe...

899) d
O particípio não admite ênclise: contado-lhe. Na letra **b**, temos uma situação polêmica: o pronome solto entre os dois verbos. Mas o enunciado diz **erro indiscutível**. Logo, só pode ser a colocação da letra **d**, que nenhum gramático defende.

ÍNDICE REMISSIVO

ÍNDICE REMISSIVO

Abreviaturas adotadas neste índice

acent. – acentuação gráfica
adj. – adjetivo(s), adjetiva(s)
adv. – advérbio(s),
   adverbial(ais)
ap. – aposto
art. – artigo(s)
coes. – coesão
conc. – concordância
conj. – conjunção(ões)
coord. – coordenada(s)
coorden. – coordenativa(s)
der. – derivação
des. – desinência(s)
dir. – direto(s)
empreg. – emprego
fig. – figura
form. – formação
hom. – homônimo(s)

imper. – imperativo
ind. – indireto(s)
indef. – indefinido(s)
nom. – nominal(ais)
obj. – objeto(s)
or. – oração(ões)
pal. – palavra(s)
part. – partícula
pass. – passiva
per. – período
pess. – pessoal(ais)
pred. – predicado
prep. – preposição(ões)
pret. – pretérito
pron. – pronome(s)
pros. – prosódia

reg. – regência
s. – substantivo
separ. – separação
síl. – sílaba
sub. – subordinada(s)
subord. – subordinativa(s)
subst. – substantiva(s)
suj. – sujeito
tem. – temática
text. – textual
tip. – tipologia
v. – verbo(s)
vog. – vogal

A

a cerca de (empr.): 192
a maior parte de (conc. v.): 98
a maioria de (conc. v.): 98
a olhos vistos (conc. nom.): 89
a qual (crase): 127
a vista (crase): 128
abreviação: 230
abreviatura: 230
absoluta (or.): 144
abstrato (s.): 47
abundante (v.): 59
acento diferencial: 11
acerca de (empr.): 192
acumulativas (des.): 223
aditivas (conj. coorden.): 144
aditivas (or. coord.): 144
adjetivas (or.): 145
adjetivo: 52

adjetivo (pron.): 53
adjunto adnominal: 140
adjunto adverbial: 142
adverbiais (conj. subord.): 147
adverbiais (or. sub.): 147
advérbio: 55
adversativas (conj. coorden.):
   144
adversativas (or. coord.): 144
afirmativo (imper.): 58
afixos: 220
África (crase): 127
agente da passiva: 140
agente da passiva (or. subst.):
   149
aglutinação: 230
alerta (conc. nom.): 87
aliteração: 248
alomorfes: 219

alternativas (conj. coorden.):
   145
alternativas (or. coord.): 145
ambiente: 257
ambiguidade: 216
anacoluto: 248
anáfora (coes. text.): 264
anáfora (fig.): 248
anafórico (empr.): 193, 264
análise sintática: 136
analítica (voz pass.): 58
anástrofe: 248
anexo (conc. nom.): 87
anfibologia: 216
anômalo (v.): 59
anticlímax: 251
antítese: 250
antonímia: 36
antônimos: 36

antonomásia: 250
aonde (reg. v.): 116
apassivador (pron.): 235
apassivadora (part.): 235
apelativo (ap.): 143
apositivas (or. subst.): 147
apossínclise: 172
aposto: 143
apóstrofe: 250
aquela (crase): 127
aquele (crase): 127
aquele (empr.): 192
aquilo (conc. v.): 98
aquilo (crase): 127
aquilo (empr.): 193
argumentação: 261
arrizotônica: 60
artigo: 52
Ásia (crase): 127
aspas: 181
assindética (or. coord.):
    144
assíndeto: 247
até (crase): 127
atemático: 221
ativa (voz): 57
átona (síl): 3
átonos (pron. pess.): 53
aumentativo: 51
auxiliar (v.): 59

B

barato (conc. nom.): 89
barbarismo: 215
bastante (conc. nom.): 87
bater (conc. v.): 97

C

cacoépia: 215
cacofonia: 216
cacografia: 215
cardinal: 53
caro (conc. nom.): 89
casa (crase): 128
catacrese: 250
catáfora: 265
catafórico (empr.): 193, 265
causais (conj. adv.): 147
causais (or. adv.): 147
causativos (v.): 137, 235
cerca de (conc. v.): 98

classes de palavras: 46
classes gramaticais: 46
classificação das orações: 144
classificação dos verbos: 59
clímax: 251
coerência: 264
coesão textual: 264
cognatas (pal.): 219
cognato (obj. dir.): 139
coletivo: 47
colocação pronominal: 170
combinação (de prep.): 68
comparação: 249
comparativas (conj. adv.): 147
comparativas (or. adv.): 147
comparativo (grau): 52
complemento nominal: 140
completivas nominais (or.
    subst.): 146
composição: 230
composta (pal.): 229
composto (per.): 136
composto (suj.): 137
comum (s.): 47
comum de dois gêneros: 50
concessivas (conj. adv.): 147
concessivas (or. adv.): 147
conclusão: 261
conclusivas (conj. coorden.):
    144
conclusivas (or. coord.): 144
concordância nominal: 86
concordância verbal: 96
concreto: 47
condicionais (conj. adv.): 147
condicionais (or. adv.): 147
conformativas (conj. adv.):
    147
conformativas (or. adv.): 147
conjugações: 60
conjunção: 68
conjunção integrante: 236
conotação: 37
consecutivas (conj. adv.): 147
consecutivas (or. adv.): 147
consoante de ligação: 223
contração (de prep.): 68
conversão: 230
coordenada (or.): 144
coordenativas (conj.): 68, 144,
    145

corpo (tip. text.): 261
crase: 126

D

dar (conc. v.): 97
defectivo (v.): 59
definidos (art.): 53
demonstrativo a (crase): 127
demonstrativos (pron.): 54
denotação: 37
denotativas (pal.): 68
derivação: 229
derivação imprópria: 230
derivada (pal.): 229
descrição: 256
desenvolvidas (or.): 148
desenvolvimento: 261
desinências: 221
deverbal (der.): 229
dígrafos: 3
diminutivo (grau): 51
discurso (tip. text.): 259
discurso direto: 259
discurso indireto: 259
discurso indireto livre: 260
dissertação: 261
dissertação objetiva: 263
dissertação subjetiva: 263
dissílabos: 3
distância (crase): 128
ditongos: 4
ditongos abertos (acent.): 10
dois-pontos: 180
dupla prosódia: 13

E

elipse: 247
elocução (verbo de): 259
emprego do hífen: 209
enálage: 249
ênclise: 170
encontros consonantais: 3, 4
encontros vocálicos: 4
endófora: 265
endofórico (empr.): 265
enredo: 257
epiceno: 51
Escócia (crase): 127
Espanha (crase): 127
especificativo (ap.): 143
esse (empr.): 192

362 ■ Série Impetus Concursos — *Português para Concursos*

essenciais (prep.): 67
este (empr.): 192
estilística: 247
estrangeirismo: 216
estrutura das palavras: 219
eu (reg. v.): 116
eufemismo: 250
Europa (crase): 127
existir (conc. v.): 96
explicativas (conj. coorden.):
    145
explicativas (or. adj.): 145
explicativas (or. coord.): 145
explicativo (ap.): 143

F
família de palavras: 219
fazer (conc. v.): 96
fecho: 261
figuras de construção: 247
figuras de linguagem: 247
figuras de palavras: 249
figuras de sintaxe: 247
finais (conj. adv.): 148
finais (or. adv.): 148
flexão (do adj.): 52
flexão (do s.): 48
flexão (do v.): 57
fonemas: 2
fonética: 2
formação das palavras: 229
formas nominais do verbo: 59
formas variantes: 28
fracionário: 53
França (crase): 127
futuro: 57

G
gênero (do adj.): 52
gênero (do s.): 50
gerúndio: 59
gradação: 251
grande parte de (conc. v.): 98
grau (do adj.): 52
grau (do s.): 51
grupo linguístico: 219

H
há cerca de (empr.): 192
haja vista (conc. nom.): 89
haver (conc. v.): 96

hiatos: 4
híbrida (pal.): 230
hibridismo: 230
hífen (empr.): 209
hipálage: 249
hipérbato: 248
hipérbole: 250
Holanda (crase): 127
homófonos: 36
homógrafos: 36
homonímia: 36
homônimos: 36, 37, 38
hora (crase): 127

I
imperativo (form.): 58
imperfeito (pret.): 57
incluso (conc. nom.): 87
indefinidos (art.): 53
indefinidos (pron.): 55
indeterminado (suj.): 137
índice de indeterminação do
    sujeito: 138, 235
inexistente (suj.): 138
infinitivo: 59
Inglaterra (crase): 127
iniciais maiúsculas: 196, 197
iniciais minúsculas: 196, 197
integrante (conj.): 146, 236
interjeição: 68
interno (obj. dir.): 139
interrogativo (adv.): 56
interrogativos (pron.): 55
intransitivo: 111
introdução: 261
invariáveis (pal.): 46
invariáveis (pron. indef.): 55
irregular (v.): 59
isso (conc. v.): 98
isso (empr.): 193
isto (conc. v.): 98
isto (empr.): 193

J
justaposição: 230

L
leso (conc. nom.): 87
letra: 2
letras i e u (acent.): 11
ligação (v. de): 111

locativa (or. adv.): 149
locuções adverbiais (crase): 126
locuções adverbiais: 56
locuções conjuntivas (crase):
    127
locuções prepositivas (crase):
    127
locuções prepositivas: 67

M
mais (empr.): 192
mais de (conc. v.): 98
mais-que-perfeito (pret.): 57
mais-que-perfeito composto: 61
mal (empr.): 191
Maria Santíssima (crase): 129
mas (empr.): 192
mau (empr.): 191
meio (conc. nom.): 88
menos (conc. nom.): 87
menos de (conc. v.): 98
mesmo (conc. nom.): 88
mesóclise: 171
metafonia: 207
metáfora: 37, 249
metonímia: 249
mim (reg. v.): 116
misto (per.): 149
modal (or. adv.): 149
modos (dos v.): 57
monossílabos: 3
monossílabos tônicos (acent.):
    10
monstro (conc. nom.): 89
morfemas: 219
multiplicativo: 53

N
nada (conc. v.): 98
narração: 257
narrador: 257
negativo (imper.): 58
nem um nem outro (conc.
    nom.): 88
nem um nem outro (conc.
    v.): 98
nenhum (conc. nom.): 89
neologismo: 216
nome de mulher (crase): 127
nominais (des.): 221
nominal (conc.): 86

Renato Aquino ■ **363**

nominal (pred.): 138
nominal (vog. tem.): 220
normal (grau): 51, 52
Nossa Senhora (crase): 129
núcleo: 137
numeral: 53
número (do adj.): 52
número (do s.): 48
número (do v.): 57

O

o (conc. v.): 98
objetivas diretas (or. subst.):
    146
objetivas indiretas (or. subst.):
    146
objeto direto: 110, 139
objeto indireto: 110, 140
oblíquos (pron. pess.): 53
obrigado (conc. nom.): 87
onde (reg. v.): 116
onomatopeia: 248
oração: 136
oração sem sujeito: 138
orações: 144
ordem direta: 178
ordinal: 53
ortografia: 26
oxítonas: 3
oxítonas (acent.): 10
oxítonas (pros.): 12

P

palavra porque (empr.) : 191
palavra que: 240
palavra se: 235
palavras cognatas: 219
palavras denotativas: 68
palavras repetidas (crase): 128
parassintética (der.): 229
parecer (conc. v.): 99
parênteses: 182
paronímia: 36
parônimos: 36, 37, 38
paroxítonas: 3
paroxítonas (acent.): 10
paroxítonas (pros.): 12
parte integrante do verbo: 236
particípio: 59
partícula apassivadora: 235

partícula de realce: 236, 242
partícula expletiva: 236, 242
passiva (voz): 58
perfeito (pret.): 57
perfeito composto: 61
perfeitos (hom.): 36
perífrase: 250
período: 136
personagem: 257
personagem-narrador:
    257
personificação: 250
perto de (conc. v.): 98
pessoais (pron.): 53
pessoas (do v.): 57
pleonasmo: 247
pleonasmo vicioso: 216
pleonástico (obj. dir.): 139
pleonástico (obj. indir.): 140
plural com metafonia: 207
plural das cores: 202
plural dos compostos: 200
polissemia: 37
polissíndeto: 247
ponto: 181
ponto de exclamação: 182
ponto de interrogação: 182
ponto e vírgula: 180
pontuação: 178
positivo (grau): 51, 52
possessivos (pron.): 54
possível (conc. nom.): 88
predicação verbal: 110
predicado: 138
predicativas (or. subst.): 146
predicativo: 111, 139
prefixal (der.): 229
prefixal e sufixal (der.): 229
prefixos: 220
prefixos gregos: 223
prefixos latinos: 223
preposição: 67
preposicionado (obj. dir.): 139
presente: 57
pretérito: 57
primitiva (pal.): 229
principal (or.): 145
principal (v.): 59
próclise: 170
pronome: 53

pronome apassivador: 235
pronome reflexivo: 235
pronomes possessivos (crase):
    127
pronominal (voz pass.): 58,
    235
proparoxítonas: 3
proparoxítonas (acent.): 10
proparoxítonas (pros.): 13
proporcionais (conj. adv.): 148
proporcionais (or. adv.): 148
próprio (conc. nom.): 88
próprio (s.): 47
prosódia: 12
prosopopeia: 250

Q

que (conc. v.): 97, 99
quem (conc. v.): 97, 99
quiasmo: 249
quite (conc. nom.): 87

R

radical: 219
recapitulativo (ap.): 143
recíproco (pron.): 54
redobro: 230
redundância: 216
reduplicação: 230
reduzidas (or.): 148
reflexiva (voz): 58, 235
reflexivo (pron.): 235
reflexivos (pron. pess.): 54
regência nominal: 117
regência verbal: 110
regressiva (der.): 229
regular (v.): 59
relativos (pron.): 55
restritivas (or. adj.): 145
resumitivo (ap.): 143
reticências: 181
retos (pron. pess.): 53
rizotônica: 60

S

se não (empr.): 193
semântica: 36
semivogal: 4
senão (empr.): 193
sensitivos (v.): 137, 235

364 ■ Série Impetus Concursos — *Português para Concursos*

sentido figurado: 37
separação de sílabas: 20
ser (conc. v.): 99
sílaba: 2, 3
silabada: 215
sílabas (separação): 20
silepse: 248
símbolo de indeterminação do sujeito: 138, 235
símile: 249
simples (pal.): 229
simples (per.): 136
simples (prep.): 67
simples (suj.): 137
sinais de nasalização: 4
sindética (or. coord.): 144
sinédoque: 249
sinestesia: 250
sinonímia: 36
sinônimos: 36
sintética (voz pass.): 58, 235
só (conc. nom.): 88
soar (conc. v.): 97
sobrecomum: 51
solecismo: 215
subjetivas (or. subst.): 146
subordinada (or.): 145
subordinativas (conj.): 68
substantivas (or. sub.): 146
substantivo: 47
substantivo (pron.): 53
subtônica (síl.): 3
sufixal (der.): 229
sufixos: 220
sufixos gregos: 224
sufixos latinos: 224
sujeito: 137

sujeito composto (conc. v.): 96, 99
sujeito de infinitivo: 137, 235
superlativo (grau): 52

T

tal qual (conc. nom.): 90
tema: 220
tempo (tip. text.): 257
temporais (conj. adv.): 148
temporais (or. adv.): 148
tempos (do v.): 57
tempos compostos: 61
tempos primitivos e derivados: 61
ter (acent.): 11
termos acessórios: 140
termos da oração: 136
termos essenciais: 137
termos integrantes: 139
terra (crase): 128
ti (reg. v.): 116
tipologia textual: 256
tocar (conc. v.): 97
todo (conc. nom.): 88
tônica (síl.): 3
tonicidade: 3
tônicos (pron. pess.): 54
transitivo direto: 110, 139
transitivo indireto: 110, 140
tratamento (pron. de): 54
trema: 11
trissílabos: 3
tritongos: 4
tropos: 249
tu (reg. v.): 116
tudo (conc. v.): 98

U

um dos que (conc. v.): 97
um e outro (conc. nom.): 88
um e outro (conc. v.): 98
um ou outro (conc. v.): 98

V

variáveis (pal.): 46
variáveis (pron. indef.): 55
verbal (conc.): 96
verbal (pred.): 139
verbal (vog. tem.): 220
verbal (voz pass.): 58
verbo: 56
verbo de elocução: 259
verbo de ligação: 111
verbo-nominal (pred.): 139
verbos causativos: 137, 235
verbos sensitivos: 137, 235
vícios de linguagem: 215
vir (acent.): 11
Virgem Maria (crase): 129
vírgula: 178
vocativo: 143
vogal de ligação: 223
vogal temática: 60, 220
voz ativa: 57
voz passiva: 58, 235
voz passiva pronominal (conc. v.): 97
voz reflexiva: 58, 235
vozes (do v.): 57
vultos históricos (crase): 128

Z

zeugma: 247

B

BIBLIOGRAFIA

BIBLIOGRAFIA

ACADEMIA BRASILEIRA DE LETRAS, Rio de Janeiro. *Vocabulário ortográfico da língua portuguesa.* Ed. Global, 2009.

ANDRÉ, Hildebrando Afonso de. *Gramática ilustrada.* 4. ed. São Paulo: Moderna, 1991.

BECHARA, Evanildo. *Moderna gramática portuguesa.* 36. ed. São Paulo: Nacional, 1997.

CEGALLA, Domingos Paschoal. *Novíssima gramática da língua portuguesa.* 29. ed. São Paulo: Nacional, 1985.

CUNHA, Celso e CINTRA, Lindley. *Nova gramática do português contemporâneo.* 2. ed. Rio de Janeiro: Nova Fronteira, 1985.

FERREIRA, Aurélio Buarque de Holanda. *Novo dicionário Aurélio da língua portuguesa.* 4. ed. conforme a nova ortografia. Curitiba: Editora Positivo, 2009.

HOUAISS, Antônio, VILLAR, Mauro de Salles e FRANCO, Francisco Manoel de Mello. *Dicionário Houaiss da língua portuguesa.* 1. ed. com a nova ortografia da língua portuguesa. Rio de Janeiro: Objetiva, 2009.

LUFT, Celso Pedro. *Novo guia ortográfico.* 14. ed. Porto Alegre/Rio de Janeiro: Globo, 1983.

REIS, Otelo. *Breviário da conjugação de verbos.* 36. ed. revista e atualizada. Rio de Janeiro: Francisco Alves, 1976.

ROCHA LIMA, Carlos Henrique da. *Gramática normativa da língua portuguesa.* 20. ed. Rio de Janeiro: José Olympio, 1979.

SACCONI, Luiz Antonio. *Nossa gramática – teoria e prática.* 7. ed. São Paulo: Atual, 1985.

SAVIOLI, Francisco Platão. *Gramática em 44 lições.* 6. ed. São Paulo: Ática, 1984.

REAGE

Se a treva se adensa em torno de teus passos, não te desorientes. Reage, intensificando a luz que brilha dentro de ti.

Se a maldade busca denegrir-te as obras, não te perturbes. Reage, multiplicando a bondade que reside em teu coração.

Se a calúnia tende a insinuar-se nos círculos de tuas relações, não te exasperes. Reage, cultuando a Verdade que pontifica no altar de tua consciência.

Se a vaidade procura enredar-te nas teias da ilusão, não te acomodes. Reage, amando a simplicidade que jaz na essência de tua vida.

Se a tristeza busca avassalar-te o ânimo, não te abatas. Reage, nutrindo-te da alegria que se oculta nas raízes de tua crença.

Se o ódio tenta penetrar o santuário de teus sentimentos, não te aflijas. Reage, desdobrando o manto do amor que "cobre a multidão dos pecados".

E se, a despeito de tuas reações, vires que o mal resiste, ainda assim reage à infiltração do desânimo, porque um dia chegará em que toda treva se converterá em Luz, todo mal em Bem, toda tristeza em Alegria, todo ódio em Amor.

R. C. Romanelli

Outras Obras de
Renato Aquino

Av. Ernani do Amaral Peixoto, 507 - Loja 05
24020-072 – Centro – Niterói – RJ
Telefax: (21) 2621-7007

www.impetus.com.br

Esta obra foi impressa em papel offset 75g/m².